胡風與舒蕪

中共五〇年代
文藝界的批判運動

與

夏成綺 著

序

夏成綺

　　胡風事件之所以比解放後其他歷次文藝運動的影響都大，與胡風事件是解放後第一個由文藝事件上升為政治事件有關，也與胡風的倔強和韌性鬥爭分不開。在胡風事件中，胡風以一個悲劇性的結局贏得了世人的尊重，道義和同情的天秤都應該向他傾斜。

　　當然，胡風的朋友經過多年禁錮，一起平反，一時間談論那些年事情的文字便如井噴一般，這也吸引了很多讀者來關心胡風，使得胡風事件的影響也就更大了。

　　在胡風事件中，除了阿壠、呂熒等不幸冤死獄中，絕大多數人都虎口脫險，驚魂甫定後不少人都在反思和感歎，言語中也流露出自己當年如何如何不屈服，連當年的文藝領導，在他們後來的文章中，都說自己如何如何同情胡風和他的朋友並疑惑胡風事件的定性，好像他們當時就質疑胡風案件的定性問題一樣。本來當年的材料漸漸稀少，很多地方人人糊塗，再閱讀這些人的文字，就更讓人糊塗了，以為當年他們就是這樣慷慨激昂的。其實，那些感歎自己當年如何不屈的人，絕大多數都是自己主動交出信件的，不少人還曾經「揭發」過自己的朋友；有些自詡早就質疑過毛澤東對胡風事件定性的人，其實當時都是胡風事件層層升級的真正推手之一。一個人以受害者的形象現於世，必然會得到世人的同情，爾後，還會傳來陣陣的喝采；一個人以反對權威的面目公布於世，必然會得到後人的仰視，爾後，又會傳來嘖嘖的稱讚。

　　胡風是一位真正的鬥士，他不像魯迅那樣人情練達、收放自如，他執拗，甚至因之而狹隘，在胡風事件中，胡風為了達到鬥爭的勝利，也有很多宗派的、意氣的甚至並不是很高尚的做法。一切為了鬥爭，一切為了鬥爭的勝利，左翼作家出身的胡風和當時的文藝界領導，在這一點上並不只是簡單的形似。

　　說胡風就離不開舒蕪。解放前，舒蕪作為胡風思想的追隨者，用其所謂的約瑟夫理論來圖解胡風的「主觀戰鬥精神」文藝思想，一唱一和，並無罅隙。解放後，舒蕪作為胡風思想的反對者，用其所學到的新的卡爾的理論來責難胡風的文藝思想，一紅一白，分道揚鑣。

　　舒蕪1952年5月發表了那篇〈從頭學習在延安文藝座談會上的講話〉以後，胡風開始疏遠和憎恨舒蕪，說他是在「用別人的血洗自己的手」，說他是在投機，表現在語言上，從此在信中稱呼舒蕪一般都用「無恥」了。到了1955年5月13日，舒蕪「寫」了一篇〈關於胡風反黨集團的一些材料〉以後，結怨更深，終亦無解。

　　撇開文藝思想的對與錯的無休止論爭，我敬仰胡風的膽略，在眾口一詞的年代，他能有保留地選擇不屈，這個已經難能可貴了。當然，我也同情舒蕪的遭遇，當年的時代氛圍無法複製，在政治掛帥的年代，革命性取代了人性，他的那些做法無論怎麼解釋，今天的人都覺得難以理解，難以原諒。

　　隨著時間的流逝，關於那個年代的事件越來越不能引起人們的注意，在資訊不對稱的時候，有話語權的一方已經把所謂的「真理」都告訴世人了，於是這個事件也就變成他們所描摹的那樣，儘管有新的材料發掘出來，也有很多人有了新的研究成果，但已先入為主，誰還有心聽你的辯解。這個世界都在發出奇怪的聲音，因為發出聲音的人都在想引起別人的注意，別人注意了就實現眼球經濟了，所以哪怕是你很認真的「不同」的聲音，也可能被淹沒在那些嘈雜的大聲中。還

需要說一點，隨著時間的流逝，很多事情會變得越來越模糊，反抗強者固然獲得了掌聲，但如果反抗強者是有自己私心的，是踩在別人的身上去反抗的，那麼那樣的反抗是最能迷惑我們的，且我們並不需要這樣的反抗。

而舒蕪，作為一個緊追時代者，他已經遭到了社會的唾棄，「釘」在了這個事件的恥辱柱上。其實他可能還不是胡風朋友中第一個做自我批評的，因為他「交」出了胡風給他的信件，因為他後來也一生布衣，所以很多人都可以走過去，指著罵上一句「叛徒」，早年他選擇了沉默，任人去說，不去辯駁，後來寫了一篇〈《回歸五四》後序〉，裡面有一些解釋，有一些懺悔，但也有不少辯解，於是他遭到了更多人的責難。——真正信仰「五四」的人，是最尊重德先生的，讓大家都發言，這才是真正的民主。

存在於人性中的魑魅魍魎，在特定的年代，總是異常地活躍，讓大家真正理智地看待這些，就是希望再也沒有了新的語言暴力和話語權一邊倒的情況，當年的一邊倒批判胡風和後來的圍攻某個人，都是人性中不良的一面在作怪，都是在製造冤孽。分析當年的問題就不要超越歷史的場景，辯駁那些問題就不要再用呵斥別人的語氣，也許我們能靜下心來，看清楚那些大時代下的小人物是何等可憐，說來說去，本質上來說，都不過是別人手裡的一枚棋子，都不過是期待自己能有更好的境遇。當年兩人先後都想到了拿出信件來證明自己所說是正確的，有人至少使用了兩次，有人使用了一次；有人直接給了中宣部和最高領袖，有人間接地被最高領袖看到了，為了讓對方閉口，然後倒下，採用了同樣讓人不恥的行為，在那個特殊的年代，沒有誰比誰更崇高，只有誰比誰更卑鄙。

可是，他們本質上都不是那樣的人。到了20世紀七八十年代以後，右派改正了，胡風案件平反了，到了一個比較寬鬆的環境，魑魅

魍魎遠離了他們，我們發現，其實他們都並不是那樣的人，不論是馮雪峰追悼會時胡風發出的長達400餘字的電文，還是舒蕪晚年全力推介聶紺弩的舊體詩，我們會發現，他們在與自己熟識的朋友的交往中，處處都有人性中的光芒閃耀。

描寫一段歷史，不是為了渲染一個悲劇，更不是為了醜化誰，現在人們已經認識到，在當時那個比較特殊的年代裡，人與人之間的關係只有同志與非同志的關係，除此之外的父子關係、母子關係、夫妻關係、手足關係、朋友關係等等，和它是下位法和上位法的關係，都屈服於同志與非同志關係。知道了這些，我們也就更能理解他們當時的言行，也就更多一份寬容。

歷史是一面鏡子，但鏡子只有擦拭乾淨了，才能做鑒。寫這些的時候，想著自己其實也就是在擦拭著一面歷史之鏡。為了還歷史一個比較清晰的原貌，才重新來到這個荒蕪了的地方，在發黃的紙片中，尋找並記下胡風和舒蕪存在的那個場景，並努力通過文字材料爭取為他們當年的言行找出最切實的理由。我盡力去做了，如果有不夠的地方，除了有些材料至今還無法看到以外，才力不逮也可能是一個原因，相信讀書的人都是寬厚的人，不會為此苛求我。如能得到這樣的寬容，斯為幸。

2010年元月初稿
2015年改定於上海西郊念韭齋

目 次

上篇
1952年，都在主動進步

第一章　一篇引起胡喬木重視的文章

　　1952年，文藝界掀起了學習和紀念〈在延安文藝座談會上的講話〉（以下簡稱〈講話〉）發表10周年運動，不管是已經學習過〈講話〉的解放區的文藝工作者，還是從國民黨統治區來的沒有學習過〈講話〉的文藝工作者，學習了的要重新學習，沒有學習的要從頭學習，新中國在政權上統一了全中國，但是在文藝思想上卻還沒有完全統一，至少當時在中央主管文藝的胡喬木是這樣認為的，因為當年在重慶的時候，他就曾經指出過國統區某些進步文藝工作者的文藝思想和毛澤東的〈講話〉精神是相違背的，這些人解放以後，依然是穿老鞋走老路，可以說，這次重新學習〈講話〉，也是一次統一文藝界文藝思想的運動。

　　5月25日，一篇地方報紙上的文章引起了胡喬木的注意，這篇文章登載在1952年5月25日的《長江日報》上，是眾多重新學習〈講話〉的體會文章之一，但胡喬木見之後卻為之一喜。雖說發表這篇文章的《長江日報》是中南局的機關報，其實也不過是在武漢地區出版的一份地方報紙；這篇文章的名字不花俏，「從頭學習〈在延安文藝座談會上的講話〉」和當時其他文章的題目比起來也並不更動聽；作者舒蕪此時不過是西南邊陲一所中學的校長，名聲並不十分顯赫，因為當時寫了學習體會文章的名家就有郭沫若、茅盾、丁玲、曹禺和解放區作家代表趙樹理等人。但對於胡喬木來說，他由此看到了新社會思想改造運動的力量。

　　新中國成立後，胡喬木因職責需要，兼職多達10餘個，挑主要的說，主要有新聞總署署長、中央人民政府發言人、中共中央宣傳部副部長（自1950年至1954年，他擔任中共中央宣傳部常務副部長）、新華通訊社社長、中共中央機關報《人民日報》社社長，當然，他仍是毛澤東的政治秘書。因為工作過於繁忙，除了白天要負責《人民日報》、新華社等工作，胡喬木還要適應毛澤東晚上辦公的習慣，經常還要和毛澤東工作到深夜乃至凌晨，過度的勞累，他終於累倒了，1951年1月中旬至2月胃部潰瘍嚴重，緊急住院，後來胃被切除了四分之三。其後不久，也即在1951年5、6月間，胡喬木又因胃穿孔動了大手術。如此繁忙的胡喬木，為什麼這麼關心舒蕪和舒蕪的這篇文章呢？就個人關係來說，胡喬木認識這篇文章的作者，解放前曾經在重慶和這位固執的作者爭論過他的〈論主觀〉這篇文章，指出過〈論主觀〉思想是違背〈講話〉精神的，但爭論無果而終；解放後，這位原作者已經認識到了自己過去的錯誤，並且在用自己的檢討文章向他「致歉」，當年久爭不決的辯題現在迎刃而解了，胡喬木很重視這一案例。

　　鑒於胡喬木當時特殊的身分，即毛澤東非常倚靠的一位政治秘書，應該說，當時的胡喬木是中共中央意識形態領域的主要領導人之一，在這個時候（1953年以後胡喬木逐漸不再過問文藝界問題，那以後是周揚主要負責），周揚其實只是文藝政策的執行者，有人把胡風當時的不好境遇和後來的不堪結果全部歸結為有「宗派思想」的周揚所致，於周揚來說，其實有點不太公平的。從胡喬木關心舒蕪的這篇文章也可以看出，胡風個人解放後的困難境遇和最後發展成為政治事件，實際上並不全是一些人所認為的單純地是因為當時的文藝界盤根錯節的宗派原因所致，這裡面應該還有更為複雜的一些原因，有層次更高的領導人的格外關注，也有宗派思想的執行者的情緒因素，還與

胡風自己某些言行有關，歷史事件的發生總是在一些看似偶然的環節合力推動下必然地發展而成的。

胡喬木後來很快就在《人民日報》上轉載了舒蕪的這篇文章，並且加了一個按語。解放後沉寂了近3年的胡風文藝思想問題，終於被胡喬木揭開了虛掩了幾年的「遮羞布」，赤裸裸地暴露在全國人民面前，胡風的文藝思想問題成了解放後文藝界必須要嚴肅對待且必須儘快解決的一個問題。

胡風與舒蕪：氣質迥異的兩個人

不論是在解放前，還是在解放後，胡風和舒蕪本質上是兩股道上跑的人，他們兩人氣質差別實在太大了。就性格而言，胡風如魯迅所說孤傲、偏執，這與胡風一生的坎坷經歷有關，早年就漂泊四方，閱盡人世；舒蕪則謙和、優容，大戶人家出生，家學淵源。他們兩人一剛強一陰柔，似乎沒有什麼共通之處，但都愛辯論，加上胡風對有才之人非常厚愛，所以兩人在理論探討上還是比較契合的。就年齡而言，胡風比舒蕪大20歲，1949年解放的時候，胡風47歲，舒蕪那一年僅僅27歲。雖然從年齡上看，他們兩人是兩代人，但舒蕪早年曾經追隨胡風，對胡風自覺繼承五四傳統和魯迅精神，舒蕪是非常仰慕的，從這個角度看，他們在精神上是有相通和一致之處的，在解放前他們的關係可以說是亦師亦友。

胡風，原名張光人，胡風是他的筆名。他於1902年出生在湖北蘄春鄉下的一個普通農家，和那個時代的農民家庭一樣，他家也是孩子很多，他有兩個哥哥，一個弟弟，還有一個姐姐。在他10歲那年，他家和本鄉方姓人家發生一場官司，而張家上下老少都不識字，在打官司的時候被人嘲笑，很是尷尬。胡風的父親為了不讓孩子再吃不識字

的苦，下決心要送自己的兒子去讀書。幾個孩子中，胡風天資最好，他父親決定送他到鄰近的四村廟私塾開蒙。那一年，胡風11歲，雖然讀書晚了一點，但自此胡風開始了自己的文字生涯。

胡風讀書用功，亦有天分，一入學就顯示出了與眾不同的記憶能力和理解能力，是一塊讀書的料。輾轉了幾個學校後，後來在大伯的資助下，從私塾進入到蘄春官立高等小學學習，後來又考入武昌啟黃中學，1923年改進南京東南大學附屬中學，報考大學時，因為嚮往「五四」的發源地北京大學，進了北京大學預科，因理想的追求得不到滿足，第二年又轉到了清華大學，在清華大學讀了幾個月以後，1926年肄業於清華大學，回鄉參加革命工作。順便說一句，比胡風小10歲的胡喬木在四年後也進入了清華大學學習，在清華讀了兩年後就離開了清華回家鄉從事黨的地下工作。1927年，胡風因故接受了老師穆濟波之邀，在江西剿共第九軍政治部宣傳科待過28天。1929年胡風到日本留學，在日本的慶應大學英文科學習。在日本期間，胡風加入了日共，因為日語說得好，所以經常參加當地組織的文藝社團活動，還結識了不少日本革命文學作家，如小林多喜二等左翼作家朋友，學習了革命文學理論，對革命文學有自己的理解。當時的胡風，看人看事目光就已經非常犀利，也善於掌握談話的核心，並且能寫一手精彩的理論辯論文章，在日本留學生中很有影響。1933年6月，胡風因為從事左翼文學活動被日本政府驅逐出境，6月15日，胡風一行人回到了上海，上岸後胡風就起草了一篇〈反日宣言〉，以「留日歸國華僑代表團」名義發表，強烈聲討日本政府的野蠻行徑。

胡風自日本回國後，開始在上海從事革命文學工作，先後擔任左聯宣傳部長、左聯書記。後來，因為和周揚發生衝突，胡風辭去了左聯的工作，開始了專業賣文的生活，這個時候，他結識了魯迅，並且受到魯迅的器重。胡風尊重魯迅，並一生都自覺追隨魯迅，魯迅因母

親姓魯所以用了魯迅這個筆名行世，胡風也因母親姓胡所以著文時署上了胡風這兩個字。自日本回國不久，胡風結識了左聯盟員19歲的屠玘華（梅志），後來他們結為伴侶，開始了一生的相互扶持，不離不棄。胡風在賣文的同時，開始創辦刊物，後因上海的淪陷，胡風來到了武漢、重慶，在重慶，他收到一封投稿信，那是路翎寫給他的，因此他認識了路翎，後來路翎介紹了自己的好友舒蕪給胡風，從此胡風認識了舒蕪。

而舒蕪，與胡風相比，他的一生相對來說比較簡單。

舒蕪，原名方管，1922年出生在安徽桐城方家，方家在當地是名門大戶，家學淵源。他的曾祖父方宗誠，字存之，號柏堂，是姚門四弟子之一的方東樹族弟兼弟子，亦即姚鼐的再傳弟子，作為程朱派理學家，成就很大。他的祖父方守東寫得一手好字，是一位有名的書法家，詩也寫得很好。舒蕪的父親方孝岳畢業於上海聖約翰大學，1919年也就是他22歲時就在北大教國文預科，他與舒蕪母親是自幼訂親，舒蕪在老家桐城出生後，兩歲的時候他母親帶他到北京和剛從日本東京大學進修回來的父親團聚，可就在這之後不久，他父母就正式分居，後來舒蕪的母親帶著幼小的舒蕪回到了老家桐城，從此舒蕪和在大城市當教授的父親幾乎沒有來往，母子相依為命。舒蕪的母親馬君宛出生在大戶人家，知書達理，並且好寫得一手好字，外祖父馬通伯清末民初的名人，文章學問都很好，舒蕪小時候有一段時間生活在北京，和外祖父家來往很多，也應受到很多薰陶。與此同時，他們兄弟幼承祖父之教，讀了很多桐城派的理學書和「學案」之類。除了家學很好以外，據說方家也非常有錢，牛漢在他的口述自傳《我仍在苦苦跋涉——牛漢自述》裡說：「他（指舒蕪——引者注）沒有上過大學。他們家有大房小房之分，舒蕪出自小房。他祖父方守東字寫得很好，在河北當過縣太爺。他離任走時雇書童挑書，一擔書，怎麼會這

麼沉？原來書頁中夾了一片片金葉子。（這個桐城流傳的故事是我老伴吳平說的，他們方家的孩子在吳家的私塾寄讀。）」傳說屬實與否，我們不清楚，但我們知道了舒蕪是一個大戶人家出生的孩子，雖然生活在一個單親家庭，但祖父做過縣太爺，父親每月會郵寄生活費給他們母子倆，所以家境比一般人家好不少，他從小也受到了良好的教育。

舒蕪家裡藏書很多，在他讀私塾的時候，他就已經熟讀了《四書》、《五經》，對中國古典文學非常熟悉，又因為讀書方法很好，善於思考，所以讀書時常能形成自己獨特的見解。1934年，12歲的他進入著名教育家吳汝綸創辦的桐城中學讀初中，在那裡因為接觸到了新式學校畢業的老師，對新文學也就有了更多的接觸。1937年，他來到安徽首府安慶就讀安慶高中，抗戰爆發後轉到安徽宿松省立第三臨時中學繼續讀高一下學期，1938年夏，因為日寇逼近，家國難保，他離開了宿松省立第三臨時中學；1939年春，逃難到江津時，曾在國立第九中學高中二年級下學期插班就讀，但不久就和同學一起離開了學校去宜昌找生活，那一年舒蕪17歲，從此，離開了學校教育，開始走向社會。

直到1940年舒蕪認識徐嗣興（路翎），經他介紹到了重慶的建華中學任教，在這之前，舒蕪一直是邊和家人逃難邊求職，當然，舒蕪是一位好學上進的青年，在逃難路上他還是念念不忘讀書，到處去尋書讀，同時也開始了寫作、投稿。1938年，他的第一篇散文〈我留廢墟在後面〉發表在《廣西日報》副刊上，署名為舒吳，「舒吳」用桐城方言讀是「虛無」諧音，在第二篇文章上，舒蕪把「舒吳」改成了「舒蕪」，從此開始以這個筆名行世。後來，他經路翎介紹認識了胡風，通過在《希望》上發表文章，舒蕪逐漸成為一名年輕的理論家。

建國後，胡風只有短暫的快樂

　　新中國的建立，胡風是欣喜的，因為他一直認為自己在為黨的文藝做工作，他是左聯時期的文藝骨幹，是在魯迅身邊待過甚至和魯迅並肩戰鬥過的戰士，還是國統區的進步文藝的負責人，他培養了很多新生文藝力量，為黨的文藝事業作出了很大的貢獻。解放後，胡風多次在會上或文章中斥責朱光潛、沈從文等，也間接說明胡風覺得自己和那些作家是不一樣的，他是革命作家，而朱光潛、沈從文等人是資產階級的作家。

　　於私來說，胡風和當時的領導人的私誼也是不錯的。

　　解放前，毛澤東主席就曾經在重慶和談的時候，接見過他。根據胡風自己回憶，解放前在重慶的時候他見過毛澤東兩次，一次是晚上去看，當時是在舞場，他們去找毛澤東，因為舞場喧鬧，又不斷有人要拉毛澤東去跳舞，所以幾乎沒有聊什麼；另外一次是毛澤東重慶談判後要回延安，他和其他人去送行，這是第二次見到毛澤東，但胡風竟然因為有點緊張，告別時和毛澤東手都沒有握。兩次見面雖然沒有深交，但開國領袖的真身他是早已見過的，這個是人脈資本。

　　胡風和周恩來的交誼是非常好的，在1938年7月武漢淪陷前，胡風開始認識周恩來，並且有了較多的接觸；在重慶時，胡風更是曾家岩50號的座上客；解放初期，周恩來也一直非常關心胡風，甚至還百忙中抽出時間來和胡風見面，一談就是5個多小時。除此以外，周恩來也是很支持胡風和胡風的文藝事業的，不僅在困難的時候給過他3萬元支票直接幫助他創辦《希望》，還多次表揚過他的刊物和他的作品在國統區反壓迫中所起的積極作用。就是胡風不去延安，也是「徵得」了周恩來同意的。當年的周副主席，現在已經是政務院總理了，

這個也是胡風欣喜的原因之一。

除了毛澤東、周恩來以外，其他文藝界的領導人，如郭沫若、茅盾、周揚、馮雪峰、丁玲等人，都是胡風當年的戰友，解放前和胡風都很熟悉，不論是論及對中國革命所作的貢獻還是個人的創作實績，胡風認為這些人都不一定在他之上，所以胡風並不「怵」他們。

現在全國即將解放，早年只能開出口頭表揚這張「支票」的人，現在都是一些能兌現「真金白銀」的當權者。不僅僅是胡風，很多為解放事業付出了自己努力的人都感到由衷的欣喜。

第一次文代會，他出席了；第一屆政治協商會，他出席了；最讓他覺得榮耀的是，第一次開國大典他也出席了。看到嶄新的國家，人民開始當家做主；看到偉大的領袖，人民那麼的愛戴；看到大家臉上洋溢的快樂，人們真誠地熱愛新中國，胡風也「漫捲詩書喜欲狂」，他開始寫對新時代的禮贊。那時候，新生的政權充滿了活力，人民充滿感情地投入到這個火熱的生活中，動輒上萬人的紀念集會常常會有，而這些集會常常是歡樂的海洋。毛澤東，這位帶領中國人民走出了一條嶄新道路的領導人，無論出現在哪裡，哪裡的人都會真誠地歡呼鼓掌、全場轟動。胡風的政治抒情長詩《時間開始了》就是當時時代的寫真，也是他對新生政權和人民領袖毛澤東的真摯情感的流露。

胡風是快樂的，但在胡風快樂的天空裡，常常會有不快的雲翳飄過。讓胡風不快的事情有不少，而這幾件事情給敏感的胡風打擊最大。

第一件事情是由中華全國文藝協會過渡到中華全國文學藝術界聯合會的過程，胡風覺得自己沒有得到尊重。建國在即，在石家莊，胡風見到了周恩來，周恩來囑咐他和周揚、丁玲一道研究一下組織新文協的事，可是在他到達北平前一天，報紙上就宣布了舊文協移到了北平的決定，而這邊的胡風還在等人和他一起商量怎麼組建新文協，這

讓胡風非常的受打擊。一是周恩來說了有人會和他研究新文協的組建工作，而事實上這些人並沒有和他研究就組建了，他感到自己不被信任；其次，新舊文協交接的事情沒有人來和他商談。稍微知道一點文協歷史的人都知道，1938年春，在漢口成立了中華全國文藝界抗敵協會；1945年10月14日，中華全國文藝界抗敵協會在重慶召開理監事聯席會，決定將中華全國文藝界抗敵協會改為中華全國文藝協會；抗戰勝利後，1946年6月這個協會遷移到上海。這個協會老舍是總務股主任（等於總負責人），胡風是4個常委之一，並兼任研究股負責人。解放前，胡風一直以文協為陣地從事文學革命工作，特別是文協遷到上海後，胡風對文協的事務工作出力最多，而舊文協解散新文協建立的時候竟然沒有人來叫他去做交接。[2]

第二件事情是起草文代會報告的時候，因為茅盾的一句話他耍了性子，堅決不再參加起草小組的工作。

康濯在〈《文藝報》與胡風冤案〉一文中曾經回憶起這次起草的經過：

1949年春天籌備全國第一次文代會時我是文件起草委員會秘書，國統區報告由茅盾同志作，並成立了個起草小組，胡風是成員之一。然而第一次起草小組會上胡風就生了氣，會後向我表示再也不參加小組了。我莫名其妙，根據黨的指示幾次去北京飯店他的住址拜訪，請他一定繼續參加。有一次還碰見黨的老一代文藝家、胡風的老友馮乃超同志也去動員胡風繼續參加報告起草的討論，但他始終不同意。不過馮乃超同志在場時我總算搞清楚了胡風一怒而堅決拒絕再與會的理由所在，是由於第一次會上茅盾同志發言中講過一句，說是可惜邵荃麟、林默涵等同志還在香港而沒到北京，不然這個報告的起草當會更順利一些這樣的話。這個話我記得，但卻不懂，馮乃超同志向我解釋，說因為邵、林等同志在香港批評過胡風，所以胡風一聽茅公提到

此話，就以為是指如果邵、林來了，報告中就能更順利地批評他胡風了。後來我曾委婉地向茅公轉述胡風意見和顧慮，茅公說他不是那個意思，而主要是說邵、林對國統區桂林和重慶時代的文藝情況還熟悉，並說只要胡風來參加起草小組會，他可解釋說明。然而胡風的態度始終不變……[3]

胡風不參與合作起草這個報告，給人以解放了胡風依然是不肯和人合作的印象。當時胡風的不合作鬧得響聲很大，茅盾特地在報告的附言裡做了說明。

> 本報告起草小組由籌委會常委會聘請，前後共計十四人，其中：陽翰笙、馬思聰、史東山、葉淺予、李樺等五位原為影劇、美術、音樂各組專題報告之起草人，參加本組僅在原則上交換意見，不負實際起草工作，又巴人先生因事忙，胡風先生堅辭，皆未參加，故本報告實際參加起草者前後實共七人，開會多次，交換意見的結果，認為我們目前還不可能把十年來的國統區文學作總結，只能提出比較重要的問題，究明其因果，指陳其方向。偶有舉例，僅為敘述上之方便，非欲遽加月旦。各代表團討論後所提意見，對此亦有所質詢，所以也在這裡作一聲明。
>
> ——茅盾〈在反動派壓迫下鬥爭和發展的革命文藝·附言〉

在這以後的日子裡，胡風一直受到這個指責，胡風本來就是一個性格比較倔強的人，自從給了人家這個印象後，解放後，除了和他走得比較近的那些朋友，胡風在文藝屆更孤單了，因為很少有文藝界的領導和他交心，當然，也很少有人敢和胡風交心，胡風的性格很倔強。

　　第三件事情是文代會報告的內容，竟然有幾處是批評他的文藝思想的，這讓一直處於論爭旋渦中的胡風，感覺到了解放後自己的戰鬥並沒有結束。

　　1949年7月4日，茅盾在文代會上做了題為「在反動派壓迫下鬥爭和發展的革命文藝」的報告，非常奇怪的是，茅盾說國民黨統治區中文藝存在的問題，絕大部分都和胡風有關。特別是關於國統區的錯誤文藝思想問題，竟然差不多都是不點名地批評胡風的文藝思想。

　　　第一，關於文藝大眾化的問題。在抗日戰爭一開始後，文藝大眾化雖成為一般關心的問題，但當時人們所關心的多半只限於文藝形式問題。好像抗日的內容既已確定，則作家的立場觀點態度等都已毫無問題了。「歐化」的文藝形式受到了懷疑，但文藝家如何建立真正的群眾觀點的問題卻沒有被重視，其結果就產生了一九四〇年的「民族形式」問題的論爭。表現在這論爭中的各種思想，有的是把大眾化問題簡單化到只是「民間舊形式」的利用（所謂「舊瓶裝新酒」），以至完全抹煞了五四以來的一切新文藝的形式，也有的在保衛「文藝新形式」的名義下堅守著小資產階級文藝的小天地——其所保衛的是「形式」，實際上是深恐藏在這種形式下的內容受到損害。

　　　這一次論爭使人看出了原封不動地「利用」民間舊形式的思想與照舊地保存歐化的文藝新形式的思想，這兩方面都各有其偏頗之處。以後在文藝創作的形式上展開了比較多樣性的發展，這是這次論爭的積極成果。在這次論爭後若干年間，斷續進行關於方言文藝，關於民歌民謠的研究與討論，大體上都能發揮這次論爭的積極成果，而給與創作活動以好的影響。但是另一方面，因為文藝大眾化問題究竟不只是個形式問題，單就

形式論形式，也就往往難免於陷入舊形式的保守主義的偏向，也就不能從思想上克服那對於文藝大眾化成為最嚴重障礙的小資產階級的思想及其文藝形式。

　　因為醉心於提高，因為把藝術價值單純化為技巧問題，又因為抱著上述的各種糊塗見解，於是就出現了漫無批判地「介紹」乃至崇拜西歐資產階級古典文藝的傾向。歐洲資產階級的古典作品，其中本來也有的是包含著比較健全的現實主義的創作方法，和若干進步的思想因素，值得介紹，也值得學習。但介紹不能漫無標準，而學習也同時應加批評。不幸那時成為一種風氣的，則既無標準，也不加批判。（此指一般現象而言，個別進步的文藝工作者當然不是這樣的。）有些文藝工作者甚至以為熟讀了一些西歐資產階級的古典作品就可以獲得中國文藝所缺少的高度藝術性。羅曼‧羅蘭的名著《約翰‧克利斯朵夫》無論就思想深度言，或就「藝術性」言，當然是不朽之作，但不幸許多讀者卻被書中主人公的個人主義精神所震懾而暈眩，於是生活於四十年代人民革命的中國，卻神往於十九世紀末期個人英雄主義的反抗方式，這簡直是時代錯誤了。崇拜西歐古典作品的，最極端的例子就是波特萊爾也成為值得學習的模範，這當然更不足深論。

　　這種風氣，沾染到作家方面，就出現了文藝上的形式主義的追求。而不知道，如果不從現實的生活出發，則形象化也好，典型也好，語言的豐富也好，一切方面的追求都會成為形式主義的追求。

　　而為反抗這種形式主義的追求，出現了強調「生命力」，強調作家的「主觀意志」的傾向。而不知道，無論生命力也好，主觀意志也好，離開了現實的政治鬥爭任務，則生命力或

主觀意志都成為抽象的東西。強調這些，並不足以克服形式主義的追求，而同樣是，不過從另一方面引導向否認藝術的政治性的為藝術而藝術的傾向。這就是在下面所要談到的第三個問題。

第二，關於文藝中的「主觀」問題，實際上就是關於作家的立場、觀點與態度的問題。一九四四年左右在重慶出現了一種強調「生命力」的思想傾向，這實際上是小資產階級禁受不住長期的黑暗與苦難生活的表現。小資產階級受不了現實生活的熬煎，就在一方面表現為消極低沉的情緒，另一方面表現為急躁的追求心理。這兩種傾向都表現於文藝創作中，而後一傾向特別表現於文藝理論上面，形成一種「小資產階級的革命」文藝理論；這種文藝理論雖然極力抨擊前一種消極低沉的傾向，然而，對於思想問題的解決不能有什麼積極的貢獻，只有片面地抽象地要求加強「主觀」。

於是關於文藝上的「主觀」的問題，在近幾年來就成為國統區文藝界思想中積蓄醞釀著的基本問題，不能不要求解決。

問題的實質是：文藝作家當然不能採取「純客觀」的態度對待生活，但文藝創作上之所以形成種種偏向究竟是因為我們的作家們態度太客觀了呢，還是作家太多地站在小資產階級的主觀立場上面？如果事實上正是小資產階級的觀點思想與情調成為障礙我們作家去和人民大眾的思想情緒打成一片的根本因素，那麼問題的解決就不應該是向作家要求「更多」的主觀。這不是主觀的強或弱的問題，更不是什麼主觀熱情的衰退或奮發的問題，什麼人格力量的偉大或渺小的問題，而是作家的立場問題，是作家怎樣徹底放棄小資產階級的主觀立場，而在思想與生活上真正與人民大眾相結合的問題。

——茅盾〈在反動派壓迫下鬥爭和發展的革命文藝〉

　　胡風本來是文代會的報告起草人之一，可他僅僅參加了一次會議就一直「逃會」，茅盾所作的關於國統區文藝的報告，胡繩、黃藥眠等參與了起草。胡風不參加，那麼這個報告就由當年在《大眾文藝叢刊》上批判胡風和他朋友的那些人作為主要作者來起草，對他文藝思想的看法當然延續了1948年批判的腔調。文代會上的報告是對國統區文藝的總結，胡風很後悔這次意氣用事，他沒有認識到這個總結的重要性，導致了後來一直都很被動。當然這僅僅是一個後悔，1948年初在香港對他的密集批評，其實代表的也是黨的文藝對非黨文藝的一次解放前總結和清算，胡風在解放前沒有承認錯誤，把錯誤帶進了新中國，即使文代會上的報告不指出來，解放後依然在劫難逃。

　　第四件事情是國統區作家的遭遇讓他不是很開心。文代會上，雖然說是文藝大會師的大會，但是解放區作家就是比國統區作家更加揚眉吐氣，而來自國統區的作家，甚至有矮人三分的感覺，巴金在會上就說，他是來當小學生的，而胡風一直認為自己是站在時代革命作家陣沿，為了中國革命作出了重大貢獻，不認為自己比誰矮三分，可是大會報告如此評價國統區的作家，實際自己的境遇也說明確實比人矮三分——這次會師讓他並不是非常開心。此刻，坐在台下面的胡風，心頭湧起的感覺是複雜的，看到昔日平起平坐的那些人，現在的地位不同了，很多人都坐在了主席臺上，不說文代會主席郭沫若，就說副主席茅盾和周揚，早年都是胡風左聯時期的戰友，特別是周揚，早年和胡風一起在左聯工作時，甚至還被魯迅譏為「四條漢子」之一，後來他去了延安，成了解放區文藝的領導，現在解放了，他高高地坐在主席臺上，準備領導全國的文藝。胡風和周揚是有矛盾的，這個矛盾不僅表現在文藝思想上他們曾經論爭過幾次，還表現在他們私人之間也存在隔閡。還有，在胡風從香港輾轉到北京來的時候，也就是在解

放前夕，香港的地下黨竟然在1948年初集中力量在《大眾文藝叢刊》上對他和路翎進行了密集批評，而這些批評者現在都是響噹噹的文藝界領導了。

還有一件事，那就是關於他的工作安排。1949年4月19日的會議上，茅盾宣布由他、廠民以及胡風三人共同負責主編全國性的文藝理論刊物《文藝報》，胡風覺得在這之前沒有和他好好談談，他就辭去了這個「和別人一起」主編《文藝報》的工作。胡風辭去這個工作的理由很多，原因也很複雜，他自己認為，既然大家都覺得他的文藝思想有問題，那麼他怎麼和別人共事？而其他人不是這樣認為的，胡風辭去《文藝報》三人合作主編的工作，讓他又得到了一個不願意接受安排的「罪名」，同時也讓人感覺到胡風似乎在要脅別人，感覺是不接受我的理論我就不接受工作。胡風其實對這一安排是不開心的，不論是組織程序還是職務價值，都讓胡風不開心。

不過，胡風的高興還是多於憂愁的，因為畢竟受到黨的重視被邀請進京，甚至和大家一起受到毛澤東接見，在會議間隙得到周恩來的慰問，這對於他這個非黨員來說，實在是太激動了，深沉、沉鬱的「七月派」倡導者也很少見地寫出了歡快的《時間開始了》這首頌歌。不單單是胡風，胡風的其他朋友也在這個時代的感染下，在胡風的感染下，作為詩人、作為作家，暫時忘記了不快，都在為新中國啼唱著美妙的歌曲。

從1948年12月9日離開上海的家以後，經香港輾轉來到北京，參加了文代會，後來又參加了第一屆全國政治協商會，胡風這段時間幾乎都在忙著參與籌備新中國，一直到1950年2月才回家（這一年多只有1950年8月4日至9月8日，這1個月左右時間胡風在家中）。一年多的時間都在京逗留，冠蓋滿京華，最後胡風卻兩手空空地回來，當時共產黨對知識分子的態度是「包」下來的，也就是說只要你不反黨，

只要你服從分配，願意為國家工作，國家就解決你的生計問題，而胡風卻沒有被「包」下來，甚至連工作都沒有分配。胡風事件之後一年，周恩來在知識分子改造運動上的講話，就說了要信任知識分子，得到這個教訓應該說和胡風事件是有一定關係。

短暫休戰後又拿起了戰鬥的武器

解放後胡風自己的文藝思想也在被人批判，並且批判的論調和解放前一模一樣，讓胡風非常不可理解。他寫的政治抒情詩剛發表第一部分的時候好評如潮，但到後來，這首詩的發表和出版竟然遇到了想像不到的困難，而最為不可理解的是，他的詩歌在掌聲剛剛停下時就響起了刺耳的噓聲。

> 毛澤東
> 一個新生的赤子
> 一個初戀的少女
> 一個呼冤的難主
> 一個開荒的始祖……
>
> ──〈時間開始了〉

他更是以激動的辭彙歌頌那一天廣場上的盛大場面：

> 海！
> 歡呼的海！
> 歌唱的海！
> 舞蹈的海！

閃耀的海！

從一切方向流來的海！

向一切方向流去的海！

勞動著，戰鬥著，創造著

從過去流來的海

勞動著，戰鬥著，創造著

向未來流去的海！

——〈時間開始了〉

　　毫無疑問，這是一首歌頌主旋律的詩，是作者飽含感情唱給新中國唱給毛澤東的讚歌。胡風的〈時間開始了·歡樂頌〉在1949年11月20日《人民日報》副刊「人民文藝」上剛發表時，詩人王亞平寫來賀信，說胡風是「第一個歌頌了毛澤東」的人，但僅僅過了4個月，他就在1950年3月1卷12期《文藝報》上發表了〈詩人的立場問題〉一文，批評胡風組詩第五樂章〈又一個歡樂頌〉。他摘引了詩中將毛澤東比擬為「一個初戀的少女」的一句，批評道：「把屁股坐在小資產階級那一邊，即使來歌頌戰鬥，歌頌人民勝利，歌頌人民領袖，也難以歌頌得恰當。結果是歌頌得沒有力量，歪曲了人民勝利的事實，把人民領袖比擬得十分不恰當。不管作者的動機如何，它的效果總是不會好，而且是有害的。」

　　〈時間開始了〉後面幾個樂章的發表過程更是歷盡坎坷，除了第一樂章〈歡樂頌〉順利地在1949年11月20日的《人民日報》上發表，其他幾個樂章的發表困難重重。首先是《人民日報》嫌第二樂章太長了，有600多行，《人民日報》文藝部主任袁水拍告訴胡風說總編輯說詩歌太長，不用，退稿了。為此胡風還讓人去爭取了半天，雙方僵持不下，甚至送到上面去審稿和定奪，從1949年12月4日到1949年12

月15日，爭取了10多天，最後還是不能發表。後來幾部分有的是在
《光明日報》上發表，有的是在《天津日報》上發表，到了組詩的第
四、第五部分，發表幾乎成了「鬥法」。1949年年底到1950年年初，
胡風致梅志的信裡，曾經多次談到〈時間開始了〉的發表所遇到的
困難，在其中1月24日的信件中，就有一節專門談到其中的「四」、
「五」部分發表困難的情況：

> 「四」、「五」發表事，成了和秘書鬥法的手段了。我不想鬥
> 了，「五」寄天津，能發表就發表一下。「四」找民主報，
> 能發表就發表一下。另卷寄上「四」抄稿，看上海有可能發表
> 否？「二」都不能發表，這恐怕更不可能了。「五」，不管天
> 津能否發表，已囑守梅把校後原稿寄你。那只有六百行，看有
> 可能否？兩篇，由馮爺去弄交涉，有兩個可能：一是，為了好
> 感，他爭取發表，但也許不高興我能發表的。總之，如哈華無
> 辦法，倒可以請他來談一談，橫豎不能發表而已。
>
> ——《胡風家書》[4]

　　胡風自己的東西發表都這麼困難，發表以後又都受到這麼多指
責，胡風的那些朋友，就更不要說了。

　　解放後，就在1950年，一位和胡風走得很近的文藝理論工作者阿
壠在《人民日報》上為自己剛剛發表的文藝理論文章道了歉。

　　1950年3月12日《人民日報》上有署名陳湧的人發表文章〈論文
藝與政治的關係——評阿壠的《論傾向性》〉，指責阿壠的「藝術即
政治」是歪曲毛澤東關於「政治標準和藝術標準」的講話精神，是對
馬列主義關於文藝黨性思想的抵觸；1950年3月19日署名史篤（蔣天
佑）的在《人民日報》上發表〈反對歪曲和偽造馬列主義〉來駁斥阿

壠的那篇〈略論正面人物與反面人物〉，關於阿壠這篇文章的錯誤，
周揚在〈我們必須戰鬥〉有專門的分析。

> 我現在只簡單地說幾句：阿壠先生在他的一篇〈略論正面
> 人物與反面人物〉的文章中，引證了馬克思在《新萊因評論》
> 中的一段話，這段話的意思說，作家們對1848年革命中資產階
> 級政黨的領袖們，一向沒有寫出他們的真實形象，而往往把他
> 們描寫為「腳穿高底靴，頭上環繞神光」、「在神化的拉斐爾
> 式的圖像裡失卻敘述的一切真實」。同時馬克思提到兩本祕密
> 員警特務的著作，認為他們雖然深入到這些大人物的私生活，
> 卻並不因此「接近於這些人物和事件的真實的忠實的敘述」。
> 阿壠所引用的譯文是有許多嚴重錯誤的，但問題不在阿壠先生
> 引了錯誤的譯文，而是在於：第一，為什麼阿壠先生隱瞞那兩
> 本著作的作者是祕密員警特務？第二，為什麼要把馬克思所明
> 明批評了的兩本特務的著作硬說成是馬克思當作「範例」甚至
> 「方向」來推薦的作品，這種推論就是在阿壠所根據的錯誤譯
> 文中也是無論如何得不出來的。這不是歪曲馬克思主義，又是
> 什麼呢？
>
> 阿壠先生文章發表的時間是一九四九年，那時中國人民
> 革命剛剛取得了勝利，勞動人民由長期被奴役被壓迫的處境升
> 到了國家主人的地位，這是一個世界歷史性的變化。這時，新
> 的國家和人民向文學藝術工作者提出了新的任務：表現作為國
> 家新的主人的工農兵的正面的先進的形象。那時進步文藝工作
> 者表示願意按照毛澤東同志所指示的文學為工農兵服務的方向
> 來努力，並以馬克思主義思想來改造自己。正是這種時候，阿
> 壠出來說不要把「正面人物」、「神化」，文藝不能僅僅以工

農兵為藝術人物而不描寫其他階級。試問有誰人，在什麼文章中曾經說過我們的文藝只寫工農兵不寫其他階級這樣荒謬不通的話呢？這種無的放矢，不過是一種煙幕而已，真正的意思是在他文章中的這句話：「……其他的階級，在新民主主義的階段，也是這裡那裡地各式各樣的活動，因此在文藝上也有作為一定主角的資格」，原來，阿壟先生就是要在文藝創造中為其他階級來與工農階級爭「主角的資格」！阿壟曲解恩格斯關於巴爾扎克的現實主義偉大成就的評價，借強調現實主義之名而貶低馬克思主義世界觀的作用。我們認為，在今天，一切進步的、社會主義的作家，他們的世界觀和創作方法必須是統一的。社會主義現實主義的公式是馬克思列寧主義對文學藝術方法的基本觀點和歷史貢獻。毛澤東同志說：「馬克思主義只能包括而不能代替文藝創作中的現實主義。」

　　這就是說，現實主義應當包括在馬克思主義裡面，只有馬克思主義才能對現實主義作最完滿的理解，同時現實主義又有自己特殊的規律。誰否認了這點，誰就不是馬克思主義者。

　　　　　　　　　　　　　　　　　——周揚〈我們必須戰鬥〉

　　個性倔強程度不亞於胡風的阿壟，在受到兩篇文章的接連批判後，在1950年3月26日的《人民日報》上發表了自己的檢討信〈阿壟先生的自我批評〉。阿壟說：「十幾年來，在國民黨統治之下，第一，我受不到黨的教育；第二，陣地是分散的、孤立的；第三，沒有得到教育，完全是自學的。這樣，使我許多地方不能夠深入而造成這一次大的錯誤。」[5]阿壟在全國性的大報上承認自己犯了「嚴重的錯誤」、「大的錯誤」。兔死狐悲，不要說遠在南寧的舒蕪，就是胡風自己，看到阿壟的檢討心裡也有了絲絲的涼意。要知道阿壟上面兩篇

文章中的一篇〈略論正面人物與反面人物〉是發表在《起點》上，而《起點》這個小刊物一共才出了兩期，32開32頁，名副其實的一個印張的小刊物，由梅志、化鐵等幾個人負責編輯，原本是不引人注意、偏安在上海的小刊物，可是1950年3月11日登載阿壠文章的《起點》第2期一出版，1950年3月19日就刊出了史篤的〈反對歪曲和偽造馬列主義〉來批駁阿壠的文章。文壇眼線，實在太多，稍不小心，就會被人上綱上線地批評。出版了兩期的《起點》，雖然第3期的稿子什麼都整理好了，最後還是胎死腹中，早早結束了。

緊隨阿壠之後，胡風的另一個朋友路翎也遭到了不公正的批判，並且他的文章也越來越難發表了。而路翎當時還不到30歲，正是創作精力非常旺盛的時期，寫出來了沒有地方發表，即使發表了也遭到批評，但他依然繼續不停地寫。

舒蕪一心改造，想徹底自新

遠在西南邊陲的廣西雖然是在1949年12月才解放，但遲來的解放帶給舒蕪的喜悅並沒有因此有所減少，1949年11月南寧解放，廣西的省會由桂林遷移到了南寧，舒蕪本來是在南寧師範學院擔任教授的，南寧師範學院解放後由南寧遷到了桂林，可是舒蕪卻被中共廣西省委和南寧市委給留了下來，擔任解放後的廣西省委和南寧市委的文化工作負責人。舒蕪是喜悅的，因為黨把他作為一個為推翻國民黨建立新政權而奮鬥過的革命人士看待，不但把他留了下來，而且還安排了職位。

作為進步教授，他首先被任命為南寧中學的校長，這個學校兼併了南寧的其他一些中學，還有初中部，是一個規模比較大的高級完全中學。舒蕪說他除了擔任學校校長職務以外，在校外還有很多兼職：

在校外，我被任命為南寧市人民政府委員，還兼了省市兩級的好些社會職務，如文聯、教育工會、中蘇友協、保衛和平委員會等等的副主席副會長之類。這些多半是虛有其名的組織，我要做的無非是以這種那種頭銜身分，出席各種會議，作各種響應、擁護、聲討、號召……的政治性發言。有一段時間，省電臺開闢了「中蘇友好」節目，每週一次，由我作系列講話，中心意思是宣傳「一邊倒」的理論。省市兩級都成立了文聯，我是省文聯的研究部長，市文聯的常務副主席。

　　　　　　　　　　　　——〈《回歸五四》後序〉[6]

　　要知道當時的很多兼職對兼職者的個人思想要求是很嚴格的，比如能夠在中蘇友協兼職的人，當時都是政治上比較可靠的人，從這個角度來看，舒蕪在南寧是受到了重用的。

　　1949年，當時舒蕪27歲，正是一個有夢的年齡，一個不甘於寂寞的年齡，一個躁動不已的年齡，不想待在邊陲之地，他想當教授，為此寫信給了亦師亦友的胡風，可是當時的胡風自己都沒有分配到一個正式工作，只有一些虛職，有心幫他，但也無能為力。儘管這樣，胡風還是積極地幫助舒蕪聯繫工作，推薦他到東北一所大學任教，並且在信中告訴了他具體怎麼去。其實，與胡風相比，舒蕪在南寧是受到了重用的，此刻，他作為一個行政領導，正在開始領導改造別人思想的工作。

　　在快樂的同時，舒蕪的內心也是頗不寧靜的，因素很多，但最重要的因素是心靈深處還有一個結。——橫亙在他心裡、讓他頗不寧靜的就是他的那些文章，而最為主要的就是那篇〈論主觀〉。

　　當時被郭沫若斥責過的沈從文，解放後惶恐得幾乎要自殺；還有

一位曾經和毛澤東在北京大學圖書館做過同事、同時又是周恩來入黨介紹人的張申府，在解放後也痛苦不堪，原因就是他在1924年退出了中國共產黨，1948年解放軍在戰場上高歌猛進、全國處於即將解放之際，他卻寫了一篇〈呼籲和平〉，為國民黨說話。他解放前暴露出的與共產黨不一致的思想，讓他在新政權建立後惶恐不已。

舒蕪的心情也大致如是。〈論主觀〉這篇文章為他贏得了名聲，讓他從一個默默無聞的大學副教授變成了一個文藝理論家，但也就是這個〈論主觀〉，讓他「得罪」了當今那些文藝界的官員。比如，早在重慶的時候，那時候毛澤東〈講話〉發表不久，當時解放區的文藝工作者就發現了〈論主觀〉的觀點和〈講話〉的觀點不相符，胡喬木為了說服舒蕪，讓他承認〈論主觀〉中的觀點是錯誤的並放棄這些錯誤觀點，為此，他在百忙中曾經和舒蕪談了兩次話，最後一次是拍桌子罵了他一句「你這簡直是荒謬！」[7]以後拂袖而去的，那時候的胡喬木就是毛澤東的秘書，解放後他在中央又分管文藝。當時舒蕪的頑固態度，肯定也傳到了延安，即使延安不知道，胡喬木知道他不悔改就已經夠了，因為胡喬木當時主管意識形態、主管文藝、宣傳。想到這些，他就有點惶恐和不安。

很多人在胡風案件在早期，總是看見胡喬木出現，為什麼是胡喬木而不是當時中宣部的其他人，比如部長陸定一，其實這要從胡喬木與〈講話〉的關係說起。

胡喬木是在1941年2月被毛澤東點名從中宣部調來當他秘書的。事也偶然，胡喬木是因為在《中國青年》雜誌上發表了一篇紀念「五四運動」20周年的文章才引起中央注意的。陳伯達當時就是毛澤東的秘書，他在看到這篇名為〈青年運動中的思想問題〉後就推薦給了毛澤東看，毛澤東一看，也說「喬木是個人才」。[8]

胡喬木，江蘇鹽城人，1912年出生，12歲就考入江蘇省立第八

中學，18歲考進清華大學。20歲開始離開學校回到家鄉從事地下黨活動，21歲時因為叛徒告密離開家鄉進入浙江大學讀書，後因組織和領導學生運動被浙江大學開除，從此成為一位職業革命家，先後在中國社會科學家聯盟（社聯）、左翼文化界總同盟和江蘇臨委工作，1937年由上海來到延安，直到被毛澤東點名去擔任他的秘書以前，胡喬木在延安一直負責青年工作。

　　胡喬木開始去時是擔任毛澤東的文化秘書，那幾年毛澤東關於文藝方面的稿子，很多都是胡喬木整理、潤色出來的。比如張思德去世了，毛澤東去參加追悼會，會上即興發表了一個講話，後來這個講話由胡喬木整理出來，就是著名的《為人民服務》。1942年，毛澤東為了制定黨的文藝政策，多次組織文藝工作者進行座談，後來胡喬木把毛澤東在座談會上的講話，整理成了著名的〈在延安文藝座談會上的講話〉，這個〈講話〉後來成為解放區文藝政策的指導性理論。〈講話〉稿是胡喬木擔任毛澤東秘書時候最為精彩的一筆，對〈講話〉的理解深度和貫徹〈講話〉的熱情，除了毛澤東，無出其右者。

　　當時就有人認為〈論主觀〉是反對〈講話〉而寫的，現在隨著中國共產黨從解放區來到北京，〈講話〉已經成為了新中國的文藝政策的指導性理論，〈論主觀〉的錯誤能不檢討？

　　〈論主觀〉給舒蕪帶來了很多榮譽，也讓他吃了不少苦頭。發表後不到一個月，文章就遭到了黃藥眠的《論約瑟夫的外套》的批判，一直到解放前夕，每次對胡風文藝思想的批評總是要連帶上批評〈論主觀〉，可以說是自發表以來批評之聲不絕於耳。如果說解放前因為在國統區，他對那些批判還可以置之不理，那麼現在全國解放了，他舒蕪還能像解放前那樣因為〈論主觀〉和當權者「往復爭辯」或者置之不理嗎？答案是否定的。

　　尤其讓他不安的是，在解放前，他為了堅持自己的理論，寫了

很多的文章來辯解、來駁斥對手，他的那些文章，有些就如胡風所說的，是裹著鋼筋的鞭子，非常有力，可是現在看來，辯解文章越多越說明他對自己的錯誤理論是頑固堅持的，文章越有力越能說明他對別人的打擊和傷害是很大的。解放後，他雖然在偏僻的南寧，還沒有受到〈論主觀〉帶來的批判壓力，但隨著對阿壠、路翎和胡風的不斷批評，他和他的〈論主觀〉肯定是在「劫」難逃。

最為讓他擔憂的是，胡風從文章發表以後，特別是文章受到批判以後，一直在回避和這篇文章的關係，特別是解放後，胡風越發否定了他和這篇文章的緊密關係。記得文章發表後不久，在重慶時，他和延安來的胡喬木爭執的那兩次，兩次胡風都坐在旁邊一言不發，一句話都沒有幫腔；1950年4月13日，在反駁何其芳的論點的論文集《為了明天》，胡風說「當時就不贊成其觀點」，並說文章與他「無關」。他說：

延安整風運動的文件，傳到國民黨區域，當然經過了一些時間。而且，由於國民黨底言論統治，在文學的反應上，除了《新華日報》和《群眾》有過號召、宣傳、討論外，群眾性的反應是很少的。後來，從外表上看，似乎這個問題已經過去了。是《希望》能夠出版之前，舒蕪寫來了這一篇文章。這是他讀了能夠看到的一兩篇〈整風文件〉引起的，興奮得很，在「主觀想法」上還是想從「當時環境」的情況學習整風，為了反對主觀教條主義；文章裡面就曾說過，為了反對它所以才要研究「主觀」這一範疇的。實際上他也謹慎得很，徵求意見，改寫了幾次。實際上我也躊躇得很，但最後還是決定發表了。但是說是「再提出了一個問題」。我當時以為學習整風當然要批評主觀教條主義，而且應該和實際問題聯繫起來展開群眾性的批評。[9]

這裡胡風說〈論主觀〉是一篇自然來稿，文章觀點和他沒有關係，甚至當時他還在發和不發之間躊躇過。在隨後的文章中，胡風說

他是因為編輯工作中「失察」導致發表了舒蕪的〈論主觀〉，當時他沒有看出文章含有「錯誤」思想。正如牛漢所說：「他（舒蕪——引者注）的〈論主觀〉發表前和胡風商討過，但後來他不敢承認。〈論主觀〉是針對1942年毛的『講話』的。」生存的艱難和鬥爭的無情，讓胡風在解放後沒有承認〈論主觀〉寫作前曾和他商量過，他拋出了舒蕪。

在知識分子改造活動中

　　離開了當時的時代環境，我們無法解釋舒蕪的行為，因為在新中國成立之初，不論是知識分子還是翻身的農民，都對這個新生的社會有一種發自內心的熱愛，對新社會的領袖有發自內心的崇拜。魯迅說：「各種文學，都是應環境而產生的，推崇文藝的人，雖喜歡說文藝足以煽起風波來，但在事實上，卻是政治先行，文藝後變。倘以為文藝可以改變環境，那是『唯心』之談。」（《三閒集·現今的新文學的概觀》）因此，如要談論文藝，「必須先知道習慣和風俗」（《二心集·習慣與改革》），這習慣和風俗是環境的一部分。

　　1949年3月25日中共中央進入北平，胡風在北京參加國慶大典的時候，遠在南寧的舒蕪還沒有得到一片明朗的天，一直到1949年12月4日廣西解放，舒蕪才真正步入新中國，感受到新政權新社會給自己帶來的喜悅。

　　一個全新的國家，一個農民翻身做主的國家，一個由共產黨曾經非常弱小的軍隊打出來的天下，讓所有在解放前對這個黨不信任的人感到自責和愧疚，他們在解放前那麼不相信共產黨，曾經提出過「第三條道路」什麼的，曾經那麼信奉胡適等人所提倡的資產階級思想，而現在人民政府成立了，中國幾千年受壓迫受剝削的農民解放了，他

們深深地感受到了新中國的偉大，也感受到了馬克思主義和毛澤東思想的偉大。

辯證唯物主義認為，人及其精神活動，不僅是反映現實，更主要的是改造現實。文學作為一定社會、歷史、階級的存在物也如此，它在反映現實的同時，勢必會參與現實的改造，因此，文學開展思想鬥爭既是現實的反映，也是主動自我改造的需要與表現。

翻閱一下黨史我們可以看到，建國初期至舒蕪發表〈從頭學習在延安文藝座談會上的講話〉一文時為止，中國共產黨的主要工作一是解放全中國，捍衛新政權。比如，直到1951年5月23日才和平解放西藏。捍衛新中國的措施主要是鎮壓反革命和為了保家衛國派志願軍赴朝作戰。其次是給新生的國家建章立制，制定了〈中華人民共和國婚姻法〉、〈中華人民共和國工會法〉以及〈中華人民共和國懲治反革命條例〉，等等。第三，開展了一系列的運動，比如「三反」、「五反」運動，比如鎮壓反革命運動。黨的文藝綱領，是第一次文代會上確定的〈講話〉；黨的知識分子政策，則主要是通過各項運動來改造知識分子，推行政治認同。

如前所述，建國初期的知識分子大部分都是被中國共產黨「包」下來的舊知識分子，這些舊知識分子魚龍混雜，隊伍狀況和思想狀況都很複雜，對舊的知識分子進行改造是剛剛執政的中國共產黨進行思想文化整合的需要，要把那些不同的思想文化因素，甚至是反動的文化思想因素通過改造和肅清協調統一到馬克思主義思想上來，是全國統一後進行新民主主義社會建設的需要，更是鞏固新生政權的需要，如1950年前後，在共產黨勝局已定之時，美國就發表白皮書宣稱要扶植中國的第三種政治力量——民主個人主義者（即自由主義知識分子）來推翻中國共產黨領導的新政權。

知識分子的政治學習和思想改造運動始於1949年，結束於1952

年秋。整個改造過程共分為4個階段，順利實現了中國共產黨提出的轉變知識分子的立場、服務於新中國建設的目標。第一階段從1949年文代會開始到1951年上半年，這個期間主要以對馬列主義毛澤東思想的學習為主，並組織知識分子特別是高級知識分子參加土改等各種社會活動，以此促進和鞏固對新政權的認同。比如，1951年5月到9月，胡風在周恩來等人的建議下，參加了全國政協組織的西南土改工作團第二團，到四川巴縣參加土改。1950年底至1951年上半年，思想改造的另一個重要內容是開展批判、肅清歐美文化侵略的運動。第二階段為1951年5月至8月，主要內容是討論、批判電影《武訓傳》。對電影《武訓傳》的批判，實際上起到了既對封建文化批判又對西方資產階級文化批判的雙重效果，知識分子特別是文藝界人士通過這次批判肅清了自己的非馬克思主義錯誤思想。第三階段為1951年9月至1952年6月，即「知識分子思想改造運動」階段，這一階段的開始以周恩來9月29日為京津高校教師做〈關於知識分子的改造問題〉的報告為標誌，經過動員學習、參加「三反」後進行「洗澡」過關和組織清理，思想改造運動達到了一定的深度，大部分知識分子都向黨交了心。第四階段為1952年4月前後，知識分子中的文藝界人士主要開展了紀念〈講話〉發表10週年的學習活動，以進一步改造和統一文藝界人士的文藝理論思想，通過寫學習心得和體會，再次向黨表態，而這些心得體會也是這次思想改造的具體成果。

在知識分子的政治學習和思想改造運動的各個階段，都有知識分子寫文章表態，對過去的錯誤思想真誠地懺悔，對馬克思主義思想熱烈地歡迎，對新生政權由衷地擁護。隨著時間的流逝，今天要再重新讓人明白和理解一段歷史，總是不能夠忽視當時的大環境的。要知道，當時這些懺悔和反省，是這些老知識分子心靈流露出來的真誠的話語，沒有上面的指示，更沒有後面「文化大革命」時候的外力強

加。一個為人民所擁戴的政權誕生了，一個被人民稱頌的領袖誕生了，人民都在熱烈地歌頌著新生的祖國，歌頌著偉大的領袖，這些原來思想沒有跟上時代步伐的知識分子，真誠地為以前的自己感到慚愧，所以都由衷地要為新中國唱上自己的讚歌。

1949年底到1950年初，也就是思想改造運動的第一階段，著名的美學家朱光潛、社會學家費孝通、哲學家馮友蘭，等等，都紛紛在權威報紙、中共中央黨報《人民日報》上發表文章，表示了對自己過去所言所行的懺悔。1950年1月3日費孝通在《人民日報》上發表了〈我這一年〉；1950年2月2日，又在同一張報紙上發表了〈解放以來〉。1950年1月22日，馮友蘭也在《人民日報》上發表了〈一年學習的總結〉。而朱光潛，則在運動中一再懺悔和檢討自己的過去。1949年北平甫解放，著名的歷史學家69歲陳垣發表了致胡適的公開信，一年後他在給武漢大學一位朋友的信中如是說：「解放以後，得學毛澤東思想，始幡然悟前者之非，一切須從頭學起，年力就衰，時感不及，為可恨耳。」[10]

1948年郭沫若發表了他那篇著名的〈斥反動文藝〉，指責朱光潛曾經提出「人生有兩種類型，一種是生來看戲的，另一種是生來演戲的」，其邏輯就是想說明國民黨黨員幹部是「生來演戲的」，老百姓是「生來看戲的」，郭沫若認為據此足以證明朱光潛是國民黨御用作家與學者。同時遭到郭沫若這篇文章批評的還有沈從文、蕭乾，文中指責沈從文「一直是有意識地作為反動派而活動著」；說《大公報》和在《大公報》中鼓吹了自由主義的蕭乾：「御用，御用，第三個還是御用，今天你的元勳就是政學系的大公！鴉片，鴉片，第三個還是鴉片，今天你的貢獻就是《大公報》的蕭乾！」後來，這幾個人在解放初期都膽顫心驚的，除了蕭乾轉向比較快以外，老實巴交的朱光潛和沈從文是一再檢討。

　　面對新的形勢，看著嶄新的朝陽，朱光潛的耳邊還記得一兩年前郭沫若的那篇「斥責」，他痛恨自己過去沒有認清形勢，於是就有了反省的文章，有了決心要跟上新的時代──這就是他1949年11月27日發表在《人民日報》上的〈自我檢討〉。1949年初，正在大學教書的沈從文，看到學生掛起的手抄報〈斥反動文藝〉和「打倒新月派、現代評論派、第三條路線的沈從文」的大幅標語，嚇得精神恍惚，幾欲自殺。可是在自己鎮定下來後，還是寫信給遠在香港的表侄黃永玉，說：你應速回，排除一切雜念速回，參加這一歷史未有之值得獻身的工作。還說自己「當重新思考和整頓不足惜之足跡，以謀嶄新出路」。他對新政權是心悅誠服的，對自己的過去的否定是經過了思考的，對新社會的知識分子政策是發自肺腑擁護的。當時的政務院總理周恩來在1951年9月29日所做的〈關於知識分子的改造問題〉的報告，其實也可以看作是示範性地自我批判，因為周恩來說自己也是一個知識分子，對知識分子改造有一些體會，他說：「講到改造問題，我想還是先從自己講起。我中學畢業後，名義上進了大學一年級，但是正趕上五四運動，沒有好好讀書。我也到過日本、法國、德國，所謂留過學，但是從來沒有進過這些國家的大學之門。所以，我是一個中等知識分子。今天在你們這些大知識分子、大學同學面前講話，還有一點恐慌呢。不過，我總算是知識分子出身的，對知識分子的改造有一些體會，聯繫自己來談這個問題，可能對大家有一點幫助，有一點參考作用，總不至於成為一種空論吧！」周恩來在這個報告中坦誠地解剖自己的心跡，並根據自己的改造心得來幫助那些知識分子改造，得到了當時知識分子的熱烈贊許。許多年以後，聽過這個報告的邏輯學家金岳霖說起周恩來的這一次報告，依然對共產黨高級領導幹部的虛懷若谷和無比真誠感動不已。

　　當時的胡風，除了根據組織安排，去了四川參加土改，有了一

次投身到廣闊的農村的經歷以外，後來的知識分子改造的學習活動、「三反」、「五反」運動以及重新學習〈講話〉運動，因為沒有分配工作，沒有具體的單位，所以也就沒有具體的組織主動去安排胡風參加學習或參加運動，實際上胡風那幾年成了學習和運動的死角，一直沒有機會投入到實際社會中，當然也就談不上在運動中改造好自己。

舒蕪卻在運動中自覺地改造好了自己，鳳凰涅槃。

舒蕪思想揚棄

在說舒蕪揚棄自己早期的觀點之前，先要說說喬冠華。喬冠華在1944年前後曾經和胡風的文藝思想相互呼應過，但到了解放前夕，也就是在1948年初，他開始徹底地拋棄自己以前的觀點，並且在文章中猛烈地抨擊胡風的文藝思想。

喬冠華在《童年‧少年‧青年——喬冠華臨終前身世自述（錄音整理）》一書中說：「黨內的同志對胡風的一些思想有意見是由來已久的。在重慶抗戰時期，胡風的思想更加發展了，更加明朗了，那麼這種不同意見實際上不僅是在香港、在上海、在許多地區都存在著的。我們黨內在香港的一部分同志，就發起批判胡風過分強調所謂主觀戰鬥精神的思想。」[11]於是，喬冠華、邵荃麟、胡繩等人在香港文委的領導下，在香港編輯出版了一份不定期出版的雜誌《大眾文藝叢刊》（共六輯），主編是邵荃麟，1948年3月1日第一輯〈文藝的新方向〉出版，第二輯是〈人民與文藝〉，在第一輯、第二輯上有邵荃麟執筆的〈對當前文藝運動的意見〉和他的署名文章〈論主觀問題〉，還有胡繩、林默涵等人的文章，都點名批評了胡風，並且批評的火藥味很濃。這裡主要說一下喬冠華的〈論文藝創作與主觀〉（發表在第二輯《人民與文藝》上），在這篇文章裡，喬冠華批評胡風說：

「例如抗戰時期，就出現過這樣的論調：到處是生活，不管是前線和後方，當前問題的中心不在於生活在前線和後方，而是在於生活態度。」喬冠華說，這種觀點實際上是否認了知識分子和人民結合的必要性，取消了文藝要和人民結合這個基本命題。最後，喬還給胡風戴上了一頂「主觀唯心主義」的帽子。[12]

應該說，這篇文章在香港《大眾文藝叢刊》上不算是批評胡風最具有殺傷力的文章，但這篇文章卻是最傷胡風心的。——早年在重慶時候同聲相應的人，這次徹底揚棄了過去，胡風有被人出賣的感覺。1944年前後，在重慶的夏衍、陳家康（周恩來秘書）、胡繩和喬冠華4人，因為都是文化人，都喜歡高談闊論，又常常在一起，所以當時人們稱他們為「才子集團」，當時胡風與他們走得很近，尤其是和陳家康、喬冠華，在學術上和思想上更是有共同語言。當時胡風在文協工作，喬冠華1943年6月至1944年3月，在重慶《新華日報》工作。1944年，延安的〈講話〉傳到國民黨統治區後，為了回應反對教條主義，喬冠華、胡繩、陳家康等人都寫了文章，其中喬冠華發表在郭沫若主編的《中原》雜誌上的兩篇文章中的一篇〈方生未死之間〉（署名于潮），影響最大，可以說引起了當時文藝界的軒然大波，黨內的文藝界人士紛紛指責這篇文章。在這篇文章中，喬冠華說：「我們正是處在方生和未死之間：舊傳統的遺毒還沒有死去，新文化還沒有普遍地生根；我們的任務很簡單，叫未死的快死，叫方生的快生。」如何棄舊迎新呢？喬冠華認為根本問題在於樹立「一種新的生活態度，一種承認旁人，把人當人，關心旁人的生活態度」；有了這種感態度，就能「創造出科學的民主的大眾的文化」。最後，喬冠華提出了和胡風差不多一樣的觀點，認為「當前問題的重心不在於生活在前線和後方，而是生活態度」。

後來胡風在〈關於喬冠華〉中說：「第一，原來喬冠華在重慶

是黨內資產階級唯心主義的重點批判對象，現在竟立地成佛，變成一貫的馬克思主義唯物主義者，站出來批判胡風的『唯心主義』了……」[13]胡風一直認為喬冠華是用他的名字洗乾淨自己手的，所以要說「背叛」胡風，這是最早的背叛，在以後的檢討文章裡，胡風沒有給喬冠華多少好的言辭。

解放後的舒蕪，到他1953年5月離開南寧去北京之前，雖然不是黨員，但他當時一直在南寧高級中學擔任校長，同時還負責廣西省委和南寧市委的其他一些工作，他有很多社會兼職，正如他自己所說，他差不多成了南寧的「民主人士」。不論舒蕪有多少兼職，但他還是從舊社會走過來的，並且是國民黨統治區來的文藝幹部，他也依然要接受思想學習和改造。

舒蕪知道，胡風和他還是不一樣，胡風身上雖然也可能有舊的東西，但胡風畢竟是國統區進步文學的代表之一，胡風是以一個勝利者的姿態走入新社會的，而他舒蕪卻有沉重的思想包袱，他越來越感到孤單，這個孤單不是因為朋友都在大城市只有他還在遙遠的南方，而是通過解放後自己的工作和學習，他發現自己以前是百無一是，他覺得自己只有深刻檢討自己，才能對得起這個時代，對得起黨的信任。

解放後的胡風和舒蕪，不僅僅在空間距離上遠了，一個在上海一個在南寧，他們之間的心理距離也開始漸漸地遠了。因為空間上的原因、因為新生政權有效的思想改造運動的原因，胡風對舒蕪的向心力漸漸地小了，甚至逐漸沒有了，取代胡風當年的向心力的，是解放後執政黨的指導思想馬列主義和毛澤東思想。有句俗話說「屁股決定腦袋」，話俗理不俗，解放後的舒蕪已經坐到了改造者的凳子上，所以他思考的行動的都是根據當時的政策和政權需要，而解放後的胡風，除了早期在參加文代會和政治協商會時充滿了當家做主的感覺外，後來黨竟然沒有分配給他一個他所期望和相應的工作崗位，到了後來還

遲不說分配他工作的事情，相反，他還經常受到批判，於是他坐在了被改造的位置上，他和舒蕪思考問題的方式以及由之決定的行動方式，已經發生了翻天覆地的變化，這種狀態下，胡風和舒蕪註定了會在理論上分手。最為重要的是，舒蕪是一個有自己想法的人，並不是一個堅定的胡風文藝思想追隨者，所以其他人空間距離遠了，但依然堅定地追隨，而舒蕪卻不能，因為他是一個接受新東西非常快的人，當和新的理論擁抱時，就和以前那些他認為不對了的東西拜拜了。對於舒蕪的這個特點，胡風好友綠原後來在《我與胡風》中就曾經說過：「人都有缺點，舒蕪兄也不例外，他的缺點就是政治上的自我表現欲，每逢什麼運動初起，他都表現出驚人的敏感，不論是批判別人還是檢討自己，都跑到了別人前頭，似乎總是勝人一籌；然而，結果往往超過了實際需要的限度，難免還傷害了別人。但是，要說他存心害人，倒也未必是他的本意。」

舒蕪在真誠地檢討自己，從〈學習方法和思想方法〉到〈從頭學習在延安文藝座談會上的講話〉，舒蕪開始了對自己的救贖。

此時在南寧的舒蕪，儼然已經是一位領導者了，解放以來他經常帶領大家開展解放初期的各種運動；他的那些兼職，雖是虛銜，但有些是要經過層層政審才把這個帽子給你戴上的，給了他說明組織對他很信任。解放後，他和胡風的通信中，還是說到了〈論主觀〉，胡風已經說是一樁公案，作為〈論主觀〉的作者，作為南寧高中校長、市文聯領導（實際主持工作的文聯副主席），舒蕪覺得遲早應該把自己的這個問題解決。自從他成為南寧師範學院3個進步教授之一留下來接收解放後的南寧文化單位以來，他就開始陸續地撰寫自己的思想檢討文章，根據他自己的說法，他的檢討都是真誠的自我檢討，應該說這話不假，士為知己者死，這個時候舒蕪的知己是黨。1950年暑假期間，中共南寧市委舉辦南寧市青年學園，舒蕪任副主任，他寫了篇

〈學習方法和思想方法〉，專門談自己的思想改造心得，這篇文章發表在南寧青年學園的園刊上。後來舒蕪去北京參加中蘇友協會議期間，還拿出來給路翎等人共賞，與大家分享自己的思想改造心得。1950年9月26日舒蕪致胡風的書信中，特別說請胡風看一看他的青年學園上的文章，這裡有得意，也有規勸吧。

> 胡風兄：
>
> 　　今晚主要的是來找找，覺得有許多問題要談，務必約時談談。
>
> 　　你何時離京，我們可否同車赴滬？
>
> 　　想看魯迅故居一次，你能帶我去看看麼？
>
> 　　附上南寧青年學園小刊三頁，供消閒時翻翻。[14]

　　順便說一下，1950年9月舒蕪去北京參加友好協會全國工作會議，是作為廣西地方唯一的一位代表去參加的，其當時在當地受到的重視程度可見一斑，其對新生政權的知遇之恩也由此可見，其欲徹底改造自己的決心也由此可見。

　　在〈《回歸五四》後序〉中，舒蕪說：

　　這是我解放後第一篇完整發表的文章，自己很看重，覺得這也體現了我自己思想改造的收穫。路翎看了，卻不贊成，說：「照你這麼說，一切個人讀書，寫作，思考，都成了『個人主義』了！」我的總結報告，片面強調集體討論的學習方法，反對「個人學習」，誇張推論到很荒謬的程度，但當時自信為思想進步的收穫，不想受到路翎的反對，我還很惋惜他的思想未能進步。

　　10月5日，日記云：下午，找胡風談，和與路翎所談相同，徹底檢討過去，真有「放下包袱」之感。過去對於五四的態度，胡風說有

些「五四遺老」的味道，頗有道理。[15]

　　茅盾在《在反動派壓迫下鬥爭和發展的革命文藝》的報告中說：「羅曼・羅蘭的名著《約翰・克利斯朵夫》無論就思想深度言，或就『藝術性』言，當然是不朽之作，但不幸許多讀者卻被書中主人公的個人主義精神所震懾而暈眩，於是生活於四十年代人民革命的中國，卻神往於十九世紀末期個人英雄主義的反抗方式，這簡直是時代錯誤了。」舒蕪的自我批判的真正開始，也是從批判自己早年崇拜羅曼・羅蘭開始的。

　　1951年舒蕪寫了〈批判羅曼・羅蘭式的英雄主義〉一文，應該說這篇文章與茅盾的批評是有關係的，這篇文章固然是舒蕪檢討和批判自己思想的繼續，但在這篇文章裡，舒蕪開始完全否定自己以前的思想了。在這篇文章中，舒蕪主要批判了自己當年崇拜的羅曼・羅蘭，羅曼・羅蘭的《約翰・克利斯朵夫》3本英雄傳曾經是舒蕪喜歡並且熟讀的書。〈論主觀〉等一系列文章中宣揚「主觀戰鬥作用」，很大程度上是以羅曼・羅蘭的「新英雄主義」為藍本的。而現在，經過政治學習和思想改造，舒蕪有了新的世界觀，並認識到過去的錯誤，開始運用新掌握的分析問題的方法來寫批判羅曼・羅蘭的文章，通過運用毛澤東思想的實踐標準、政治標準、政策標準來作為衡量是非的標杆，他狠狠批判了「羅曼・羅蘭式的英雄主義」，即以主觀代政策，以散漫代紀律，以自作主張代貫徹組織決定，文章寫得很深刻，既批判了羅曼・羅蘭式的英雄主義，更批判了自己過去的思想，這是舒蕪「自我批判的開始」。這篇文章舒蕪寄給了綠原，請他在《長江日報》上發表。

　　〈批判羅曼・羅蘭式的英雄主義〉發表在1951年11月20日的《長江日報》上，文章中舒蕪已經徹底嫻熟地運用起了毛澤東思想的實踐標準、政治標準和政策標準，徹底揚棄了（注：這裡用揚棄是根據舒

蕪拋棄舊東西，吸納新思想而起，而不是多年以來所用的反戈一擊）
胡風文藝理論。

　　舒蕪參加北京中蘇友協會議回南寧時，途經武漢，與綠原見了一
面，11月9日，舒蕪寫了一首詩給綠原：

> 相逢先一辯，不是為羅蘭；
> 化日光天裡，前宵夢影殘。
> 奔騰隨萬馬，惆悵惡朱蘭；
> 任重乾坤大，還須眼界寬。

　　詩中第一句是說他們在武漢見面時他和綠原的辯論，辯論的不
是文章，應該是立場，舒蕪感受到的是新的時代，光天化日，萬馬奔
騰，任重道遠，所以要綠原放寬眼界。

　　現在舒蕪是批判羅曼・羅蘭式的人物，而當年，也就是7年前，
即1944年12月，舒蕪從報上看到羅曼・羅蘭逝世的消息時，是甚為傷
痛的，有他當時的一首詩作證：

> 窮秋一嘯賴回春，三十年來聽愈新。
> 浩氣吹飆天喪帝，精神騰焰世存人。
> 死逢海沸還難靖，生待雞鳴竟未晨。
> 匝地更無藏骨處，萬牛汗喘萬鈞身。

——〈哭羅曼・羅蘭〉

　　舒蕪早年對羅曼・羅蘭充滿了景仰，說他的精神永存，甚至說
羅曼・羅蘭的個人主義也不是純然的個人主義，說他從童年就找尋積
極的民眾，說他那時雖然尚未擺脫個人主義柵欄，但既然有找尋民眾

的要求，就不是純然的個人主義，猶如籠中之虎畢竟非籠中之物，這正是探尋的個人主義與集體主義如何相通的問題。而現在，舒蕪否認「羅曼‧羅蘭從個人主義向集體主義轉變」之說，說他是以主觀代政策，以散漫代紀律，以自作主張代貫徹組織決定，是一個個人英雄主義，提倡這個個人英雄主義就必然使得現實中的工作更加難做，因為這種個人英雄主義是要否定的。

從此，舒蕪開始了揚棄，徹底拋棄了自己以前的崇拜個人英雄主義的觀點，舒蕪所寫的〈論主觀〉等有爭議的文章，其中宣揚的「主觀戰鬥精神」，很大程度上是以羅曼‧羅蘭的「新英雄主義」為藍本的，舒蕪開始批判羅曼‧羅蘭了，那麼宣揚主觀戰鬥精神的〈論主觀〉也就從理論上被鑿空了，〈論主觀〉這篇文章中的觀點最後被作者自己所拋棄只是時間問題了。這也是為什麼胡風的朋友對舒蕪開始寫這篇文章感到很吃驚的原因。

舒蕪在《長江日報》寫的文章後來由阿壠轉告了胡風，胡風在1951年12月20日從北京寫給妻子的信中說：

> 剛才得守梅自漢口來信，說方管寫文章否定他過去，而且把我們也否定在內，那就是以出賣我們來陪他的意思。綠原、曾卓都氣憤得很。你看，這小書生，就這麼經不起，露出尾巴來了。我和嗣興都很坦然，只覺得他本來會有這一結果的。然而，居然走到了這一結果，一方面是他自己的事，一方面是這個文壇底壓力底罪過。
>
> ——《胡風家書》[16]

1951年12月，舒蕪在參加了中南文代會以後，特別是回去之後參加了土改試點工作以後，在和一些黨的高級幹部接觸以後，舒蕪心裡

愈加覺得要檢討自己才對得起自己的工作，對得起黨對自己的栽培，這個時候舒蕪寫了一篇〈向錯誤告別〉，據說這篇文章1萬多字，主要是檢討自己在〈論主觀〉裡的錯誤思想。這篇文章可以說是舒蕪繼前面兩篇自我檢討文章後又一篇自我批判的文章，這篇文章又可以看成是他寫作〈從頭學習〉這篇文章的前奏。

　　關於他這段時間的積極改造，有當時正好在南寧的魯煤的兩封信作注：

　　　　在這裡，意外地見著了舒蕪；他在南寧中學當校長，並兼省文聯等十數職。談了兩次：他對過去他的〈論主觀〉等所有理論文章都否定了。他認為那是小資產個人主義、舊民主主義的；他說他過去那樣強調發揮主觀作用，並且主張在重慶的環境下，不走向群眾只發揮主觀作用就是真的戰鬥等，那是美化了小資產階級不走向工農兵不去進行思想改造等反黨、反領導的思想；他認為那是階級立場問題，是小資產自己安慰自己。這是在他的一篇一萬多字的、尚未發表，而拿給我看過的檢討文章裡寫的。他說，這是他在解放後兩年工作體會、學習的結果。我嚴重感到，這個變化是太大的了，這裡邊，當然，有好的，積極的成份；但是，把過去百分之百地否定了，認為過去全錯了，這是合乎正確邏輯的嗎？我正在想，但時間短，沒有時間想，也沒有時間談，所以還弄不清。並且，他否定了綠原過去的詩，認為那是小資產階級的、看不見前途的、「猩紅殘綠」（綠原詩〈贈化鐵〉中句）的感情。

　　　　對於現實主義，他的說法是：「從政策出發去理解生活就是現實主義，沒有政策就沒有現實主義。」並且說，他認為今天作品之不夠好，多是政策上沒有掌握好。我認為，他這裡

有很寶貴的體會（在政策、生活、作品的關係上），我是同意的。但是，我給他說，現實主義和今天普遍流行的公式主義相反，如胡先生的理論，強調從「人」出發，強調作者的人道主義等等，同時是根本的東西。他否認：雖然，在作者的人道主義、人格力量方面，他後來又承認了一些。我知道，他是不懂創作的，他也這樣完全承認。

並且，他說他不同意亦門出版過去的詩論。

從這，你可以感到他變化多麼大。

站在黨的、真理的、文化事業的立場，我冷靜地歡迎他所有的變化和進步、積極性；但我也站在同樣的立場希望他對過去理論的改正是合乎客觀真理的。但我現在還弄不清，雖然我感情上有一大部分接受不了他的新理論。——本來不打算在寫給你們的信上詳扯這個問題，而要在胡先生信上專談的，但既然寫了就寫清楚點吧。這樣，就把這信交胡先生去看吧，這也同時是寫給他的。

　　　　　　　　　　　　　　——1951年12月23日致徐放[17]

1951年12月28日，魯煤緊接著給胡風報告了舒蕪的思想。

　　給徐放的信，談舒蕪問題，想必已看到。這裡，再簡單補充幾句：

　　當然他的文章，完全是作為檢查個人思想而寫的。他認為自己是小資產階級的：他說，胡先生在過去和現在無產階級思想當然要比他多得多的，但是當時（希望社時期）許多小資產階級，如他本人和方然之類，是站在這個大旗下面，充作無產階級活動了的。情況大體如此。

　　補充說明一句：我想，他思想的發展，雖然不無偏激甚至錯誤之處。但是，他這種轉變是在解放後兩年實際工作中，和黨的實際工作的領導人接觸中體會、學習和摸索到的，所以，當然也會有無限珍貴之處。雖然我還沒有更多瞭解，也沒有時間瞭解，但是，我這樣想。所以，我也願意把這能引起胡先生參考。

　　所謂參考，當然不是放棄現實主義的原則，而是在有些方面，未必沒有一些不全面的看法和作法。比如，他也談到，胡先生應該工作，參加具體工作崗位，等等。你在北京方面的最近情況，一如對綠原說的一樣，給他說了一下，作為他進一步瞭解你的參考。

　　我曾問他為什麼不給你去信談呢？他說在信上談不清。辭不達意，倒反而弄得誤會了（理論上），等等；我相信這也是真的。

　　他說，他這些話都給綠原談過（上個月他曾到武漢去參加中南文代會），說綠原也承認過去是小資產階級這個結論。所以，你還是去多問問綠原。

　　我想，我對你談到這個問題，其目的是在於互相瞭解，修正過去和現在彼此間認識之不足，俾能追求和堅持真理；此外，沒有其他任何目的和意義。

——1951年12月28日致胡風[18]

　　舒蕪又進一步地否定從前的自己，否定自己以前的成名理論文章〈論主觀〉，到這時，他對自己以前的文章和思想的否定，已經到了一個無比堅定的程度，他說他抱著追求和堅持真理之心來改造自己和檢討自己的，斯言不假。

對舒蕪的思想變化，胡風看得比較清晰，甚至覺得不很奇怪，因為他認為舒蕪是一個「東張西望」的人，1952年2月14日回覆上面魯煤的信裡就已經透露他已經看到了舒蕪的動搖和不可信：

至於舒君，情形也不簡單的。所謂理論之類云云，都不過是一種實際關係或生活態度的反映。只單純地當作理論去看，那是要愈想愈不通的。我懂得他，其他的友人也懂得他，綠原更懂得他。他既是書生，又是打括弧的「實際」的人，這就非弄得東張西望不可，這兩年來完全暴露出來了。綠原對他是原則性很強，而且情至義盡的，但他不瞭解，有些事綠原也不能對他說，他反而誤解綠原了。人，一患得患失，那就有些不好辦了。無產階級的大旗云云，那是糊塗話。誰也沒有這樣標榜過或自信過，但基於歷史要求的現實主義的鬥爭，當時既為必要，今天也還能相通的。歷史不是從超現實的觀念形態發展的。如果當時他真是那樣看，今天又真是那樣覺悟，那僅僅只是他而不是別人。不過，這些話，恐怕說也是白說的。至於通信會引起誤解，那更是托詞，即令不是危詞，我不會那麼容易誤解人，是一；其次，和我通信，在他已毫無好處了。如果我真像他所說的那麼頑固，今天他已要無產階級了，為什麼不來說服我？即此一端，也可證明他今天站穩了的立場是還有可商量之處的。

你把告訴綠原的話告訴了他，這是不好的。你太熱心了。所謂「不好」，是怕他傳播開去，反而會引起麻煩的。如有機會再見到他，千萬用你的意思叮囑一句。千萬千萬。至於，他一定要把文藝問題當作資本，那就當然只好由他了。[19]

1952年1月，南寧市中等學校師生組成兩個工作團，到附近縣區參加土改，舒蕪作為第一團團長帶工作隊去貴縣。1952年2月下旬從貴縣回來，正值南寧市「五反」運動（反行賄、反偷稅漏稅、反盜竊國家資財、反偷工減料、反盜竊國家經濟情報）展開，領導讓他立即

參加市裡的「五反」工作，舒蕪作為工作組組長，帶領工作組，包下全市的印刷、圖書文具兩個行業。他說：「在『五反』運動中，作為工作組長，我第一次體會幾乎每天聽內部政策傳達指示，每天實行貫徹政策，每天彙報情況，領取新指示的緊張生活。」[20]

1952年一開春，全國各地開始了文藝整風運動。文藝界人士紛紛撰寫自己重新學習或者從頭學習〈講話〉的思想體會，舒蕪作為文藝界一員，也開始準備去寫自己學習的體會文章。

1951年10月23日，毛澤東在全國政協一屆三次會議開幕詞中，針對剛剛進行的批判《武訓傳》的知識分子思想改造活動，認為思想改造是必要的並且有成效的，強調：「思想改造，首先是各種知識分子的思想改造，是我國在各方面徹底實現民主改革和逐步實現工業化的重要條件之一。因此，我們預祝這個自我教育和自我改造運動能夠在穩步前進中獲得更大的成就。」根據毛澤東在全國政協一屆三次會議的開幕詞中精神，1951年11月17日全國文聯常委會召開了擴大會議，開始布置在知識分子特別是文藝界知識分子中進行思想改造活動。會議決定分兩步走，第一步是先從北京開始，經過動員和學習文件精神，達到自我教育和思想改造的目的。在北京文藝界開展活動的時候，為了給文藝界指明方向，告訴文藝界整風任務和整風內容，胡喬木12月5日在《人民日報》上發表了〈文藝工作者為什麼要改造思想？〉一文，文中明確了這次思想改造的任務是「肅清文藝工作中濃厚的小資產階級傾向」，內容是學習毛澤東的〈講話〉，目的是為了確立毛澤東文藝思想的絕對領導地位，改造所有文藝家的思想。北京文藝界思想改造一個多月以後，1952年活動進入到第二步，「自我教育和改造運動」由北京走向全國，於是全國各地以紀念〈講話〉發表10周年為契機，開始了大規模的文藝界思想改造運動，文藝界不論是國統區來的學習過的或者沒有學習過的，還是原先從解放區來的經歷

了延安文藝座談會的，所有的文藝界人士都開始了學習和重新學習〈講話〉的活動。

胡風和胡風的追隨者對毛澤東文藝思想的理解與當時的其他進步作家是有所不同的，這個是毋庸置疑的，因為在〈講話〉發表後不久，當時胡風還在重慶，還在負責《七月》，就已經和〈講話〉做了較量，當時他留給延安的就不是一個美好和清晰的印象，甚至可以說，當時的延安就感覺到了他對〈講話〉的排斥，這也就是為什麼解放後黨的文藝領導兩眼緊緊盯著胡風和他朋友怎麼表態的原因。

胡風不知道，這次重新學習〈講話〉，雖然人人過關都要寫學習體會，但在當時文藝界領導看來，最為主要的是想知道類似於胡風和他朋友這些人對〈講話〉的態度，因為他們當年都並沒有爽快地接受〈講話〉的精神。學習運動如火如荼，而胡風卻沒有認識到這一點。1952年7月，他的好友彭柏山告訴了他這個道理，說不僅僅是要求寫學習心得，而是要求大家表態，他才如夢初醒，趕緊也寫了自己的學習體會，題目是「學習，為了實踐」。他寫得肯定不誠懇，因為他自己在寫好後，就對別人說這個肯定不能發表。後來，他托彭柏山幫他把這個「表態」帶到北京去，送給周揚看，周揚看後對彭柏山說，胡風這個學習心得不能發表。

其實，胡風學習〈講話〉並寫出的心得，在他來說，是在做一次表裡不一的掙扎，一方面他在那段時間和自己朋友通信時訴說著當時〈講話〉指導下的文藝政策的不是，一方面又在進行著學習改造，在文章裡極力表現出真心擁護〈講話〉的樣子。事實證明，他的這個並不真誠的學習改造，並沒有通過領導的「審查」，反而從他的文章中，周揚等人看出了胡風的虛與委蛇。

與胡風應付似的寫文章表態相反，當時的舒蕪正在參加「五反」運動，在全國掀起重新學習〈講話〉的高潮的時候，舒蕪在原來那篇

〈向錯誤告別〉的基礎上，撰寫了〈從頭學習在延安文藝座談會上的講話〉一文，並且很快就寫好了，馬上投遞到了中南局的機關報《長江日報》。

從〈批判羅曼・羅蘭式的英雄主義〉一文來看，應該說舒蕪的對過去的檢討是符合解放後舒蕪思想發展邏輯的，並不是突如其來的投機行為；從〈從頭學習在延安文藝座談會上的講話〉一文的出來時間看，是學習〈講話〉高潮時期開始發表的，這個也不屬於突然放炮。當時不僅僅是舒蕪，那些在北京、上海的大學者大作家都在紛紛地檢討自己，舒蕪只是成千上萬個正在深刻檢討自己的知識分子中的一個。

這篇文章登載在1952年5月25日的《長江日報》上，是眾多重新學習〈講話〉的體會文章之一，但正如前面所說，它一出來，就被胡喬木發現了，馬上在《人民日報》轉載，並寫了「編者按」。編者按是編輯人員對一篇文章或一條消息所加的意見、評論等，常常放在文章或消息的前面，它是編者（不是作品的作者）對作品的解釋或引申，目的是為了讓讀者看得更明白或者得到更多的資訊而增加的一些特別的說明。在解放初期，報刊上充分利用了編者按這一評論形式，來強調編者所認為的重點、所表明的態度，但有時僅僅是這一「按」，就常常能把小事情搞得很大，胡風就曾經說過最怕這一「按」。舒蕪的這篇文章，也就是因為這一「按」，讓人們知道了它的非同凡響的分量。

注釋

1. 牛漢口述，何啟治、李晉西編撰：《我仍在苦苦跋涉——牛漢自述》，生活‧讀書‧新知三聯書店2008年版，第174頁。

2. 胡風著：《胡風三十萬言書》，湖北人民出版社2003年版，第47-49頁。

3. 康濯：〈《文藝報》與胡風冤案〉，載《枝蔓叢叢的回憶》，北京十月文藝出版社2001年版，第511-559頁。文中所引述的康濯的有關胡風事件的文字均源於此，不再注明頁碼。

4. 曉風選編：《胡風家書》，復旦大學出版社2007年版，第153頁。

5. 李輝：《胡風集團冤案始末》，人民日報出版社1989年版，第49頁。

6. 舒蕪：〈《回歸五四》後序〉，載《舒蕪集》（第8卷），河北人民出版社2001年版，第259-411頁。文中所引述舒蕪的〈《回歸五四》後序〉文字均源於此，沒有特殊需要，不再注明頁碼。

7. 涂元群：《五十年文壇親歷記》，遼寧教育出版社2005年版，第70頁。

8. 葉永烈：《出沒風波裡》，北京十月文藝出版社2007年版，第58頁。

9. 轉引自李輝著：《胡風集團冤案始末》，人民日報出版社1989年版，第58-59頁。

10. 轉引自陸鍵東：《陳寅恪的最後二十年》，生活‧讀書‧新知三聯書店1996年11月半，第503頁。

11. 轉引自茆貴鳴：《喬冠華傳：從清華才子到外交部長》，江蘇文藝出版社2003年版，第322頁。

12. 茆貴鳴：《喬冠華傳：從清華才子到外交部長》，江蘇文藝出版社2003年版，第316頁。

13. 胡風：〈關於喬冠華〉，見《胡風全集》第6卷，第513-514頁。

14. 舒蕪：《舒蕪致胡風書信全編》，東方出版中心2010年版，第221頁。

15. 舒蕪：〈《回歸五四》後序〉，載《舒蕪集》（第8卷），河北人民出版社2001年版。

16. 曉風選編：《胡風家書》，復旦大學出版社2007年版，第267頁。

17. 轉舒蕪：〈《回歸五四》後序〉，《舒蕪集》（第8卷），河北人民出版社2001年版，第363-364頁。

18. 轉舒蕪：〈《回歸五四》後序〉，《舒蕪集》（第8卷），河北人民出版社2001年版，第364-365頁。

19. 胡風：《胡風全集》第2卷，湖北人民出版社1999年版，第435頁。

20. 舒蕪口述，許福蘆撰寫：《舒蕪口述自傳》，中國社會科學出版社2002年版，第228頁。

第二章　針對舒蕪的報復在悄然進行

　　舒蕪的〈從頭學習在延安文藝座談會上的講話〉在《長江日報》一發表，馬上引起了胡喬木的注意，當時胡喬木兼任《人民日報》社社長，於是，他在6月8日的《人民日報》上轉載了這篇文章，並且加上了他親自捉刀的「編者按」：

　　本文原載5月25日《長江日報》。作者在這裡所提到的他的論文〈論主觀〉，於1945年發表在重慶的一個文藝刊物《希望》上。這個刊物是以胡風為首的一個文藝上的小集團辦的。他們在文藝創作上，片面地誇大「主觀精神」的作用，追求所謂的「生命力的擴張」，而實際上否認了革命實踐和思想改造的意義。這是一種實質上屬於資產階級、小資產階級的個人主義的文藝思想。舒蕪的〈論主觀〉就是鼓吹這種文藝思想的論文之一。下面發表的這篇文章表明舒蕪對於他過去的錯誤觀點已提出批評。這是值得歡迎的。

　　如果僅僅是在《長江日報》上發表，那麼這篇文章的影響範圍還是很有限的，現在，胡喬木在《人民日報》轉載，《人民日報》是中共中央黨報，是唯一一份各個單位必須要有的、幹部群眾必須要看要讀的報紙，《人民日報》早期一直在仿效蘇聯的《真理報》，力爭在上面發表的東西都是權威性的東西。《人民日報》一轉載，舒蕪這篇文章的重要性不言而喻了。另外，胡喬木給文章加了一個編者按，這一按，也加重了這篇文章的分量。這樣一來，沉寂了將近兩年左右的胡風文藝思想問題又提到了桌面上來。

舒蕪檢討文章被看重的深層原因

雖然在〈講話〉發表以前，胡風就以其獨特的文藝思想和當時的黨員文藝理論家有過理論辯論，但那些辯論是各自闡述，互不買賬，辯論雙方都是文藝理論工作者，重在以理服人，但1942年毛澤東的〈講話〉發表以後，胡風作為擁護共產黨的進步作家，就必須擁護共產黨的文藝理論〈講話〉，所以，胡風文藝思想中和〈講話〉精神相違背的地方也就是胡風文藝思想存在問題的地方了。胡風的文藝思想有問題，說到底就是胡風的文藝思想和〈講話〉有抵牾之處。

1942年5月，為了統一解放區文藝界存在的思想混亂，解決文藝創作中存在的嚴重的小資產階級思想問題以及在延安時期就很盛行的宗派主義思想問題，毛澤東從5月2日開始，到5月23日結束，召開了近百位文藝工作者參加的座談會。在座談之前，毛澤東還專門找了一些文藝界的人士談話，也找了中央機關工作的一些人員徵求意見，經過比較全面的調查研究後，毛澤東發表了他的〈講話〉。5月2日第一次座談會毛澤東發表了〈講話〉中的「引言」，5月8日大會繼續談論，把問題引向了深入，5月23日下午毛澤東發表了〈講話〉的「結論」部分。正如前面所說，〈講話〉原來是毛澤東當時在座談會上的演講，是胡喬木將他的演講整理成書面內容的，經過一年多的修改和審定，1943年10月19日〈講話〉全文發表在《解放日報》上。

胡風的文藝思想和毛澤東的文藝思想的主要分歧點，也就是胡風文藝思想的主要問題，按照當時林默涵、何其芳的文章，主要集中在以下幾點：一是抹殺了世界觀和階級立場的作用，胡風用舊的現實主義來代替社會主義現實主義，實際上就是用資產階級、小資產階級的文藝來代替無產階級的文藝。──這就否認了文藝整風的必要性，否

認了小資產階級出身的文藝工作者感情必須和工農兵大眾思想打成一片的必要。二是胡風強調「主觀戰鬥精神」，否認了小資產階級作家必須經過改造思想，改變立場；片面強調了知識分子作家是人民的先進，而對於勞動人民，則是十分輕視的。──這裡實際上否認了毛澤東關於文藝創作中「源」和「流」的關係論述，毛澤東認為通過「深入工農兵群眾，深入實際鬥爭」，既轉變了思想，又獲取了源泉。三是崇拜西方資產階級文藝，輕視民族文藝遺產。──這就否認了運用群眾所喜聞樂見的形式和大眾化語言創作中國作風和中國氣派文藝的必要。

早在1944年初，毛澤東的〈講話〉就被介紹到了國民黨統治區。當時國統區那些文藝工作者對於要在國統區學習和貫徹〈講話〉的精神，並不是十分積極，有些人甚至對〈講話〉中的論點都不完全認同。但那些不完全認同的人都是私下說的，即使是公開表達了，隨著共產黨逐漸地壯大和全國即將解放，早期不完全認同的人都紛紛地通過撰寫文章來批評自己過去的錯誤思想，從而表示自己已經轉變了態度，是〈講話〉的堅定信仰者了，比如邵荃麟、喬冠華就是這樣，而胡風卻沒有在恰當的時候表達出恰當的態度。1944年5月，何其芳和劉白羽是受中共中央派遣，到重慶的大後方向進步文化界人士傳達〈講話〉精神，在延安時周恩來和準備到重慶去宣講〈講話〉精神的何其芳、劉白羽見了面，並對他們抵渝後的活動做了周密安排，叮囑他們先找郭沫若交換意見，會議請郭沫若主持。當時胡風是文協負責人之一，胡風也召集了一些進步文藝工作者來聽這兩位來自解放區的文藝領導的報告，這次報告會的內容主要是延安整風、作家的階級性和思想改造，但報告會很不成功，甚至還有人在會議結束後流露出逆反的心理。比如胡風在《胡風回憶錄》中就說梅林在會後發牢騷說：「好快！他們已經改造好了，現在來改造我們了！」[1]──那些國民

黨統治區的進步文藝工作者不但沒有根據〈講話〉精神進行自我批評，甚至連在國統區有沒有必要搞這個整風和學習活動都表示懷疑，胡風是這次報告會的主持人，這次報告會的失敗，雖然不全怪胡風，但胡風也在會上強調了「環境和任務的區別」，主持時沒有把握好報告會的會場輿論，也是導致會議無法實現預定效果的原因之一。這時的胡風給了何其芳和劉白羽一個不是太好的印象，解放後，作為文藝理論家的何其芳，在批評胡風文藝理論上一直也不遺餘力。其實在這次報告會之前，馮乃超作為黨在重慶文化方面的負責人，為了宣傳〈講話〉，就約了十幾位文藝工作者開了一個座談會，會議一開始就談論到培養工農兵作家的問題，胡風發了言，說毛澤東在講話裡說了「根據地文藝工作者和國民黨統治區文藝工作者的環境和任務」有區別，胡風說現在國民黨統治區文藝工作者的任務是同反動政策、反動文化以及反動實際作鬥爭，因此在國統區不可能培養出工農兵作家。會上蔡儀等對胡風的發言提出了批評，但胡風是固執的，最後會議又是不了了之。在國統區宣講〈講話〉的效果並不是很理想，原因很多，有抵觸思想的人也不少，但胡風作為國統區進步文藝界有影響的作家，他的態度最為引人注意，當時的胡風也給了延安一個不太滿意的背影。

　　1945年，胡喬木陪同毛澤東去參加重慶談判，因為知道了國統區的文藝工作者不很配合，尤其是胡風，延安提倡現實主義，他卻在國統區大談要發揮主觀作用，發表舒蕪的〈論主觀〉，在解放區看來，胡風他們的態度頗不合作。在重慶期間，胡喬木利用工作間隙前去和對〈講話〉比較排斥的舒蕪進行了談話，談話中胡喬木直接就指出〈論主觀〉這篇文章的觀點是錯誤的。可見，當時胡喬木等人對胡風的文藝思想存在的問題早就注意到了。這裡有一個問題，胡喬木為什麼不找胡風談而找舒蕪談呢？今天猜測，應該是出於兩點考慮：一

是對〈論主觀〉在胡風文藝思想中的作用非常看重，即〈論主觀〉是從哲學高度上來提升胡風的文藝思想，並且是穿著「約瑟夫（即史達林）的外套」出來的，很有迷惑性。其次，說明延安當時對胡風的尊重，擬通過對舒蕪的談話來影響胡風，達到敲山震虎的作用。舒蕪對當時胡喬木找他談話的情形回憶得非常真切：

> ……11月間，就有胡喬木約我談話的事。1945年10月9日、16日、27日、11月1日胡風四次來信說，胡喬木想見見我談談〈論主觀〉、〈論中庸〉的問題。胡風轉述胡喬木的話，說是這兩文值得一讀再讀，但也脫不了唯心論，說是看得出作者好學深思，向上心甚強，他想交一個朋友，云云。胡風說胡喬木比較誠懇，但理解力也有限，而且膽小，同我們距離不小，談也不會談得通，只是見了面可以減少一點神祕性，有這麼一點好處而已。胡風信中未詳說胡喬木到重慶是怎麼一回事，當面才告訴我：胡喬木原是隨毛澤東到重慶與蔣介石談判而來，隨毛澤東飛回延安，第二天又乘原機來重慶。多年之後，我又聽說他那次重來重慶，是專門來解決重慶進步文化界幾個問題的，〈論主觀〉就是問題之一。由於胡風迭函催促，11月中，我就由白沙到重慶市內，同胡喬木見了面。
>
> 我與胡喬木談了兩次，即1945年11月10日下午，次日又一個上午。第一天下午在重慶張家花園中華全國文藝界抗敵協會會址內胡風所住的房間內談，胡喬木說我的〈論主觀〉、〈論中庸〉是唯心論，我說不是，彼此往復爭辯。胡風、梅志旁聽未發言。次日上午在重慶曾家岩五十號「周公館」（第十八集團軍辦事處）接著談，胡風陪我同去，在座旁聽的還有馮乃超、邵荃麟，又是我同胡喬木往復爭辯，胡、馮、邵皆未發

言。辯到中午，胡喬木激動起來，站起來拍桌說：「你這簡直
是荒謬！」正談不下去，通訊員來通知吃午飯。胡喬木留大家
一起午餐，說是下午接著談。但午餐之後，胡喬木得到通知，
下午周恩來要舉行記者招待會，他得去參加，於是他說我們下
午無法談了。我與胡風便告辭而出。我去買了次日返白沙的船
票，晚間到胡風寓處閒談。忽然喬冠華來了，他開玩笑說「我
是代表我來的」，因為他有一個筆名也叫「喬木」，並且把胡
喬木寫給我的一張字條交給我。胡喬木的字條說：他上午的態
度太不對了，他很抱歉，「心裡好像壓了一塊大石頭」，他希
望我留在重慶不要走，再談談，還說陳伯達最近也要來重慶，
他也很關心這個問題，也想找我談談。我將已買好的返白沙的
船票給喬冠華看，請他代向胡喬木告辭，說我要趕回學校上
課，實在無法多留。

——〈《回歸五四》後序〉[2]

　　胡喬木與舒蕪的談話，實際上也是在旁邊敲打胡風，可是胡風一
直把舒蕪的問題和自己的問題分得很清，認為舒蕪的觀點不等於他的
觀點，實際上胡風的「主觀戰鬥精神」和舒蕪的〈論主觀〉是互為表
裡的關係。

　　關於胡風文藝思想的批評，後來又進行了幾次，包括解放前夕規
模最大的一次，即1948年初，黨的革命文藝工作者在香港利用《大眾
文藝批評》對胡風文藝思想進行了一次集中的批評，但胡風並沒有被
說服，依然故我。

　　周揚晚年曾經說，胡風不懂得政治。其實準確地說，胡風是不懂
無產階級政黨的政治和解放後的政治。中國共產黨在戰爭年代，調動
一切因素為鬥爭服務，這個鬥爭包括在軍事上戰勝反動勢力，在思想

上圍繞著戰勝反動勢力去做一切有利的宣傳，這個是政治目的，也是政治任務。在黨的生存都存在問題的年代，一切都是政治至上，文藝理論和文學當然也都只是政治的工具，所有的文藝理論家和作家，一般都首先是無產階級革命家，其次才是思想家或文學家。解放初期政治掛帥的年代，依然延續了這個思路，在文藝理論上有成就的，都是一些革命家，比如，發表了〈講話〉的毛澤東和在延安時期就編寫了著名的《馬克思主義論文藝》一書、1933年寫作了《關於社會主義現實主義和革命浪漫主義》、1952年又出版了論文集《堅決貫徹毛澤東文藝路線》的周揚，他們都有一個共同特點，那就是首先是無產階級戰士、革命家，唯一區別是前者是職業革命家，後者是文藝理論家。類似的還有哲學家艾思奇、歷史學家郭沫若，他們的學術不論是解放前的還是解放後的，都是在為新政權鼓與呼，都在為新政權的構建理論，他們首先也都是革命家。──要想成為一個革命的藝術家，首先要成為一個革命家，這是戰爭年代以及解放初期對小資產階級文藝工作者改造的基本方向。胡風思想上沒有成為革命家，卻想成為革命文學家，這是走不通的，這個就是胡風一直以為自己是進步的文藝工作者但一直遭到批評的根本原因。

發表在1942年的〈講話〉，因為處在特殊的鬥爭年代，所以才有了文藝標準中「政治標準第一，藝術標準第二」的說法。解放後，新生的人民政權並不穩固，很多敵對勢力常常想顛覆和破壞新生的政權，很多潛伏下來的勢力和其他一切不滿意新生政權的勢力，常常進行破壞活動來危害新政權的穩定和發展；在外部，當時世界上除了蘇聯支持新生政權外，其他國家，特別是美國等發達資本主義國家，對新中國進行了包圍和封鎖，甚至準備利用自由知識分子來顛覆新生政權。當時雖然建立了新生政權，但社會還不是很穩定，人民的思想特別是自由知識分子的資產階級唯心思想還沒有都統一到黨的意識形態

上來，文藝或者文化還必須要直接或間接地為新生的政權服務。胡風在解放後，依然堅持他原來的文藝思想，沒有看到文藝思想在新社會裡的嶄新作用，這個作用不是從文學藝術的角度去看，而是從為政治和社會服務的角度去看。因為不曾在解放區待過，胡風對於文藝必須為新生政權服務、必須是為政治服務的工具，很不理解，依然在強調要遵循文藝的自身規律，這是非常不合時宜的。

要在意識形態上統一文藝界，這是解放後新政權迫切需要去做的工作。毛澤東認為改造知識分子最好的辦法是批評和自我批評，1950年6月23日毛澤東在全國政協一屆二次會議的閉幕詞中就說：

> 要達到鞏固革命統一戰線的目的，必須採取批評和自我批評的方法。採取這種方法時所用的標準，主要是我們現時的根本大法即《共同綱領》。我們在這次會議中，即根據《共同綱領》，採取了批評和自我批評的方法。這是一個很好的方法，是推動大家堅持真理、修正錯誤的很好的方法，是人民國家內全體革命人民進行自我教育和自我改造的唯一正確的方法。人民民主專政有兩個方法。對敵人說來是用專政的方法，就是說在必要的時期內，不讓他們參與政治活動，強迫他們服從人民政府的法律，強迫他們從事勞動並在勞動中改造他們成為新人。對人民說來則與此相反，不是用強迫的方法，而是用民主的方法，就是說必須讓他們參與政治活動，不是強迫他們做這樣做那樣，而是用民主的方法向他們進行教育和說服的工作。這種教育工作是人民內部的自我教育工作，批評和自我批評的方法就是自我教育的基本方法。我希望全國各民族、各民主階級、各民主黨派、各人民團體和一切愛國民主人士，都採用這種方法。

　　到了1951年10月23日，毛澤東在全國政協一屆三次會議上繼續說，要繼續採用自我批評自我教育的方法改造知識分子：

　　在過去的一年中，在我們國家內展開了抗美援朝、土地改革和鎮壓反革命三個大規模的運動，取得了偉大的勝利。

　　在我國的文化教育戰線和各種知識分子中，根據中央人民政府的方針，廣泛地展開了一個自我教育和自我改造的運動，這同樣是我國值得慶賀的新氣象。在全國委員會第二次會議閉幕的時候，我曾提出了以批評和自我批評方法進行自我教育和自我改造的建議。現在，這個建議已經逐步地變為現實。思想改造，首先是各種知識分子的思想改造，是我國在各方面徹底實現民主改革和逐步實行工業化的重要條件之一。因此，我們預祝這個自我教育和自我改造運動能夠在穩步前進中獲得更大的成就。

　　經過這幾次的動員，雖然知識分子改造取得了不少成績，但依然和毛澤東的要求相距甚遠。毛澤東在1951年5月20日為《人民日報》撰寫的社論〈應當重視電影《武訓傳》討論〉一文中，就毫不客氣地指出了文藝界存在的思想混亂問題：「電影《武訓傳》的出現，特別是對於武訓和電影《武訓傳》的歌頌竟至如此之多，說明了我國文化界的思想混亂達到了何等的程度！」「特別值得注意的，是一些號稱學得了馬克思主義的共產黨員。他們學得了社會發展史——歷史唯物論，但是一遇到具體的歷史事件，具體的歷史人物（如像武訓），具體的反歷史的思想（如像電影《武訓傳》及其他關於武訓的著作），就喪失了批判的能力，有些人則竟至向這種反動思想投降。資產階級的反動思想侵入了戰鬥的共產黨，這難道不是事實嗎？一些共產黨員自稱已經學得的馬克思主義，究竟跑到什麼地方去了呢？」

　　正是基於要統一混亂的知識分子思想的要求，文藝界才有必要開展自我批評和自我教育的活動，也才有進一步學習〈講話〉的必要。

　　1952年5月，當時的文藝界人士都紛紛趁著這次重新學習的機會表了態。5月下旬，在各個報紙和刊物上發表的學習〈講話〉並作表態的文章就多達上百篇，初步做了一個統計，單說《人民日報》，5月21日至26日期間就發表紀念〈講話〉的文章10餘篇，主要有：老舍〈毛主席給了我新的文藝生命〉（1952年5月21日）、趙樹理〈決心到群眾中去〉（1952年5月22日）、茅盾〈認真改造思想，堅決面向工農兵〉（1952年5月23日）、史東山〈在毛澤東文藝方針指導下工作的光榮〉（1952年5月23日）、郭沫若〈在毛澤東旗幟下長遠做一名文化尖兵〉（1952年5月23日）、〈繼續為毛澤東同志所提出的文藝方向而鬥爭──紀念〈講話〉發表十周年〉（1952年5月23日）、〈毛主席文藝理論在德國作家中影響巨大〉（1952年5月24日）、曹禺〈永遠向前──一個改造中的文藝工作者的話〉（1952年5月24日）、丁玲〈要為人民服務得更好〉（1952年5月24日）、周揚〈毛澤東同志〈講話〉發表十周年〉（1952年5月26日）。1952年6月8日《人民日報》轉載舒蕪的〈從頭學習在延安文藝座談會上的講話〉一文。

　　《光明日報》在這段時間發表的紀念〈講話〉的文章有：〈東歐人民民主國家文藝界重視毛主席在延安文藝座談會上的講話〉（1952年5月22日）、李何〈蘇聯文藝界對毛澤東文藝路線的重視〉（1952年5月22日）、草明〈衷心感謝毛主席〉（1952年5月22日）、司竹〈十年以後〉（1952年5月24日）、雷加〈不能對生活驕傲〉（1952年5月24日）、梅蘭芳〈爭取戲曲改革事業進一步發展〉（1952年5月24日），等等。

　　另外，《人民文學》和其他一些地方報紙、刊物也發表了不少〈講話〉的紀念文章，據不完全統計，當時刊物在短短時間共發表紀念〈講話〉的文章將近100篇。

　　百花園裡眾香襲人，胡喬木獨獨看重和看好舒蕪開出的這一朵，也就是基於上述原因。胡喬木從舒蕪的文章中看到了一個早年頑固堅持自己觀點的人在新社會裡、在新的思想改造下，終於轉變了思想，徹底自新了，這是〈講話〉的勝利，也是毛澤東關於改造知識分子的重要思想的勝利。

一篇社論曾讓胡風非常欣喜

　　胡風有詩人的敏感，但因為太敏感，又很倔強，所以容易相信自己的判斷，雖然多數時候是準確的，但有時不免想像生偽，形成幻覺、錯覺。

　　1952年5月23日，這一天是舒蕪的檢討文章出來的前2天，這一天也是毛澤東的〈講話〉發表十周年的日子，這是個重要的日子，為了紀念這個重要的日子，《人民日報》上發表了題為「繼續為毛澤東同志所提出的文藝方向而鬥爭——紀念毛澤東同志的〈在延安文藝座談會上的講話〉」的社論。社論認為目前文藝界存在的思想混亂情況，主要表現在下列兩方面：首先，也是主要的，是資產階級思想對於革命文藝的侵蝕。其次，和上述傾向看來似乎相反，而實際上也是脫離群眾脫離生活的，這便是文藝創作上的公式化和概念化傾向。

　　社論的這一表述讓胡風非常欣喜，胡風一直認為周揚領導下的文藝界是有問題的，反過來說，胡風一直認為如果不按照他的文藝思想去創作，就必然會出現文藝創作上的公式化和概念化問題，現在《人民日報》社論提到了胡風他們一直批判的文藝界創作上的公式化和概念化現象，胡風從這裡彷彿看到了一線曙光，彷彿看到了他的文藝理論新生的機會，也彷彿看到了自己和自己文藝思想被重視的希望。其實這裡胡風對「思想混亂」的理解與毛澤東等文藝領導人對此的理解

並不一樣，前者認為是指導具體的文藝創作的文藝思想的混亂，而後者認為是指知識分子改造的不好，依然還沒有統一到馬克思主義思想上來；前者認為是具體的文藝理論，後者認為是文藝工作者的世界觀。

　　就在社論發表的第二天，胡風和阿壠等人紛紛給朋友寫信，表達了自己看見點點曙光後的興奮，胡風對路翎說：「看紀念的社論，似乎也看到了問題，殺機似乎還有，但已經不願意說得太顯了。」[3]同一天，阿壠也興奮地給路翎去了一封信：

　　宵兄：

　　　　人民日報社論，多好。問題可以開始解決了。高興的。

　　　　但感到，人們即使180度地轉彎（如丁玲），但由於教條的血肉和沉澱作用，轉變也不簡單，甚至仍然會陽奉陰違，或力不從心的。

　　　　剛發一信給谷兄，建議他再去信給上面，要求見面，並提出問題。

　　　　等他來信，我打算即行動，麻煩是會多。

　　　　勇敢的兄弟，握手！

　　　　　　　　　　　　　　　　　　　　　　　　　　　亦門[4]

　　為了不錯過這個大好機會，胡風還是要他的那些朋友拿起筆來寫文章批評那些導致文藝公式化、概念化的文藝界領導，如對周揚、丁玲等人進行批判。比如路翎，因為他的劇本總是不能公演、作品也多次遭到批判，甚至《文藝報》拒絕登載他的作品，就準備好好地去批判導致文學公式化和概念化那些文藝領導。當時胡風和他的朋友，甚至還要求胡風把自己的意見趕快告訴上面，胡風把這些同彭柏山（此時擔任華東軍政委員會文化部副部長）說過後，又躊躇了：「梅兄等

看到社論，要我再要求，而且把整個意見端上去。由於上面所說的，能不能這樣做也值得考慮。柏君說：人家當家，要錯也錯下去，發現了以後再來改，不要別人插嘴的。所以有人說你杞人憂天。云云。如果這樣，那我們過去的赤心，都是從錯的估計而來的了。他經驗多。那麼，我們是做了三年的書生了。這看法，你們也可以談談。」[5]

　　好在彭柏山清醒的提醒，才使胡風的這次幻覺沒有出現過大過激的行為。

　　然而，他們高興還不到兩天，舒蕪就在5月25日的《長江日報》上發表了他的〈從頭學習在延安文藝座談會上的講話〉。當時，胡風他們認為，舒蕪打亂了他們「進攻」那些導致文藝出現公式化和概念化的文藝領導的計畫。現在看來，是舒蕪的這篇文章和彭柏山的提醒遏止住了胡風他們準備冒進的行為。抓住當時的社論，對當時的文藝政策進行猛烈批判，以為上面已經感覺到了文藝界存在的問題，也知道了這樣的文藝政策是錯誤的，他們要藉勢去批判這個政策，取得和上面一致的思想，甚至取而代之，這是胡風的錯覺。

　　後面幾次的貿然行動，其實都和胡風的錯覺密切相關，而正是這些錯覺，讓胡風無法如彭柏山等人一樣正確地估計解放後的文藝政策，而是一味地在那和有權的執行者討價還價，刀鋒上行走。胡風的錯覺反映了胡風具有赤子之心的一面，也反映了胡風一直在孤注一擲地冒險。

對舒蕪文章的強烈反應

　　如果說半年前舒蕪發表〈批判羅曼・羅蘭式的英雄主義〉時，胡風還只是斥責舒蕪是一個小書生，那麼這次胡風嚴厲了，開始痛罵起了舒蕪。1952年5月29日，胡風收到了武漢郵寄給他的舒蕪的〈從頭

學習在延安文藝座談會上的講話〉，胡風在當天發給路翎的信的後面補充了兩句，其中一句就是：「剛才收到方的此文，無恥以至如此！看來，北京會要轉載的罷。」[6]自此以後，胡風在和朋友通信時，對舒蕪名字一律用與恥辱有關的貶義詞來代替，如無恥、吾恥、吳恥、吳止或者方無恥等。順便說一下，胡風確實是一個很有個性的人，嫉惡如仇，加上有詩人稟賦，所以在信件裡充分地表達出了自己的恨和愛，這個也是為什麼後來有意者能在胡風信裡做出很多文章的原因之一。分析胡風信件裡對當時文藝界領導的稱呼，就可以看出他對當時文藝界的好惡，比如他對胡喬木，稱呼過秘書，也叫過軍師；對丁玲就叫鳳姐，因為他覺得她就是大觀園的鳳姐；還有對馮雪峰稱過馮爺，更多的是稱他為三花，意思是三花臉，也就是小丑的意思。胡風對舒蕪的稱呼，反映了胡風對舒蕪行為的唾棄，同時也反映了胡風的內心狂躁和處理這個事情的焦躁。

　　1952年6月9日，胡風在給路翎的信裡充滿了氣憤，因為他覺得他們當時在批判馮雪峰、丁玲等人的公式化等文學傾向剛剛有所斬獲，這裡卻出現了舒蕪的文章。果然如胡風所料的一樣，舒蕪的文章被北京的《人民日報》轉載了，這時胡風在信裡的最後補充部分告誡路翎，在和領導談話時，要注意辯駁的方式和方法，胡風說：

> 　　剛才知道，無恥之文被轉載了，按語中提到某某。那麼，這可能是一個信號。陷在死局中，剛剛不得不承認一點（反公式），雖然是心不應口，但總算被逼著看到了一點現實。現在這無恥一來，又可能全部翻轉來的。又是一種見財起心的做法。
>
> 　　那麼，在你那面，可能是硬來了。也許以無恥所提者來試攻。

第一，是在一起過。但對於他的書生氣和「虛無」氣一向不滿（把他叫做五四遺老），爭論很多。沒有誰說過A、B、C的話，恐怕只有他才這樣想的。

第二，厭惡馬列主義云云。完全相反。他當時總是以談馬列主義為得意的。自己也正在讀一些馬列主義，正在以為用馬列主義認識社會的入門中，頗為沉醉的。當然，對他的學究式的談法有反感，也有爭論。他的文章，總是卡爾如何，云云，可以為證。不是他當時欺騙，就是他今天虛偽。

第三，分手後，偶有往來，心情日遠。他在故鄉不參軍而跑出來依然當教授，我們就給了他不客氣的批評。

第四，他總想弄文藝批評之類，以為他的哲學可以應用得很「深刻」。自己以為他不懂現實鬥爭，也不懂文藝，勸他不要弄。也有過爭論。A、B、C的話大概是他如此想的。那時，我們是研究了〈講話〉，所以立志要寫勞動人民的。

第五，解放後不通信。見面時，想來北京。但看得出他是一副冷嘲態度，小貴族的心情。等等。你再考慮，作準備。

總之，要把這看「嚴重」些又及。[7]

舒蕪的〈從頭學習在延安文藝座談會上的講話〉在《長江日報》發表後，胡風在當時給路翎的信中就已經預測到了這篇文章肯定要被《人民日報》轉載，後來不但6月8日《人民日報》轉載了，連在上海的華東局的《解放日報》也轉載了。誰都知道，這麼重視舒蕪的一篇應景而寫的文章，說明上面重視胡風的文藝思想問題，是在藉這個文章繼續敲打胡風和他的朋友。胡風在給路翎的信中表達了自己的不滿，他說：「《人民日報》早見到。這裡《解放日報》今天也轉載了。可見這材料很重要。昨天雪君找羅等開會，說要解決這個問題，

被羅兄等擋了一陣。可見壓力之大。」[8]

除了胡風做出反應，胡風的其他朋友也做出了強烈反應，比如前面提到的阿壠，甚至在胡風之前，也就是在第一時間就給路翎寫信，對舒蕪文章做出了強烈的反應。

> 甯兄：
>
> 　　看到8日人民日報方管一文否？
>
> 　　說到他，這真是死人復活。
>
> 　　人，自己擦臉或擦屁股都是可以的。但狗肉臭了賣不出去，卻卑賤得必須掛羊頭了，這就不行。
>
> 　　本來，這不過是沙礫似的存在。跟我們不相干。但一只時間錶，有時卻得受這類沙子底障礙。他變來變去，一是他自己的事，二是渺小的事，三則也不是不可思議的事；但被他拖入阿鼻地獄，則是過去所想不到的事。
>
> 　　真有些辛辣的感情，蒼茫的感觸，真理在哪裡？剛才想去信發洩一下。他要毛蟲變蝴蝶，他過去不是又蝴蝶變了毛蟲麼，——指給他看。但除了想罵人，我恐怕不會說別的。
>
> 　　但無論如何，兄弟，堅忍而寧靜！
>
> 梅
> 6月9日[9]

因為舒蕪文章裡點到了路翎的名字，所以阿壠在見報紙後馬上就給路翎寫了這個信，這是目前所見到的胡風朋友中最早表達他們意思的信。阿壠為舒蕪在檢討文章中點路翎的名而不滿，這是胡風朋友中第一個站出來為路翎打抱不平的人。

不過仔細分析胡風和胡風朋友對舒蕪文章的反應，還是可以發現

他們有很多的不一樣地方。儘管胡風和他的追隨者看到舒蕪發表了他的文章後，都開始了對他的「攻擊」和謾罵，但他們「攻擊」和謾罵的理由又略有不同。於胡風來說，他當時處在一個非常失意的時期，而舒蕪的文章讓他處境更加困難。首先，胡風最反感的是胡喬木的「編者按」（當時胡風並不知道這個按語是胡喬木所寫），因為「編者按」裡說胡風他們是「以胡風為首的一個文藝上的小集團」。胡風認為以前人們還只是說他們是有宗派主義傾向，現在黨報上說他們是文藝上的小集團，並且指出胡風是小集團的首領，胡風認為黨報把自己的問題誇大得很嚴重。其實關於「小集團」一說，在1948年《大眾文藝叢刊》第2輯中發表的批評胡風和他朋友的文章中就已經指出了，如蕭愷在〈文藝統一戰線的幾個問題〉中就這樣說胡風他們：「以自己的小資產階級觀點去曲解了無產階級文藝思想的基本原則方針，自行提出一套思想，一套理論，以此來團結與我相同或有利於我們的人，自成一個小集團。」可惜胡風和他的朋友沒有警惕這次批評和關於「小集團」的說法。解放後，也就是1950年3月14日，周揚在文化部大禮堂向北京天津地區的文藝幹部做報告的時候，他提到剛剛受到批評的阿壟的兩篇文章時，同時還說阿壟發表這個文章是小資產階級作家「小集團」抬頭。[10]這是解放後第一次口頭上指出胡風他們是一個小集團，不過那時候的胡風，依然沒有提高警惕，依然和他的朋友聯繫緊密，同進同退。

關於胡風的宗派主義傾向，解放前就已經有人說過，並且解放後文藝界領導也從胡風和他朋友步調一致的行為中發現了這個傾向依然存在，但胡喬木卻把這個宗派主義傾向歸結為小集團，胡風為此很惶惑，也提出了抗議。

胡風和他的朋友有沒有宗派主義或者說小集團情況呢？其實在七月派之外，早就有人認為他們是在搞宗派主義。1944年前後，胡風和

他的朋友就暴露了他們具有宗派主義的傾向。胡風在整肅運動中，通過路翎聯繫北碚青年學生，指示他們要清算一些作家和他們的作品，有時還指示清算方法要點。在他與路翎等人的來往信件中，被點名清算的作家有郭沫若、茅盾、巴金、曹禺、沙汀、姚雪垠、臧克家、碧野、嚴文井等，後來又增加了朱光潛、馬凡陀、陳白塵、許傑等人，這些和胡風步調一致的人，不少成為胡風派。

在胡風和茅盾、姚雪垠爭辯的時候，特別是胡風帶領他的朋友批評其他作家的時候，茅盾就發現胡風他們有點小宗派意識。

必須對「現實主義自己陣營裡面的兩個堅強的偏向」即「主觀公式主義和客觀主義」展開無情的批判，「這個批判正是文藝思想鬥爭的主要環節」，它們「在本質上」也是「反現實主義」的。如果說胡風這裡僅是一種理論上的概括，在他的一些年輕朋友主持下的刊物上，這種對形形色色的「反現實主義」的「反動」文藝的批判，就進行得如火如荼、極有聲勢。在1946年創刊的《呼吸》裡，年輕的編者即已宣告，他們所要進行的是「無情的文化批判」，據說「一個軍隊是不但要不斷地去打擊他當面的敵人」，而且要「清算似是而非的參謀部，清算似己而敵的戰列部隊、戰鬥人員，清算自己一次，再清算自己一次」；他們並不諱言「偏激」，甚至以此為豪，自認為是一群「定了方向，醉於理想，緊抱集體，熱愛智慧與真理底光輝的人；偏激，不過是愛得過分，愛得認真」。他們也正是以這種認真、偏激的態度，猛烈批評了以沙汀《困獸記》為代表的「客觀主義」與以臧克家《感情的野馬》為代表的「所謂『革命浪漫主義』」。1947年創刊的《泥土》更是展開了全方位的出擊，其鋒芒所及，計有：被稱為「文藝騙子」的沈從文和他的「小嘍囉」袁可嘉、鄭敏「之流」；被斥為「穿厭了都市底舶來底各種濃裝豔服的小市民，換上鄉村底土頭土腦的裝束」的馬凡陀（袁水拍）；被看作是「傀儡戲和春宮圖的展

覽」的陳白塵的《升官圖》；被視為「一條毒蛇，一隻騷狐，加一隻癩皮狗」的姚雪垠；以及具有「市儈主義作風」的李健吾、「才子神童」吳祖光等等。也許是為了激怒對手，或者為了表示鄙視，每寫一文，必著意選用大量粗俗、粗暴的罵語。比較注重理論上的駁難的是創刊於1948年的《螞蟻小集》，先後發表了〈對於大眾化的理解〉（冰菱即路翎作，2期）、〈略論普及與提高〉（懷潮，3期）、〈論藝術與政治〉（懷潮，4期）等文，對《大眾文藝叢刊》的文章進行了針鋒相對的論戰（路翎還以余林的筆名在《泥土》上發表了〈論文藝創作的幾個基本問題〉）。《螞蟻》還載文批評茅盾的《腐蝕》，指其「創作方法的血肉的存在上，卻仍然負擔著資產階級沒落文學的陳腐的包袱」，言詞也十分尖銳。《呼吸》、《泥土》、《螞蟻》的上述文章，都引起了爆炸性的反響，一些文藝領導者也著文指責其不利於「統一戰線」的建立，表示「斷然不能容許把思想鬥爭引導到無原則的喧罵上去」，郭沫若甚至將其打入「托派的文藝」批評，宣布「應予消滅」。這又反過來使那些本來就在四處「尋仇」、以「敢於承認我們是他們的敵人」自詡的年輕人更加興奮，也更加激烈。他們尤其不能容忍對方動輒指責自己在「拉宗派」，但人們仍然把一些與胡風有來往的年輕作者在其他報刊上發表批評文章（例如耿庸對唐弢、日木對巴金的言詞激烈的批評）也都看作是「胡風」派所為，這又引發出更為強烈的反應與衝突。但胡風派（小集團）的惡諡卻就此而緊緊追隨著胡風和他的朋友，直到最後被「一網打盡」。胡風晚年談到這些爭論時，曾以總結經驗的口氣，談到年輕人的「過激文字，往往產生了不利於團結的影響」，「這些過激的情緒也表露在私人的信件中，到了1955年，一起拿了出來，就成了激起群眾憤怒的材料」。[11]

應該承認，作為一個文學流派，七月派是一個具有極強特點甚至

帶有一定宗派主義傾向的流派，在對解放前進步作家的批評中，胡風和他的朋友的批評語言是尖銳和刻薄的，當然也遭到對手的強烈反批評。據舒蕪1947年5月19日致胡風的書信中：「北平有一《雪風》雜誌，青苗所編，上載姚雪垠大論文，題曰：『論胡風的宗派主義』，知否？倘要看，我可以寫信去要了來。」[12]可以知道1947年初就有人指出了胡風的宗派主義，姚雪垠在他的〈論胡風的宗派主義〉一文中（載北平《雪風》第3期）就公開地系統地批評胡風派宗派主義。但解放後他們並沒有停止同進同退的活動，除了走得很近，也一起「作戰」。

　　胡風的朋友在1951年批評《武訓傳》中所表現出來的團隊作戰的戰鬥力，更是很讓文藝界領導心忪。1950年1月夏衍等作為上海電影事業管理處的黨的領導審查了《武訓傳》，並口頭通過了電影繼續拍攝的審查。《武訓傳》是上海私營電影公司——崑崙影業公司出資拍攝的，根據1951年5月20日毛澤東批評這個電影的社論，《人民日報》「黨的生活」欄目中出現了這樣措辭嚴厲的評論：「歌頌過武訓和電影《武訓傳》的，一律要作嚴肅的公開自我批評；而擔任文藝、教育、宣傳工作的黨員幹部，特別是與武訓、《武訓傳》及其評論有關的……幹部，還要作出適當的結論。」當時在上海的胡風朋友，如耿庸、羅洛、張禹和梅林等人就曾著文猛烈攻擊夏衍，後來夏衍做了檢討，有些人還是繼續寫文章攻擊。雖然這些批判文章不一定是胡風指揮寫的，但胡風朋友的凌厲攻勢讓很多人都感到可怕，與夏衍同是「四條漢子」之一的周揚如果為此很緊張，也屬正常。1952年春，周恩來在上海的「文化廣場」向一萬多名上海幹部作國際形勢的政治講話時，又簡略提到《武訓傳》拍攝和受批判的事，會上周恩來就電影《武訓傳》作了批評和自我批評，承認自己也要負一部分責任後，對那些要整夏衍的人說，他是要保護夏衍的。胡風在給路翎信裡說：

「前天有一幕戲：聽到父總（指周恩來——引者注）拍胸保護夏的談話。有人聽得目呆口結了。」[13]

關於北京害怕他們一幫人，胡風在1954年7月25日致妻子的信裡表達了類似的意思：「在他（引者注：指聶紺弩）家裡，他說頂好不要公開討論，那對你對黨都是損失。昨晚沒有說什麼，但說，你住上海，總不放心，有人支持你，如柏山、雪葦雲。可見，他們怕得多厲害。也可見，如果能妥協，那是非搬到北京不可的。所以，柏山底想法是行不通的。但不必對他談這些。——我知道，老聶奉命研究我，而且和羅蘭對看，說是我和羅蘭有相通之處云。」[14]

應該說胡風和他的朋友們，為了捍衛自己應得的尊嚴，為了打擊共同的敵人，他們是非常團結的。現在這一個曾經無比團結的群體中，突然出現了舒蕪的自我批評，這讓胡風和他朋友築就的防禦大壩中出現了大裂口，所以舒蕪的文章出來後，胡風和他的朋友都很憤怒，但胡風最為在乎的是又加了一個罪名給他。胡風原來的文藝思想問題都還沒有解決，現在又出現了一個小集團問題，這讓胡風非常擔憂。

本來解放後胡風就很失落，現在如要組織解決自己的一些生活和工作上的問題就更加困難了。胡風解放前在國統區做了大量的進步文藝工作，培養了大量的文藝人才，資格也很老，但早年的「投資」在解放後並沒有獲得回報，解放後他已經感受到了解放區和國統區進步作家的待遇很不一樣，郭沫若和茅盾比不上也就算了，連周揚都是副部級領導了，還有馮雪峰當年和他一樣是在魯迅身邊的，1952年的時候也是中國作家協會副主席、人民文學出版社社長兼總編輯、《文藝報》總編，他曾經對馮雪峰的副部級待遇議論過。[15]其他人，如聶紺弩、黃源、劉雪葦等也都有了比較好的工作，而他胡風呢，從解放到現在，已經快4年了，還在北京和上海之間飄來蕩去，頭上頂著兩個

虛銜：中國作家協會理事、中國文聯全國委員會委員，實際上他還是一個體制外的人。

正如魯迅所說：「無情未必真豪傑，憐子如何不丈夫。」很多人只說胡風是一位堅持自己的文藝思想為此不惜與主流思想做鬥爭的鬥士，似乎說胡風有其他要求，特別是待遇上的要求，似乎是褻瀆了胡風，損害了胡風的形象。其實並不是這樣，雖然胡風自己也厭惡別人說他有求官心理，但人是現實中的人，現實中胡風不得不考慮這些。

在1949年4月18日強辭了《文藝報》主編職務之後，胡風解放後曾經多次要求分配工作，中間有過一兩次有頭無尾的領導對他的許諾，最後在他被捕前實際上還是沒有解決好工作問題。1953年他到北京後只是讓他擔任《人民文學》的編委，但這個編委是沒有推薦稿子的權力的，作為一個老資格的進步作家，得到這樣的對待，感到很受委屈。牛漢在他的自述裡說，胡風對這個掛名編委，也是很失望的：

> 《文藝報》籌備時有他，《人民文學》編委也有他，但都是掛名，並沒有讓他去編。直到被捕，他還是《人民文學》不上班的編委。我當時很幼稚，不知道政治的安排可以通過這個手段來實現。
>
> 胡風1953年舉家遷京後沒有正式安排工作，沒有安身立命，發揮作用的生活條件。《人民文學》編委是個虛位。我想他曾有過巨大的苦惱，我不止一次看到過他不停地在屋子裡急速地走動。
>
> ——〈我仍在苦苦跋涉——牛漢自述〉[16]

胡風的心裡是可以理解的，不過解放後不得志的文人遠不止胡風一人，名氣大的有柳亞子，常常和主席唱和著，即使發了牢騷，可最

後還是沒有機會得到一個實際的位置；解放前胡風在文協的頂頭上司老舍，1949年12月12日從美國風塵僕僕地趕回新中國，最後給他的也只是一個北京市人民政府委員的虛銜；小說方面成就很大的沈從文，連參加一次文代會的資格都沒有，解放後也一直沒有分配工作，一直安靜地等待著批評，最後進了華北革命大學，華北革大畢業後改行去做了講解員；還有豐子愷、孫犁，等等，他們都沒有介入到政治中去，應該說都很落寞。這樣的人在當時其實並不少，很多人都心甘情願地默默生存，而胡風卻不能（除非他改行）也不甘心，一次一次地與領導談論工作問題，可是一次次地失望，有幾次胡喬木和他談了工作問題，還沒有得到答覆，工作就沒有了下文，別人還說他喜歡討價還價，不好合作。不過，當時的胡風實在也是「樹欲靜而風不止」，除非離開文藝界，作為一個文藝思想和〈講話〉有衝突的著名文藝工作者，他就是想做一位作家也沒有地方發表他的東西，固執的胡風不會如沈從文那樣去徹底改行，他甚至多次拒絕別人安排他去大學教書。可以說，當時的胡風進退維谷，處境尷尬。

胡風反感的還有舒蕪的「背叛」，這個背叛既是忘恩負義，無視他當年的提攜，又因為在批判胡風文藝思想時，總是把〈論主觀〉和胡風文藝思想綁在一起批判。從哲學高度來論證胡風文藝思想的，是舒蕪的〈論主觀〉；從實踐中來實現胡風文藝思想的，是路翎的那些作品。現在舒蕪告別了他的文藝思想，開始投向自己的對立面，胡風的文藝思想的理論支撐也就沒有了，胡風就將更加孤單地駐守在自己的陣地，胡風手上的籌碼也就更加貶值，到後來是愈堅持愈顯得頑固。

當然，還有一個很重要的原因就是胡風擔心其他人也仿效舒蕪，紛紛來撰寫檢討，這個局面是胡風很不想看到的。當時除了舒蕪，還有王元化，解放初的王元化也一直沒有分配工作，也有否定自己過去

思想的傾向，不過在胡風和他的朋友們的指責和教育下，王元化沒有舒蕪走得那麼遠，後來胡風推薦他到新文藝出版社擔任了總編輯。

　　不過，胡風的朋友和胡風的關注點有一點不一樣，他們主要考慮到兩點，一是認為舒蕪此舉「背叛」了胡風的文藝思想，他們覺得舒蕪這個人怎麼可以如小人一般在文章中完全否定自己的過去，這樣變來變去、變化不定的人就是一個卑鄙的小人；其次認為舒蕪在自我檢討中竟然還點了另外兩個胡風朋友的名字，即路翎和呂熒，這是「用別人的血洗自己的手」。要知道這些人都是當時受批評的人，舒蕪這一點名，就完全把這兩位朋友推進了「必須改造」這條胡同，同是朋友，他們有唇亡齒寒之感。

為什麼要點到路翎和呂熒

　　舒蕪在〈從頭學習在延安文藝座談會上的講話〉中不僅做了深刻的自我批判，最後還在文章中牽涉到了兩個人，這是多年來很多人鄙視舒蕪的地方，說他自我批評還要拿別人墊背，這是違背道義的。當然批評這兩個人並不是舒蕪開的頭，實際情況是，當時的路翎和呂熒正在遭受批評，舒蕪點名這兩個人有點像在寫官樣文章時經常會套用很多應勢的話做開頭一樣，並不是如把一個從未批評過的人拿出來侮辱了一番。

　　當時，路翎的作品一直遭到報紙刊物的批判，呂熒那段時間也是報紙上批判的一個「大紅人」。舒蕪批判路翎和呂熒，並沒有什麼新觀點、新材料，都是在拾人牙慧，但胡風他們認為別人可以批評，曾經是一個壕溝裡的舒蕪卻不能。

　　周揚後來在〈我們必須戰鬥〉說：「胡風的錯誤理論在他（路翎——引者注）的創作上有長期的不良的影響。」路翎是胡風文藝理論

忠實的實踐者，胡風給了路翎很多創作指導，路翎文章忠實地貫穿了胡風的文藝思想，所以路翎的作品也一直被胡風看好。然而，當時的理論家卻一直在批判路翎，一是路翎的作品確實和解放區來的為工農兵寫的作品有很大不同，過分重視「精神奴役的創傷」；其次是他們覺得批倒了路翎就可以說明胡風文藝思想的失敗了。解放以來，《文藝報》等刊物對路翎的批評是經常的，僅僅以1950年和1951年這兩年來說，1950年，路翎的《朱桂花的故事》、《女工趙梅英》在全國性報刊上受到批評，如1950年5月25日，《文藝報》就發表了署名張明東的〈評《女工趙梅英》〉；1951年，路翎寫的劇本《人民萬歲》、《祖國在前進》也受到了批評。那幾年批評路翎的文章太多，舒蕪在俯拾皆是的批評文章中，堅定了路翎創作上存在問題的認識，所以在自己的檢討文章中，也順了一手。

其實，在胡風朋友中，舒蕪和路翎兩人的友誼可能是最深的。

「由於每天在書庫裡面辦公，我似乎成了圖書館的一個人員，同圖書館長沈學植熟識起來。這是一位圖書館專家，曾在好幾個大學當過圖書館長，言談間自由主義色彩較濃，在政校那樣的環境中要算是相處不必太戒備的人物。約在1942年春，有一天他隨便談起，圖書館要添一個助理員，問我有沒有朋友可介紹。我在政校，正苦於政治環境險惡，身邊沒有可以傾心交談的朋友，寂寞得很。於是我趕快分發信函給重慶附近所有的朋友，向每個人都問一問願意來不。別人都不來，只有路翎回信願來。他原在經濟部礦冶研究所會計科做事務員。張以英《路翎年譜簡編》（張以英編《路翎書信集》附錄）中說：『路翎因為常談論蘇聯衛國戰爭，常在礦區接觸工人，被礦冶研究所庶務室的一位流氓成性的庶務員所懷恨，後來這位庶務

員藉故攻擊路翎，並大打出手。路翎因頭部被打破，憤而辭職。……經舒蕪介紹，路翎到南溫泉國民黨中央政治學校圖書館當助理員。』當時我有打油詩云：『信去剛逢打破頭，此君怪事亦風流。倉皇逃入圖書館，伴我南泉汗漫遊。』說的就是這件事。路翎與我都住職員宿舍，他白天在圖書館工作，晚上到我的『國文教材編纂室』來，與我同在燈下寫讀。」

「《路翎年譜簡編》說：『1943年（二十一歲）。路翎搬到舒蕪和他母親所租的房子裡一起居住。』起初是一間破樓，只靠幾塊明瓦採光，我名之曰『暗無天日樓』。後來搬到寬敞一點的房子，我和路翎各住樓上的前後半間，可以擺桌凳寫作，其樓在一位道士的寓所之左鄰，我名之曰『左道樓』。」

——〈《回歸五四》後序〉[17]

　　舒蕪介紹路翎到自己工作的學校做圖書館助理員，路翎就住在了舒蕪家，兩個人住在一起長達兩年多，友誼肯定是深厚的。舒蕪提到路翎的名字，據舒蕪自己說，也反映了他和路翎關係的不尋常，舒蕪通過學習知道了自己的錯誤後，他還想真誠地幫助一個和自己關係最好的人也認識到以前的錯誤。

　　當然實際效果並不如舒蕪所想的那樣，儘管隨後就有中宣部領導同路翎談話，希望他認識到自己的錯誤，但路翎並沒有因此放慢追隨胡風的腳步。

　　舒蕪檢討文章中提到另外一個名字——呂熒。呂熒，當時是山東大學美學教授，也是追隨胡風的一位文藝工作者。舒蕪為什麼要提到他的名字，甚至在文章「揭露」他的罪狀呢？其實，這也是有緣故的。

　　呂熒在1951年還是比較活躍的一位教授。1951年毛澤東《實踐論》出版，全國掀起了讀毛澤東《實踐論》熱，《文藝報》第四卷

第三期上發表了呂熒的〈讀《實踐論》〉。好景不長，1951年11月的
《文藝報》（第5卷第2期）上發表了山東大學中文系某幹事（後調
離）的來信，題目是：「離開毛主席的文藝思想是無法進行文藝教學
的」。這位調離了的幹事在給《文藝報》的來信裡，指責和批評呂熒
在文藝學教學中嚴重脫離實際和教條主義的傾向，說呂熒在文藝學教
學中，竟然把〈講話〉的內容作為課後講解的內容。這封來信不僅在
山東大學中文系引起了思想震動，而且還造成了一股聲討之風，甚至
形成了運動的聲勢。後來，呂熒在《文藝報》上為自己作辯護，指出
那人是「沒有去聽過文藝學的課，可是他引了我在課堂上講的話。這
些話經他一寫之後，和原意正正相反。還有一些話我根本就沒有講
過」，表明自己的文藝理論教學對馬克思主義不是採取「教條主義態
度」，儘管不是那麼純熟和全面，但還是在盡力運用馬克思主義的立
場和方法來解釋文藝現象。1952年第2卷第2期《文藝報》上「編輯部
的話」裡概括定論：「在該校的行政領導下，該系同學經過了熱烈的
學習和討論之後，大都明確地認識了呂熒同志教學中脫離實際、脫離
毛澤東文藝思想的教條主義的錯誤，並迫切要求改進。」

　　當時這封信在文藝界引起了軒然大波，由此引發了「關於高等學
校文藝教學中的偏向問題」的大討論。一來一往的爭論，也使得這件
事情在當時很有影響。

　　舒蕪在他文章中採擷的材料是當時報紙上正在熱批的材料，不
是好好地把一個正在別處教書的人拿出來批判，更不是莫名其妙地去
造謠生事。舒蕪和呂熒並不陌生，還是在重慶教書的時候，在致胡風
的書信裡，舒蕪有兩次都提到了呂熒，都是在和胡風商量怎麼幫助呂
熒。那時候胡風就曾經寫信託付舒蕪幫呂熒在舒蕪就職的學校覓一教
職。1945年5月4日，舒蕪致胡風的信中說：

關於呂君之事，是要先問他原則上下學期願不願來。以此為根
據，我再進行，那時方能談到具體的待遇之類的問題。但不知
他畢業後的「年資」夠當大學教員了否。此事本不重要，但他
是聯大的，此地聯大人又多，故不可不計及之也。

　　　　　　　　　　　　　　——《舒蕪致胡風書信全編》[18]

　　這位被舒蕪點了呂熒名，在1955年「胡風反革命集團」案發後，
在胡風和他的戰友如路翎、魯藜、阿壠、綠原、曾卓、牛漢、賈植
芳、彭柏山、王元化、冀汸、張中曉等紛紛被捕入獄時，卻沒有被列
入逮捕的名單。1955年5月20日，也就是5月13日關於胡風的第一批材
料出來後一個星期，呂熒還在《人民日報》上發表了一篇分析曹禺新
作的評論文章〈評《明朗的天》〉。1955年6月，他曾在一個公開場
合說胡風案件不是一個政治案件，為胡風喊冤，但最後他依然沒有遭
到逮捕。據說是胡喬木保了他。

準備材料揭發舒蕪

　　胡風看到〈從頭學習在延安文藝座談會上的講話〉一文得到了
「隆重禮遇」，分析了當時的《人民日報》為什麼要轉載這篇文章，
胡風這個時候的估計依然是錯誤的，他在給路翎的信中說：「很明
顯，現在是一個對人的問題。」同一封信中，他說：「柏兄以為還是
上面的決定，但我很懷疑。（不必告人）。」胡風認為這篇文章受到
重視不是上面決定要批他，而是周揚、丁玲他們要藉這篇文章來整
他。今天，歷史迷霧已經廓清，這篇文章的按語是胡喬木寫的，從這
裡入手開始批判胡風文藝思想應該說是高層的意思，並不單純地是和
胡風有宗派矛盾的周揚等人藉這篇文章來批胡風。這個判斷的失誤，

使得胡風在以後的戰鬥中始終找不到真正的對手，吃了大虧。

這篇文章後，胡風開始要路翎揭發舒蕪，說：

> ……但關於無恥，一定要你發言罷。當然揭露他。而且，那文章，並非當作肯定意見，而是作為討論的（你當時聽到如此），而且，當時沒有人完全同意他。揭露他想當教授，劉鄧大軍時不參加，事後大家對他不滿；解放後勸他在南寧，他卻老想出來，向上爬；來北京時滿口冷嘲，大家厭惡他……關於小集團：不知道。向來個人投稿，不用者甚多。從未開過會。[19]

胡風指導路翎從以下幾個方面去揭露舒蕪：一是舒蕪想當教授；二是劉鄧大軍來時不參加；第三，老想出來這個事情，要進大城市；最後一個罪名是舒蕪有自首過。另外，為了達到反擊舒蕪的目的，胡風第一次使用了舒蕪給他的信件。1952年7月19日胡風應周揚的邀請到北京參加胡風文藝思想座談會，期間的家書中，多次要求妻子把舒蕪的信件郵寄給他。

7月31日家信：「大頭們的書寄出去了麼？快寄。范長江一份，不必寄了，他已離報館。邵爺一份如未寄，似也可以暫不寄。——有一件不愉快的事又要你做。把方無恥的信再查一查，把朋友們批評到他的（他在信上寫到的）檢出來寄我。信在靠門木箱子（上或中層）外邊。解放後的信，有些（初期的）上次沒有找著，記得有一封他提到我勸他向老幹部學習的，如能找著也好。」

8月18日家信：「還有，把無恥信全部掛號寄來。」

8月27日家信：「把無恥信全部掛號寄來。上次小卷收到了的。」

9月3日家信：「信昨天收到，是我自己到收發室去拿到的。無恥

信小捲尚未收到，掛號，大概要遲兩天罷。」

9月4日家信：「——無恥信已收到，但信紙完全散開了。」[20]

後來到了1952年9月25日，當時中宣部文藝處副處長林默涵約了胡風到中山公園去談話，這次談話沒有在林默涵的回憶文章中出現，實在是蹊蹺，其實胡風是非常看重這次談話的。在胡風的家書、在《三十萬言書》裡、在其他回憶材料中，胡風都有這次談話的記錄，這次談話的前因後果已經有點模糊，因為《胡風家書》中已經把這封信的其中一部分用了省略號處理，但參照《三十萬言書》等，我們還是可以知道事情的一些大概。

這次談話是對路翎揭露舒蕪問題的材料的回復。根據《三十萬言書》所說，這次揭露舒蕪的材料是由路翎呈送到中宣部的，但處理路翎揭露的材料為什麼還要找胡風談話呢？主要原因是胡風提供了信件來佐證路翎所揭露的材料。當時林默涵和胡風在中山公園談了5個小時，在《三十萬言書》裡，胡風這樣敘述這次談話，說林默涵在同他談路翎、舒蕪和胡風問題時，說：

> 十七，就是《文藝報》出版的這一天下午，林默涵同志來找我，一道道中山公園談了幾個小時的話。這是一次最長最親切的談話。除了一些政治情況，胡喬木因病休假和習仲勳同志來主持中央宣傳部的事情以外，主要的內容有這些，（一）路翎提供關於舒蕪的材料，他相信是真實的。（二）這以前對舒蕪的情況不大瞭解，只聽到他從劉鄧大軍佔領過的家鄉跑出來的事情，也對他有些揣測；廣西也沒有送來材料。大概舒蕪沒有政治問題，否則不會給他當中學校長。（三）路翎是有貢獻的，舒蕪是一開始就犯錯誤。[21]

胡風假路翎之手給舒蕪列出了幾個罪名來反擊舒蕪的「叛變」，並且假路翎之手把這些揭露材料提供給中宣部，一是使用了舒蕪寫給胡風的信件，二是這次揭發舒蕪的信件最少提交到了中宣部，否則中宣部不會委託林默涵來找胡風談話。

舒蕪被胡風所指控的這些罪名最後查證得如何，我們不得而知，不過從林默涵的談話中，好像是說舒蕪政治上沒有問題，但別的錯誤還是有的。現在，我們可以心平氣和地來分析一下當時「同門師兄弟」路翎所揭露的這些「罪名」了。

第一個罪名是想當教授，意思是說舒蕪在現在的行政崗位上工作不踏實。這個罪名有舒蕪的書信作為證據，因為解放後舒蕪多次在信裡向胡風表達了要到大城市到高校去當教授的想法。

第二個罪名是說劉鄧大軍來時不參加。這個罪名有點殺傷力，舒蕪在應該參加革命且有機會參加革命的時候不參加，不積極革命，在解放初期，這個罪名對於政治上積極要求進步的舒蕪來說，是有一定打擊的。

第三個罪名是說因為舒蕪想出名，所以想到大城市，不願意在小地方。這個在舒蕪致胡風的信中也多次提到，說他想到大城市工作。

不過，當時想到大城市工作的知識分子還是很多的。特別是當時的文化人，都想湧到北京去，胡風的那些朋友，在新中國成立之初，也就是1949年至1955年期間，想方設法調進北京的人，實在也不是少數。胡風、阿壠、綠原、路翎等人，當時都極想調進北京的。這個指責有點不切求全責備，對舒蕪要求有點太高。

以胡風和胡風身邊比較近的人為例，1949年6月13日下午信，當時在北京準備參加文代會的胡風，第一次流露出要不要去北京的念頭，他在給妻子梅志的信中說：

大概，開會完畢，至少要一個月。已經暗示要我住北平，但我沒有表示什麼。回上海也不會好處的，香港少爺們都會在上海做司令的，但因為家在上海，又住熟了，搬家太麻煩，所以沒有想到住北平。這個問題和整個問題相關，我暫時不能表示什麼，也無從考慮。但恐怕依然暫時住上海的可能性多，你覺得怎樣？[22]

而在這之前，胡風其實還是一直想住在上海的，甚至想過如果政府願意幫助他們換一個房子，他交代梅志一定要換一個帶花園的好房子。但自此以後，胡風開始回應了有關領導的暗示，不時地向胡喬木、邵荃麟、周揚等人，提出要搬家到北京。

守梅當時在杭州教書，一直想出來，為此多次給胡風寫信，說想到上海或者北京去，胡風還曾告訴過他，說在杭州教書不是很好嗎？到上海了要和那些人交往，和「巨公們」（胡風語）是弄不好的。但雖然這樣說，胡風還是在積極幫助守梅。1949年12月8日胡風給妻子的信中說：

和魯藜談過，約守梅到天津文協（魯藜是主任，蘆甸秘書長），這是最好的，朋友理解，工作自由，可以下工廠，等。魯藜將給他信，你付路費給他（多付點），要他馬上來。不要在上海亂闖，不要落進官僚們的圈子裡去，那會拔不出來的。這裡約路翎來青年劇院（中央團部辦的）任編劇，也是工作自由，而且待遇好的。今天要寄路費去。[23]

路翎解放後是在胡風的推薦下在南京軍管會文藝處創作組工作的，1950年又在胡風的幫助下調到北京青年藝術劇院創作組擔任編劇。胡

風對路翎的關心是其他朋友無法相比的，他們之間的情誼是最深的。

1953年初，在武漢《長江日報》報社擔任文藝組副組長的綠原調進了北京，到中共中央宣傳部國際宣傳處工作。

舒蕪在這期間，也多次請胡風幫忙，特別是在1950年10月初到北京參加了中蘇友好協會全國工作會議後，看見大家都在北京大城市，很羨慕。到底是首都，當時什麼大的會議都在首都召開；到底是文化中心，那裡什麼文化名人都能見到。但沒有幫成，胡風曾經想幫助舒蕪調到東北去，又因為南寧不放而未成行。不過舒蕪想去大城市，至少是不安分，應該也算是一個罪名。

最後一個罪名是舒蕪有過自首。當時對待自首比對待反革命還殘酷，如果真能查實，將會得到嚴厲的處置。比如丁玲解放後歷盡坎坷，沉沉浮浮，主要原因就是說她關在南京時有自首嫌疑，儘管在延安時就已經給她做了結論，但以後每次運動，她都要為這個「罪名」吃些苦頭。不過在當時，即使是前三個罪名，如果查實，也是不安分、不好好工作的表現，因為這關係到個人的政治表現和思想品質。

對於舒蕪的背叛，胡風憤怒了，利用了舒蕪在他的信中所暴露的思想問題來羅列舒蕪的罪名。胡風的這次反擊是假路翎之手進行的，反擊中也用了置人於死地的手段。他以為當時的政權統治者會相信他，然後就馬上把舒蕪收拾了，其實，這個想法實在幼稚，當時的舒蕪積極要求進步，這一點胡喬木對他是贊許的，胡風和路翎的做法只能讓文藝界領導認為他們在憎恨和報復舒蕪。

退一步說，就算胡風所指能夠坐實，其實對他自己也沒有好處，就如舒蕪在胡風被打成反革命集團以後，變成了一個反革命集團中起義者的角色，那早年「歷史」也不光彩。如果舒蕪自首情節查實了，那麼胡風當年和舒蕪的交往、在刊物上發表舒蕪的文章，將會讓他得到一個叛徒同黨的罪名。

重新審視舒蕪的檢討

　　在胡喬木所寫的編者按裡，除了第一次提出了胡風「小集團」
這個名詞，還表揚了舒蕪，說他此舉是「值得歡迎的」。如前所述，
舒蕪〈論主觀〉和胡風「主觀創造精神」的問題，在解放前一直沒有
解決，現在這些沒有解決思想問題的人進入到了新的社會，他們身上
的舊的文藝思想也帶進了新的社會，於中宣部領導來說，這是不能容
忍的。現在的舒蕪對新社會新政權以及嶄新的意識形態的認可了並徹
底地臣服了，所以他的檢討文章得到了胡喬木的格外重視，並受到了
歡迎，這個既是新政權急於從思想領域統一全國的文藝知識分子的表
現，也是新政權改造舊思想舊人物所用的方法，即對主動拋棄舊的落
後的思想人給予很高的評價和欣賞，樹立榜樣，藉以鼓勵那些準備拋
棄落後思想的人迅速地拋棄過去。

　　這是舒蕪的文章第一次被作為高層領導的工具，後面的那篇導致
胡風被打成反革命集團的文章，也是被中央領導作為了工具，最後一
變再變，由文藝事件變成了重大的政治事件。值得研究者重視的是，
舒蕪的文章，一是一出來就在高規格的《人民日報》轉載，其次只要
《人民日報》登載了，就有人來幫他寫「編者按」，這次的編者按是
胡喬木寫的，而最後一次的編者按則是毛澤東寫的，可謂規格越來越
高，也可見舒蕪的反思和自我批判，確實是上面所希望看到的。草蛇
灰線，這裡潛伏著兩個問題，一是說明瞭胡風和胡風朋友們同盟的牢
靠，因為其他人的滴水不漏，才顯得舒蕪的滲漏無比珍貴；其次，也
說明〈論主觀〉這個問題是多麼的嚴重，他的自我批判應該說是有很
大的教育意義的。當時和舒蕪一樣走得比較遠的人還有王元化，但王
元化本身的理論思想在當時根本無法和〈論主觀〉的影響相比，王元

化的檢討也沒有舒蕪的檢討意義大，所以根本沒有引起舒蕪檢討那麼大的轟動。

舒蕪有自己的選擇權，這個是毋庸置疑的，但不可諱言的是，舒蕪主動的重新選擇觸犯了胡風和他朋友的利益，所以，後來有人寫文章批評舒蕪，說他背叛了胡風；也有人寫文章說他批評胡風的文藝思想，是反戈一擊；還有人批評舒蕪，說他是猶大，通過這個藉以榮升，其實這些說法是站在舒蕪的對立面來看，如果站在當時的意識形態領導者那邊來看，舒蕪的做法，是在積極進步，是在揚棄過去的觀點，是在通過積極改造以便更好地為人民服務。

魯迅早期信仰的是進化論，後來接受了唯物主義思想，在自己的信仰上也有一個揚棄；早期的一些信奉其他思想的知識分子或者領導幹部，在解放後都紛紛要求加入共產黨，也是在揚棄。在知識分子改造過程中，儘早拋棄自己錯誤思想總是受到歡迎和鼓勵的，不僅僅對文藝界的知識人士是這樣，對其他領域的知識分子也是這樣。比如1949年解放後，著名的歷史學家陳垣，在北平解放後不久，即1949年3月就發表了致胡適的公開信，在信裡，陳垣說他今後要努力為人民大眾服務，並且還說：「我也初步研究了辯證法唯物論和歷史唯物論，使我對歷史有了新的見解，確定了今後治學的方法。」後來，陳垣不僅擔任了北京師範大學的校長，還被任命為歷史研究所二所所長。

胡風以後的文藝思想被批和個人更加不好的遭遇，固然和舒蕪的這篇檢討文章有一定的關係，也和胡風文藝思想本身存在的問題和胡風本人的一些言行有關，但最主要的是和當時社會的大環境有關，重大歷史事件的發生總是具有歷史的必然性，而其中的個人因素其實不過是偶然因素罷了，把某一重大歷史事件的發生完全歸結為哪一個人，似乎並不妥當。

　　據牛漢的回憶錄說：胡風的後人堅持認為胡風是不反對毛澤東，是不反對〈講話〉的。[24]我認為胡風的後人這樣理解胡風是對的，胡風和〈講話〉的作者沒有衝突，只是和周揚等那些捍衛者有衝突，儘管胡風也是在捍衛〈講話〉，但因為胡風對〈講話〉的理解和周揚他們對〈講話〉的理解不一樣。胡風是站在國統區一名進步文藝工作者的角度去理解〈講話〉的內容，但因為對〈講話〉的時代背景並不清楚，對延安的文藝整風運動並不清楚，所以他對〈講話〉的「解釋」和周揚他們有所不同。胡風他們錯誤地理解了〈講話〉的意思，理解錯誤了不但沒有改正，而是固執地發展和堅持錯誤。用當時的邏輯思維推理就是，你頑固地堅持你理解錯誤了的〈講話〉精神，實際上就是在反對〈講話〉精神；反對〈講話〉的精神，實際上就是反對毛澤東的文藝政策和文藝思想。

　　關於這一點，舒蕪在晚年的總結中也看到了問題的癥結之一，為什麼當時的進步文人，如喬冠華、陳家康等人受到批評，因為他們都沒有理解延安整風當時的目的：

　　現在從胡風的材料看得很清楚，當時陳家康他們之間，他們與胡風之間，實際上是有共同的思想基礎，就是響應延安整風運動的號召而反對教條主義，特別是反對國民黨統治區內進步文化界文藝界的教條主義。據我現在看，延安所要反對的教條主義，是以王明為代表的照搬蘇聯經驗的教條主義。胡風所要反對的，是文化上文藝上唯「思想」唯「政治」而輕藝術的傾向，即只要政治傾向政治口號，而藝術上不惜寬容各種脫離生活歪曲生活的東西。陳家康和胡風等把後者也歸入教條主義的範疇來反，同延安整風運動並不一致。後來的許多矛盾都由此而生。[25]

　　這是問題的關鍵，延安當時希望國統區進步作家做的事情，在1943年《中宣部關於《新華日報》、《群眾》雜誌的工作問題致董必

武電》裡說得很清楚：「在大後方思想鬥爭的中心任務不是黨的自我批評，而是反對大資產階級反動派。」因為大後方進步作家的錯誤理解，所以他們通過發表強調生命力或者感性生活的文章來配合延安的反教條主義，這個是完全錯誤的理解，這一錯誤導致了很多不該出現的錯誤文藝思想也出現了，包括〈論主觀〉這樣的文章出籠了。這一時期，喬冠華、陳家康、胡風他們也強調感性生活，認為只要認真生活、感受生活就能寫出好的文章。這樣的觀點雖然說是「配合」了反教條主義，但實際和〈講話〉的精神是相衝突的，1943年11月22日〈中宣部關於《新華日報》、《群眾》雜誌的工作問題致董必武電〉，電文共四點，其第二點指出：「現在《新華》、《群眾》未認真研究宣傳毛澤東同志思想，而發表許多自作聰明錯誤百出的東西，如××論民族形式，×××論生命力，×××論深刻等，是應該糾正的。」1943年12月16日董必武《關於檢查《新華日報》、《群眾》、《中原》刊物錯誤的問題致周恩來和中宣部電》，其中點到的「最近有問題之文」是：《中原》創刊號於懷（應為於潮，即喬冠華──引者注）〈論生活態度與現實主義〉、項黎〈感性生活與理性生活〉、8月24日《新華日報》四版康懷（應為於懷，即喬冠華──引者注）〈怎樣研究時事問題〉、7月22日《新華日報》四版〈人的發現〉、《群眾》第十二期××〈論中國民族新文化的建立〉、《群眾》第十六期×××（即陳家康──引者注）〈唯物論與唯物思想〉。此二電載於《中國共產黨新聞工作文件彙編（上冊）》（中國社會科學院新聞研究所編，新華出版社1980年版）[26]。

何其芳後來說，早在1945年第一次批判胡風時，批判者即已斷定，胡風問題的要害是「對毛澤東的文藝方向的抗拒」（何其芳：《關於現實主義·序》），有點言過其實，但也說明胡風在沒有領會到延安整風反教條主義的目標所指以外，還有一個問題，那就是胡風

有些文藝思想與〈講話〉的提法有所不一樣。由於當時的毛澤東還沒有形成解放後的絕對權威，胡風這樣有自己見解的文藝工作者對〈講話〉中的某些內容有保留看法也屬於是正常的，所以胡風在宣傳和執行〈講話〉時只看到一些對實現自己文藝思想有利的地方，比如其中一句強調解放區和國統區是有所差別的，所以他後來以國統區的環境和條件特殊為藉口，繼續堅持自己的某些文藝思想。1948年，香港《大眾文藝叢刊》發動的對胡風和他朋友的批判，一開始即旗幟鮮明地亮出「底牌」：「他們（引者按：胡風和他的朋友們）處處以馬列主義與毛澤東文藝思想者自居」，實際上是在「曲解」馬列主義與毛澤東文藝思想，因此，「我們不能不予以糾正」。（邵荃麟：《論主觀問題》，收《荃麟評論選集》（上），1981年人民文學出版社）從1944年第一次和〈講話〉交鋒到1955年5月13日，沒有人認為胡風是反對毛澤東文藝思想的，都是說他沒有正確理解毛澤東文藝思想，這個是一個事實，這也是胡風後來覺得冤枉並且一直抗爭的原因。

　　由上可知，胡風和他的朋友並不是幼稚到要和〈講話〉唱反調，而是當時對解放區的文化政策和黨的政策並不很瞭解，不知道在這個政策指導下，如何不要自己個性思維去維護大的政策，這個在胡風晚年的《胡風回憶錄》中曾經做過探討式的反思。據胡風自己回憶，在1945年第一次公開批評胡風時，周恩來即已對胡風有兩點相告：一是，理論問題只有毛主席的教導才是正確的；二是，要改變對黨的態度。[27]而胡風其實當時並沒有注意到這些，還在注意努力向周恩來等人解釋那些枝枝節節的名詞，如客觀主義等，事實上，在這個時候，就已經註定了胡風的悲劇，因為他不適應黨的政策和黨的生活方式，而任何跟黨走的人，要麼是適應，要麼是淘汰，這個是自然界的規律，用在當時胡風他們身上，也是很合適的。同時這個也是胡風他們無法理解舒蕪解放後當了地方上行政領導後，為什麼會有那樣積極改

造自己思想的想法的，因為黨的政策還是以大局為主，提倡集體主義反對個人主義，這些都是沒有經過鬥爭的人所不能理解的。

　　錯誤地劃為胡風分子的劉雪葦，曾談到自己在延安時候揭發王實味的經歷，也能說明在當時為了黨的事業在鬥爭中揭露對方的錯誤和陰暗是非常正常的，並且都是責無旁貸、大義凜然的姿態：

　　1942年3月初的一個晚上，王實味到我住處來找我了。覺得有點突然：他是來表示「政見」的。一開始就說，中國大革命的失敗，要由史達林負責，不是陳獨秀負責。情緒激昂，語氣很重。我立即回答說：「不對！」我對他說，陳是黨的總書記，大家都聽他的。不管史達林怎樣，黨領導大革命，他領導黨，革命失敗了，他能沒有責任？再說，他的思想是資產階級革命歸資產階級所有，於是，「辦而不包」也好，「包而不辦」也好，都是機會主義，一定不可避免要把革命引向失敗。「三月二十日事件」表現得很明白，不管鮑羅廷說了什麼，對國民黨反動勢力退讓是他自己的思想。不僅毛主席們反對，連他的兒子陳延年也反對，他都不聽。所以說大革命失敗要他負責，並不冤枉。他沒有話了，情緒也沉靜下來，接著轉而談文學問題。他說，「左聯」提出「普羅文學」（普羅列塔利亞、無產階級）的口號是錯誤的，無產階級不可能有自己的文學。並且問我讀過托洛茨基的《文學與革命》沒有，我說，《文學與革命》早讀過了，1936年在上海還發表讀後感批評過。托洛茨基既把無產階級專政的過程想像得那麼短，（很快就世界革命成功，很快就消滅階級。）又把無產階級文學建設和成熟的過程想像得那麼長，（比如資產階級文學是百年以上。）便得出這個「不可能有無產階級文學」的錯誤結論。而且，當現在我們來談這個問題時候，無產階級文學不僅已經成立，而且已經成熟起來了，高爾基就是例證。他說：「但是《革命與文學》很有文采。」我說：「根本觀點錯了，文采還有什麼價值？越有文采越害

人。」他還強辯說：「不管怎麼說，托洛茨基總是個天才，值得崇拜。」我說：「是天才也不是崇拜的理由。『天才』要是發揮在壞事上，這個『天才』寧可沒有還好一點！」這樣，話不投機，便不歡而去。[28]

當時在他和王實味「爭論」的第二天或第三天，他就報告給了領導：

> 「爭論」的第二天或第三天，由於窯洞緊挨著經常見面，我就把夜來的情況、內容告訴了院秘書長、院黨委委員徐建生；兩個星期之後，院整風大會開下來，王實味路上很得意地對我說：「大家都擁護我，只有24票反對！」我明朗地告訴他：「我是24票之一！」回來，我問徐建生：「我告訴你和王實味爭論的事，你給李言（院黨委書記）講了沒有？」他回答說：「沒有。」於是，我又把月初和王實味來找我講話的內容對李言敘述了一遍。
>
> 　接著，大概是3月23、24日的傍晚，近黃昏時候，開了一次大會，羅邁主持，有外單位的代表參加，地點在北課棚外南側的小廣場上，羅邁要我首先發言，介紹這個爭論的內容。我便對大家把爭論的內容情況介紹了。[29]

在1992年12月寫的〈我和王實味〉一文中，劉雪葦懷著沉重的心情回憶了他和王實味的爭論以及自己的積極彙報，他在事件過去了近半個世紀後，對於王實味的被殺表示了自己的歉疚，並說自己要「承擔一定的歷史責任」。在時代大背景下，由於「左」的思想作怪，追求進步的、捍衛黨的利益的，都會這樣做，同時，他們這樣做也並不是為了個人，這又有什麼不能理解呢？解放區那時就風行的對思想

鬥爭毫不徇私情的做法，後來也被引進到了解放後的新中國，特別是到了「文化大革命」時期，動不動就在家人之間劃清界限，這種「革命」的方法，濫觴於延安時期的某些「左」的做法，到後來是青出於藍了。

胡風和胡風的朋友，大部分都是在國統區生活，雖然追隨共產黨，但對黨的思想運動，比如整風運動、改造運動的做法，缺乏切身感受，這個也是舒蕪1951年參加中蘇友好協會會議時在北京見到胡風和路翎他們的時候，聽見他們還在議論怎樣對付檢查怎樣對付領導提問時感到迷惑不解的。因為每次運動，大家都是真誠地投入到運動中去的，而胡風他們卻還是以狡辯者、對抗者的面目出現，這個對一個已經投身到革命中的人來說，是覺得不可理喻的。

關於解放後接連開展對胡風文藝思想批判，正如前面所說，胡風還錯誤地判斷為人事關係所導致，其實並不全是如此。不過，因為有了這些人事糾葛導致了具體執行者在處理胡風事件時存在著粗暴和不耐煩的現象，這個是存在的。

胡風和郭沫若、茅盾、周揚等人的關係在解放前就處理得非常不好，這個是眾所周知的，解放後這些人都是文藝界的領導人，如郭沫若當時擔任政務院副總理兼文聯主席、茅盾擔任文化部部長、周揚擔任中宣部副部長兼文化部副部長。關於胡風和這幾個人的複雜關係，這裡簡單敘說一下。

郭沫若，胡風早年曾經多次批判他的文章，甚至發動朋友批判他的文章，比如就曾經讓舒蕪寫文章批評郭沫若的「墨子」方面的觀點，後來這篇文章被黨的文藝領導壓下來了。胡風特別是對郭沫若作為繼魯迅之後的又一面旗幟的提法[30]，很不以為然，胡風對魯迅是尊重的，胡風認為郭沫若的善變和魯迅的韌的戰鬥是無法相提並論的。1927年，郭沫若擔任蔣介石總司令行營政治部主任，後來反蔣寫

過《且看今日蔣介石》；1937年9月23日應蔣介石之邀去了南京，見
了蔣介石後寫了《蔣委員長會見記》在報上發表，說蔣格外和藹。
那時，蔣介石也格外器重他，1939年7月郭沫若父親去世，蔣介石親
自發了唁電，送彩幛，並親筆題了「德育孔昭」四個大字，還送了一
副輓聯：「耄壽喜能躋，憂時何意成千古；中原終克定，告廟毋忘慰
九泉。」儘管很多人都知道郭沫若和魯迅的硬骨頭戰鬥精神有差距，
但黨中央和周恩來為了團結更多的國統區作家，認為應該在國統區樹
立一面旗幟來彙集更多的進步作家，而郭沫若資歷和成就是最為合適
的，加上郭沫若積極進步，所以選擇了由他作為繼魯迅之後的進步作
家的一面旗幟。抗戰時，郭沫若在第三廳負責時候，當時胡風經濟困
難，迫切需要工作，政治部要聘請一批設計委員，周恩來提了胡風的
名字，王明、郭沫若等人以胡風反對過「國防口號」否決了。在整肅
時胡風他們批評和批駁過郭沫若的文章，其中的過節也不少。

　　茅盾與胡風，他們之間在上海左聯和重慶的時就有很深的矛盾，
1936年1月魯迅請胡風幫他為茅盾長篇小說《子夜》英文版寫一篇介
紹性文字，胡風寫了，但在文字中說：

> 　　譯者還提出了茅盾的作風（Style）從《子夜》（以及他
> 的其他作品）的主題內容和作者的思想立場、感情態度看，特
> 別是從他對革命者、對女性的態度看，他是沒有超出自然主義
> 的風格的。我是不會不這樣回答問題的。
>
> 　　那麼，他「對於青年作家之影響」，我不會以為是積極
> 的，至少也不會以為是完全積極的。不僅是外國讀者，對中國
> 讀者評介《子夜》時也不能不採取批判的態度。
>
> 　　　　　　　　　　　　　　——胡風〈若干更正和說明〉，
> 　　　　　　　　　　　　載《魯迅研究動態》1982年第6期

在重慶時候胡風對茅盾的作品和茅盾所賞識的姚雪垠一直都在批評，尤其是對後者，曾經有過大批文章的「圍剿」。解放後一次文代會上茅盾領銜起草的關於國統區文藝情況的報告，裡面充滿了對胡風文藝思想的批評（後來，胡風在書信嘲笑茅盾為「編輯之官和小說之匠」[31]）。你來我往，兩人的積怨已經不是那麼容易化解了。有意思的是，時隔多年，在胡風為《新文學史料》撰寫《胡風回憶錄》時，第一頁就爆料茅盾的私生活，這個肯定是茅盾一直想回避的問題，茅盾在東京期間曾經和秦德君同居，後來是始亂終棄。——兩人結怨多深由此可見。

周揚，和胡風的矛盾是兩人在「左聯」工作時結下的，除了「民族形式」、「兩個口號」的爭論以外，還有穆木天指認胡風是南京派來的說法，也讓周揚一直不相信胡風，而尤其讓周揚不舒服的是魯迅的那篇〈答徐懋庸並關於抗日統一戰線的問題〉一文，文章中捍衛了胡風，卻稱他為「四條漢子」之一，把他釘在了恥辱柱上。解放後，周揚作為中央分管文藝界的領導，和胡風打交道最多，胡風一直認為周揚是在利用宗派和自己的獨立王國來壓制自己打擊自己。

第一次文代會期間，選出的主席團主席和副主席分別是郭沫若、茅盾和周揚，從宗派上來說，胡風是很難和這些人合作的。胡風自己是一個有比較嚴重的宗派思想的人，可解放後胡風一直說自己受周揚他們的宗派思想所害。不過，胡風和這麼多領導都沒有一個很好的關係，這也就註定了胡風要游離在領導層之外，因為根據黨的用人原則，一個人沒有群眾基礎，無法和人合作，那是無法使用的。

應該說，解放初期一直到1952年前後，當時的胡風還是很強勢的，就是胡喬木、周揚他們都還不至於會在報紙上公開批評胡風，至於周揚以下的人，就更沒有人敢利用職權來報私人恩怨了。胡風和周恩來的關係是眾所周知的，在武漢、在重慶的時候，很多文藝方面的

事情，周恩來都要藉助這個黨外的進步作家去做，並且兩人也結下私人友誼。另外，胡風和徐冰（當時的統戰部長）、陳家康（當時的外交部負責人）等早年在重慶工作的共產黨人的關係也很好，胡風並不是孤立無援的。

　　單純地把胡風解放後文藝思想受到批評這個事實歸結為宗派原因肯定是不對的，1952年夏周揚向周恩來檢討自己和胡風關係處理得不好時說，作為一個黨員作家，與胡風關係沒有處理好，他要負主要責任。作為黨員，這個認識是真誠的。但不可否認的是，在實際的批評過程中，有時候會有宗派主義情緒在裡面，這個是無須懷疑的。

　　同樣單純地認為解放後胡風文藝思想受到批評是因為舒蕪的那篇〈從頭學習〉引起的，也不正確，因為在這之前周揚、何其芳等人或寫文章或口頭，都在對胡風或者胡風的朋友進行了批評，那些文章中很多都和舒蕪的文章一樣，大都是點名胡風的朋友──點得最多的是路翎和阿壠，採取的是旁敲側擊的辦法，很少有直接將批評的槍口對準胡風的，但不點名的批評還是批評，文藝界的領導從沒有鬆懈過高度關注胡風文藝思想動態這根神經。

注釋 ━━━━━━━━━

1.胡風：《胡風回憶錄》，人民文學出版社1993年版，第328頁。
2.舒蕪：〈《回歸五四》後序〉，載《舒蕪集》（第8卷），河北人民出版社2001年版。
3.胡風：《致路翎書信全編》，大象出版社2004年版，第129頁。
4.轉引自李輝：《胡風集團冤案始末》，人民日報出版社1989年版，第106頁。
5.胡風：《致路翎書信全編》，大象出版社2004年版，第136頁。
6.胡風：《致路翎書信全編》，大象出版社2004年版，第130頁。
7.胡風：《致路翎書信全編》，大象出版社2004年版，第133頁。
8.胡風：《致路翎書信全編》，大象出版社2004年版，第133頁。
9.轉引自李輝：《胡風集團冤案始末》，人民日報出版社1989年版，第109頁。
10.胡風：《胡風三十萬言書》，湖北人民出版社2003年第56頁。

11. 錢理群：《1948天地玄黃》，中華書局2008年版，第144-145頁。

12. 舒蕪：《舒蕪致胡風書信全編》，東方出版中心2010年版，第188頁。

13. 胡風：《致路翎書信全編》，大象出版社2004年版，第134頁。

14. 曉風選編：《胡風家書》，復旦大學出版社2007年版，第280頁。

15. 胡風在信中說：「談到三花，是副部長級，而且，還要給他蓋座洋房呢！」見曉風選編：《胡風家書》，復旦大學出版社2007年版，第290頁。

16. 牛漢口述，何啟治、李晉西編撰：《我仍在苦苦跋涉——牛漢自述》，生活·讀書·新知三聯書店2008年版，第103頁、第104頁。

17. 舒蕪：〈《回歸五四》後序〉，載《舒蕪集》（第8卷），河北人民出版社2001年版，第281頁。

18. 舒蕪：《舒蕪致胡風書信全編》，東方出版中心2010年版，第103頁。

19. 胡風：《致路翎書信全編》，大象出版社2004年版，第134頁。

20. 曉風選編：《胡風家書》，復旦大學出版社2007年版，上面5封信，分別在第285、295、299、300、302頁。

21. 胡風：《胡風三十萬言書》，湖北人民出版社2003年版，第69頁。

22. 曉風選編：《胡風家書》，復旦大學出版社2007年版，第93頁。

23. 曉風選編：《胡風家書》，復旦大學出版社2007年版，第137頁。

24. 牛漢自述：「2004年，胡風女兒張曉風和我深談過一次。我認為涉及到毛的問題也不得回避，應該毫不含糊。她態度不一樣。我們談不攏。他們仍然認為胡風對黨、對毛一直是肯定的，這一點不能動搖。」牛漢口述，何啟治、李晉西編撰：《我仍在苦苦跋涉——牛漢自述》，生活·讀書·新知三聯書店2008年版，第117頁。

25. 舒蕪：〈《回歸五四》後序〉，《舒蕪集》（第8卷），河北人民出版社2001年版，第296-297頁。

26. 同上，第297-298頁。

27. 胡風：《胡風回憶錄》，人民文學出版社1997年版，第337頁。

28. 劉雪葦：《我和王實味》，載《新文學史料》編輯部：《歷史風濤中的文人們》，人民文學出版社2009年版，第310-312頁。

29. 同上。

30. 1938年夏中共中央根據周恩來建議，作出黨內決定：以郭沫若同志為魯迅的繼承者和中國文化界的領袖，並由全國各地黨組織向黨內外傳達，以奠定郭沫若同志文化界領袖的地位。參見艾克恩：《延安文藝運動紀盛》，文化藝術出版社1987年版，第293-294頁。

31. 胡風：《魯迅先生》，見《胡風全集》第7卷，第92頁。關於胡風與茅盾之間在文藝思想、彼此個性等矛盾，可參見王麗麗著《在文藝與意識形態之間：胡風研究》，中國人民大學出版社2003年版，第482-504頁。

第三章　進步的腳步並沒有停止

　　舒蕪解放後開始逐步拋棄自己過去錯誤的思想，張開懷抱擁抱著辯證唯物主義理論，他開始運用馬列主義觀點來看待問題。他在發表了〈從頭學習在延安文藝座談會上的講話〉一文以後，受到了胡喬木為首的文藝界領導的歡迎，他也成為了一個改造好了的知識分子。胡風嘲笑他是「汛雲兒」、「紅得很」[1]，是有一定的道理的，因為他代表了時代的新要求。

　　既然舒蕪改造好了，那麼就讓胡風和他的朋友通過舒蕪的現身說法的方式來改造。上面是這樣想的，也是這樣做的。於是舒蕪被約稿繼續撰寫關於胡風「小集團」的文章，這一次約稿是要求他寫胡風和胡風朋友必須要接受新社會改造的文章。寫好文章後，舒蕪又被要求進京參加胡風的文藝思想座談會。對於文藝領導人來說，他們的目的就是一個，通過舒蕪成功改造的事例來告訴其他還沒有改造好的人，如舒蕪那樣自我檢討和自我改造就能改造好自己。而此刻的舒蕪，抱著極大的熱情通過寫文章和參加座談會，來幫助以前的老師和朋友，他彷彿是一部分先富起來的人，他富裕後還想積極帶動那些還沒有富裕的人，一同走向富裕。

約稿導致又一次出手

　　舒蕪為什麼還不能收手，為什麼在前面一篇否定自己原來的文藝

思想的文章發表後不到一個月，他又開始了一篇新的文章呢？難道是蓄謀好了要投放連環炸彈嗎？很多人都在探討舒蕪寫後一篇文章的思想，對舒蕪一而再、再而三地攻擊胡風文藝思想的行為不理解。如果說前面一篇學習〈講話〉感想的文章，是在大家都必須表態的背景下舒蕪應該要有的應景式的表態，雖然文章中出現了他的兩位朋友，但整體上還是為了自己表態和過關，一般人都可以理解，那麼〈致路翎的公開信〉則是一篇純粹牽連到別人的文章，難道他真的是在藉別人的血來洗淨自己的手嗎？這裡最關鍵的是要清楚為什麼要寫這一篇文章，雖然有很多材料都曾經涉及，但很少有人說出文章出籠的始末。

聯繫到當時實際，就可以大致知道舒蕪為什麼還要寫這篇〈致路翎的公開信〉。這篇文章的出籠經過，舒蕪直到1989年才在他的〈《回歸五四》後序〉中說及，他說他是根據當時《人民日報》的約稿而寫的，不是自己主動要寫這篇文章的。這個說法比較可信，因為當時舒蕪在《人民日報》發表那篇檢討文章後，影響很大，胡喬木的特別看重就是明證之一，現在為了製造更多的打擊胡風和胡風朋友的「炮彈」，約稿舒蕪應該是正常不過的事情。

據舒蕪自己說：

〈從頭學習〈在延安文藝座談會上的講話〉〉的發表，在南寧似乎沒有什麼實際影響，只記得有一個老幹部說：「你的文章，好在用實際工作中的體會，來解決自己的思想問題；至於作為工作體會本身，還是比較淺的。」可見他所關心的還是實際工作，並不重視文化思想方面，此外不記得有誰同我談過這篇文章的事。

這時，《人民日報》來信約稿，要我接著寫一篇較詳細的檢討與批評文章。我不想寫成正式的批評與檢討的模樣，覺得這本來也還是朋友間討論爭論的性質，乃於1952年6月22日寫成了一篇〈致路翎的公開信〉，信中談了五個問題。[2]

　　本來是約他寫自己的檢討和批評文章，但他表現得更加積極，不想寫成一般的批評和檢討的模樣，這一積極就把好朋友路翎帶上了。這篇文章在1952年6月22日寫成，據舒蕪說是在9月11日改訂，而實際發表日期卻是當年的9月25日，中間3個多月的時間裡，9月5日也就是胡風思想座談會前一天，這篇文章的列印稿給了胡風看，當時舒蕪已被邀請馬上要到北京來參加胡風文藝思想座談會，後來這篇文章也給了來參加胡風思想座談會的路翎看，胡風和路翎都參與了對這篇文章的討論，並且都留下了當時的討論記錄，可見當時舒蕪寫好後還吸收了胡風和路翎的意見，並對已經寫好的文章做了一定的改寫和修訂。

　　有些人以為舒蕪在寫好上面一篇文章後，為了進一步撈取好處，主動乘勢再追。這個說法是不妥的，在胡風給路翎的信中，胡風說了舒蕪寫這篇文章的緣由：因為「二、他這是從《祖國》受伐為近因的。看樣子，要當作起家資本。這封〈信〉（引者注：指〈致路翎的公開信〉）如出來了，非嚴正地對之不可。在上面，當然當作意外收穫。曾由武漢轉信他，要他深入地寫一寫，他就這樣『深入』了。上次的『按』，一般影響都不好，那麼，一不做二不休，發表的可能性是很大的。」[3]胡風在信裡說是由武漢轉約稿信給舒蕪的，可見這篇文章確實是一篇約稿。

　　雖然不是舒蕪主動出擊，但〈從頭學習在延安文藝座談會上的講話〉發表後引起了巨大反響，特別是文章被《人民日報》轉載並加了編者按，把調子提上來，看到「以胡風為首的文藝上的小集團」帽子扣在的胡風頭上，當事人舒蕪怎麼想的呢？

　　我當時一方面能體會到這些謹慎措詞的用意（引者注：指胡喬木在編者按裡，用了「提出批評」而不是「檢討」等詞），覺得上面還是「與人為善，治病救人」的態度，因此自己應該更加下決心繼續檢討錯誤，沿著改造思想的道路再往下走。勉勵自己要進一步提高認

識，認真思考「以胡風為首的文藝上的小集團」的問題；另一方面，老實說也有點後悔，覺得畢竟搞出一個「小集團」的概念，影響太大了，腦子裡不能接受這種上綱上線的提法。可那個時候的社會思想狀況明擺著，也不可能有什麼補救措施。反過來想想，《人民日報》說的話，個人還能有什麼辯解的？再說你找誰去辯解？怎麼辯？所謂「小集團」又不是什麼軍事組織，它不過是一種認定，認就認定吧，本來我對於我們的內部「小圈子」的宗派傾向，就一直有感覺，也曾經跟胡風提過的。[4]

舒蕪對《人民日報》的提法，雖有小小疑惑，但原來心裡就認為胡風有小圈子，《人民日報》一說，他也就心悅誠服地接受了；不僅如此，他還從社論中感覺到了自己和《人民日報》的差距，要進一步提高認識，下決心繼續檢討自己的錯誤。這一積極，使得這篇進一步檢討的文章，標題就與眾不同。

1952年9月25日，舒蕪的〈致路翎的公開信〉發表了，舒蕪的這篇文章，其正文內容主要分為五個部分，在正文前有幾段文字舒蕪交代寫此信的目的，很值得一讀：

> 路翎：
>
> 　　作為一個曾在錯誤的道路上同行了好久的老朋友，我寫這封信給你。
>
> 　　對於我們過去在文藝上所走的道路，解放三年來，在黨的教育之下，從實際工作中反覆思索，今天，我已經能夠毫不猶豫地斷言：那是根本錯誤的，是與毛澤東文藝路線背道而馳的。我們曾經長期地宣傳它，在當時國民黨統治區的一部分小資產階級知識青年當中，有過相當的影響。其結果，主要的就是脫離群眾，脫離實踐，拒絕思想改造，反而要通過文藝，按

照小資產階級的面貌來改造世界。因此，今天我們不可逃避的責任是：一定要把它擺到群眾面前來，徹底地清算它。

從去年年底開始，從幾種報刊上面，連續看到一些對你的批評。這說明瞭你在解放以後，還在發展著過去的錯誤，到了極嚴重的程度。所批評的你那幾本最近出版的書，我都沒有看過。但是，我相信是批評得對的。因為，你的那一套思想，曾經是我們共同的東西。我早就期待你公開地表示態度，坦白地承認錯誤，誠懇地接受真理。直到現在，你還是緘默。我願意相信你是在深刻的檢討過程當中，希望這封信可以幫助你在黨的教育之下早日得到應有的結論。

我們過去在錯誤的道路上，曾經是最親密的朋友。讓我們在真理的道路上重逢，重新攜手前進吧！

這封信的開場白寫得情真意切，既有坦誠地承認錯誤——你的那一套思想是我們共同的東西，也有對最親密朋友的委婉的規勸——期待你公開地表示態度，坦白地承認錯誤，誠懇地接受真理。在開場白後，舒蕪列出了路翎思想上存在的五個問題，第一個問題是：「我們過去一切錯誤的出發點，是硬要把自己傾向革命的小資產階級個人主義追求過程，當作『正確』的革命道路。」第二個問題是：「我們為了辯護自己，不僅把群眾自發的革命要求，誇張為革命的基本動力，否定了黨的領導，而且照自己的面貌去塗改群眾的面目。」第三個問題是：「我們為了援引同調，辯護自己，不但歪曲了群眾的面貌，而且塗改了歷史的真實。」第四個問題是：「我們在文藝思想上，根據資產階級思想體系的指導，形成了按照小資產階級面貌來改造世界的完整的一套。」末後第五個問題是：「我們的錯誤思想，使我們在文藝活動上形成一個排斥一切的小集團，發展著惡劣的宗派主義。」

關於第一個問題和最後一個問題，舒蕪後來說：

第一個問題是：「我們過去一切錯誤的出發點，是硬要把自己傾向革命的小資產階級個人主義追求過程，當作『正確』的革命道路。」這是接受了1945年胡喬木的批評，當時他說的是：「毛澤東同志對於中國革命的偉大貢獻之一，是把小資產階級的革命性同無產階級的革命性區別開來，而你恰恰是把兩種革命性混淆起來。」末後第五個問題是：「我們的錯誤思想，使我們在文藝活動上形成一個排斥一切的小集團，發展著惡劣的宗派主義。」這是接受了《人民日報》按語中關於「小集團」的提法。這裡「發展著惡劣的宗派主義」，是對於「小集團」的說明，猶言「小集團」即是「宗派主義」的體現。這在邏輯上是顛倒混亂的，因為「小集團」通常比「宗派主義」嚴重，並不是同一件事情。這種邏輯上的顛倒混亂，反映出我雖接受了「小集團」的提法，而真正的認識，還只認識到「宗派主義」的程度。但不管程度如何，我是對於從1945年到1952年的批評，表示了全盤接受。這封公開信，後來於9月11日改訂，改在《文藝報》上發表。[5]

在這篇文章中，舒蕪和胡風的文藝思想做了徹底的決裂，在文中指出了「我們過去」的錯誤所在，並且還一一指出了這些錯誤所帶來的危害，最後是要在黨的教育下，在真理的道路上重逢。

當時發表這篇文章的時候，《文藝報》又加了編者（人民日報）按：

曾於六月八日刊載了《長江日報》上舒蕪的〈從頭學習在延安文藝座談會上的講話〉一文。在這篇文章中，舒蕪檢討了他於一九四五年發表在《希望》上的〈論主觀〉一文的錯誤觀點。這種觀點表現在文藝創作上，是片面地誇大「主觀精神」的作用，追求所謂「生命力的擴張」，而實際上否認了革命實踐和思想改造的必要。《希望》這

個刊物是以胡風為首的一個文藝上的小集團所辦的；舒蕪自己所指出的錯誤，其實是這個小集團所共同的。舒蕪曾在檢討中說：當時還有幾個人，都曾經有同樣錯誤的思想，並指出路翎就是其中的一個。

對於路翎的一些作品和對於這個小集團的錯誤思想，在報紙刊物上曾先後進行過一些批評。這裡發表的舒蕪的〈致路翎的公開信〉，進一步分析了他自己和路翎及其所屬的小集團一些根本性質的錯誤思想。這種錯誤表現在：以小資產階級的個人主義的「鬥爭」當作革命道路，而否認工人階級的領導，片面地、過分地強調「主觀作用」，實際上這「主觀」卻是小資產階級的主觀，其實就是強調小資產階級的作用，企圖以小資產階級的面貌來改造世界。這種錯誤思想，使他們在文藝活動上形成一個小集團，在基本路線上是和黨所領導的無產階級的文藝路線──毛澤東文藝方向背道而馳的。我們發表這封公開信，目的是幫助路翎等人檢查自己的文藝思想，改正自己文藝思想上的錯誤傾向。

從上面的編者按來看，這次依然是將胡風和他的朋友定位在「文藝活動上形成一個小集團」，和上一篇文章相比，這一編者按並沒有把問題升級。批路翎就是批胡風，所謂的幫助路翎其實也是在幫助胡風，在胡風看來就是這樣，因為胡風和路翎的個人關係非常好，如前所說，1949年5月下旬，南京一解放，路翎就在胡風的推薦下，很快到南京軍管委文藝處工作了，並擔任文藝處創作組組長，享受供給制待遇。1950年3月6日，胡風又推薦路翎到中國青年藝術劇院工作，路翎由南京調到了北京，他先是擔任創作組組長，後來改任副組長。胡風除了在生活和工作上對路翎極力照顧外，在文學創作上也盡力指導著路翎，在胡風致路翎的書信裡，我們可以看到胡風經常指點著路翎怎樣去創作，周揚就曾經說過，路翎的作品是胡風文藝思想的體現。胡風在後來的書信中也毫不避諱地說，批評路翎是表面的，實質是在

批評他。後來胡風到北京開胡風文藝座談會時候，胡風在1952年9月14日致梅志信裡就說：「他的公開信，那個《報》，下期要發表了。裡面明打嗣興，暗殺我，造謠污蔑，陰毒得近於畜生。最最無恥的是：說〈論主觀〉是和嗣興「合作」寫出來的。還有其他的他的論點，也說是從嗣興得來的。把他自己說成一個受了毒害的人了。」[6]

舒蕪當然不會不知道這些利害關係，但於舒蕪來說，他的革命功利心讓他急切地希望以前的朋友能和他一樣發自內心地來檢討自己，跟上新的時代步伐，所以先富裕起來的他不忘鼓勵和幫助胡風和路翎，似乎要爭取一起過上富裕的生活。1952年9月7日舒蕪來到了北京，除了寫文章幫助以外，這次他又應中宣部之邀，來到胡風文藝思想座談會現場，要面對面地幫助他過去的師長和朋友。

雖然舒蕪的文章寫得並不深刻，但舒蕪的這篇文章對胡風和他朋友的打擊非常大，原本是內部陣營的人，現在選擇了決裂，並且從自身角度來指出這些文藝思想的缺點和危害，這個比周揚、何其芳等人批評的力度都大，命中力殺傷力也更高更大，傷害程度也更大。

這裡也有一個非常有趣的現象，當時的胡風是一個資訊非常靈通的人，舒蕪在1952年6月22日寫成的文章，胡風在6月30日就在信裡告訴了路翎說舒蕪在寫這篇文章，並且對文章大致內容和基本字數有了一定的瞭解。1952年6月30日胡風給路翎的信中說：「一、無恥已寄一篇二萬字的致某青年小說家的公開信到人民日報。當會在那個《報》上發表的罷。以廣見聞，不知道能打聽其中的大意否？某小說家當準備作答罷。」[7]在信裡胡風還要求路翎要嚴肅認真地對待舒蕪批評這個事情，要做背水一戰的準備，不得大意。

在舒蕪寫這封信之前，當時武漢的胡風朋友就勸過舒蕪，告訴他如果自己要檢討那就檢討自己，但犯不上在檢討中牽涉別人，這些話都是忠告，可惜當時的舒蕪一心要積極革命，對於朋友的勸告，對於

有些事情的後果還是想得太少。在那個特定的年代，很多人都有時時矛盾著鬥爭著的兩性，一是政治性，一是人性，在那個狂熱的年代，很多人都表現出了熱衷政治性的一面，把人性都當成落後的東西拋棄了。此時的舒蕪政治性完全替代了自己的人性，所以他不覺得自己做得有什麼錯，甚至還認為自己是在熱心地幫助過去的那些朋友。

舒蕪的〈致路翎的公開信〉還沒有出來，就已經讓胡風和他的朋友感到了焦慮，他們不知道舒蕪在這封信裡將要公佈新的東西來。9月5日胡風終於看到了這個列印稿，路翎後來也看到了，他們對文章中一些內容提出了疑義。

鬧心的事接二連三

1952年，除了舒蕪在《人民日報》和《文藝報》上兩篇文章的事情讓胡風鬧心外，胡風還遇到了很多煩人的事情。

1952年4月下旬，周揚出差來到上海，當時的上海市委宣傳部副部長彭柏山在公務之餘，帶著周揚去了胡風家裡做私人拜訪，並且在胡風家吃了飯。彭柏山之所以帶周揚去胡風家，主要還是想幫助胡風，如前面所說，胡風解放後的處境並不是很好，主要原因就是他的文藝思想問題，所以他本意想帶周揚去和胡風面談一下，希望兩人能夠很好地溝通一下，畢竟周揚當時是文藝界的領導。然而這次會談並沒有取得化解積怨的作用，相反，舊恨未去，新仇又來。胡風在後來的《三十萬言書》裡，簡單地敘述了這次見面談話的經過，但胡風強調說「周揚同志斥責我是『抽象地看黨』，嚴厲地斥責我是個人英雄主義，說我把黨員作家批評『盡』了，但又指責我和重慶的『才子集團』（指喬冠華等同志）的親密關係」。這裡可以看出，這次他談話的口氣是很傷害胡風的，兩年以後，胡風還是記得當時的「斥責」、

「嚴厲斥責」和「指責」。這次見面，周揚告訴胡風，他回去和大家商量下，到時間再約胡風到北京談一談。[8]

從周揚對自己的態度，胡風覺得自己在周揚的領導下，肯定是沒有出頭之日的，當時的胡風就是覺得周揚之所以這樣對待他，就是宗派主義作怪，是打擊報復。見面之後不久，也就是1952年5月4日，胡風提筆給毛澤東和周恩來寫信了，要想依靠周揚解決自己的問題，胡風覺得是沒有可能的，他只有給最高領導人寫信了，他要指出當前文藝存在的嚴重問題，他要告訴他們在周揚這些人領導下文藝是沒有出路的。胡風寫這封信前和彭柏山通了氣，彭柏山覺得這個信沒有什麼意思，甚至還可能有不好的效果，他說：「人家當家，要錯了也錯下去，發現了以後再來改，不要別人插嘴的。」胡風本來應該是想寫周揚的作風和宗派主義的，聽彭柏山一說，頓覺自己是書生，所以在報告中主要地談了自己的工作問題，但還是不小心流露出了自己的不滿。據《周恩來年譜》1952年7月27日中記載，這次胡風除了給周恩來的書信，還有一個附件，這個附件是〈《文藝報》通訊員內部通報〉，裡面發表了要求公開批評胡風文藝思想的讀者來信。[9]

此時，彭柏山提醒胡風，這次的文藝界整風文藝界人士都在寫學習〈講話〉的心得。胡風覺得這個寫不寫有什麼關係，學習了就學習了，彭柏山告訴他不是簡單地寫心得體會，而是在這次思想運動中表態，胡風才知道這個文章並不是簡單的學習體會。胡風聽從彭柏山的建議，寫了一篇〈學習，為了實踐〉，此時正好彭柏山去北京開會，胡風就請他帶到北京去給周揚看看是不是能通過，在這前後胡風還不滿於周揚的態度，寫信去給最高領導人呢。人在屋簷下，胡風很委屈。彭柏山除了帶了胡風這篇學習〈講話〉的體會文章，還幫胡風帶了一封信去給周揚，信中主要是針對6月8日《人民日報》上轉載的舒蕪的文章所加的按語，胡風表達了自己對這個按語的惶恐之情，他

說他對按語中關於「以胡風為首的一個文藝上的小集團」說法感到不知如何是好。1952年7月初，也就是舒蕪的第二篇文章正在北京審稿的時候，周揚回信了，他告訴胡風，他看了彭柏山帶給他的文章和書信，但他認為胡風寫的學習心得無法發表，因為他沒有在文章中作出自我批評，說文章不宜發表。周揚還通知胡風，讓他去北京參加胡風文藝思想討論會。胡風文藝思想座談會的召開其實還是胡風給毛澤東和周恩來的那封信起了作用，周恩來看信後認為可以通過討論幫助胡風認識自己的文藝思想，在周恩來的建議下，周揚給胡風發出了邀請，邀請胡風到北京來參加胡風文藝思想座談會，以此來幫助胡風認識自己的文藝問題。胡風得到通知後，7月19日從上海啟程去京。

就在去北京的時候，又發生了一件讓胡風很生氣的事情。1952年4月的〈《文藝報》通訊員內部通報〉十五號、十六號上，曾有兩篇讀者來信，要求批評胡風文藝思想，5月4日胡風在給毛澤東和周恩來的信裡，把他們在這個刊物上發表的要求批評他文藝思想的事情告訴了最高領導人，並把其中一本作為附件送給了周恩來。現在《文藝報》又發表了兩封「讀者來信」，其中一封就是他在上封信上寫到的那封，另外又換了一封。

胡風準備去京前夕，7月10日，胡風看到了《文藝報》1952年第13號「讀者中來」欄目上登載了一位名叫王戟和一位叫苗穗的讀者來信，很是光火。王戟在他的〈對胡風文藝理論的一些意見〉這封信中，批評胡風說：胡風在1948年給《詩聯叢刊》寫過一篇文章〈給為人民而歌的歌手們〉，裡面這樣寫道：「哪裡有生活，哪裡就有鬥爭，有生活有鬥爭的地方，就應該也能夠有詩」，「人民在哪裡？在你的周圍。詩人的前進和人民的前進是彼此相成的。起點在哪裡？在你腳底下。哪裡有生活，哪裡就有鬥爭，鬥爭總要從此時此地前進。」王戟說胡風這篇文章對社會的危害很大，它恰好給一部分知識

分子沒有勇氣投身群眾鬥爭的弱點作了辯護，企圖這樣使自己脫離實際、脫離群眾的現狀合理化。這實際上反映並滿足了中產階級、小資產階級出身的作家和文藝青年那種脫離實際、逃避鬥爭的動搖性格，阻撓了他們走向鬥爭和認真改造思想的道路。另外，王戟在他的來信裡還說胡風在他的文藝理論裡經常強調所謂作家「主觀戰鬥精神」，這個與上面所摘引的「哪裡有生活，哪裡就有鬥爭，就應該也能夠有詩」在理論上是一致的。「這是偽裝成馬列主義理論的反動的唯心論觀點在文藝理論上的反映。它曾對很多文藝青年發生了影響，現在還在繼續發生著影響。我迫切地要求對於這些錯誤的文藝理論進行批判！」分析得如此透徹，一看就知道這個讀者不是一般的人。

另一封信的作者苗穗在他的《改變對批評的惡劣態度》信中說，胡風在《為了明天》一書的〈校後附記〉中，將《香港文藝叢刊》中邵荃麟和何其芳對他的某些文章的觀點的批判作為主要的問題提了出來，因此感到「胡風對問題（即所謂《主觀論》）本身的討論沒有提出明確的意見」，對別人的批判卻「採取了諷刺打擊、旁敲側擊、摔回馬槍的庸俗的做法」。胡風如果在改造思想的同時，還戀戀不捨地計較過去的「戰績」，認為很少有值得「清算」的，那麼，「吃虧的不是別人，而是自己」。

胡風覺得去參加胡風座談會前，還沒有得出他的文藝思想有問題的結論，竟然就有人在報紙上寫信說要批評胡風文藝思想，這一切，他不知道是不是人家預謀好的。在這個時候公開發表這樣兩封「讀者來信」，顯然不是那麼簡單的，甚至可以說是有政治背景的。這個「讀者來信」讓胡風很無奈，辯駁是不可能的，因為一辯駁就被人抓住了言辭作為容不得批評的證據，不辯駁又無非是在煽動群眾或者文藝界人士來批評胡風。

早在1950年4月19日，中共中央作出決定，要求報紙刊物要掀起

一個新的批評和自我批評的高潮，於是頒布了〈中共中央關於在報紙刊物上展開批評和自我批評的決定〉。這個決定是中國共產黨為加強黨執政後的自身建設而採取的一個舉措，是對七屆二中全會中毛澤東強調的「我們有批評和自我批評這個馬克思列寧主義的武器。我們能夠去掉不良作風，保持優良作風」會議精神的落實。關於在報紙刊物上展開批評和自我批評的重要性，〈決定〉明確指出：其一，我們的黨已經領導著全國的政權，我們工作中的缺點和錯誤很容易危害廣大人民的利益，而由於正確領導者的地位，領導者威信的提高，就容易產生驕傲情緒，在黨內黨外拒絕批評，壓制批評。在報紙刊物上展開批評和自我批評，是鞏固黨與人民群眾的聯繫、保障黨和國家的民主化、加速社會進步的必要方法。其二，人民群眾能夠自由地在報紙刊物上發表他們對於黨和人民政府的批評和建議（雖然這些批評和建議並非完全成熟和完全正確），有利於提高他們的覺悟性和積極性，吸引他們踴躍參加國家的建設事業。其三，吸引人民群眾公開在報紙刊物上公開地批評黨和人民政府工作中的缺點和錯誤，並教育黨員，特別是黨的幹部在報紙刊物上作關於這些缺點和錯誤的自我批評，在今天是更加突出地重要。其四，黨中央要求：各級領導機關和幹部，對於反映群眾意見的批評必須採取歡迎和堅決保護的態度，反對對群眾批評置之不理、對批評者實行打擊報復、嘲笑的官僚主義態度。〈決定〉強調指出，如果我們對於我們黨的人民政府的及所有經濟機關和群眾團體的缺點和錯誤，不能公開地在全黨和廣大人民中展開批評與自我批評，我們就要被嚴重的官僚主義所毒害，不能完成新中國的建設任務。

　　當時，為了保障這個決定的實行，還規定了幾條紀律：

　　凡在報紙刊物上公布的批評，都由報紙刊物的記者和編輯負獨立責任；讀者來信中的有益批評，凡報紙刊物能判斷其為真實者，應當

加以發表；投書者應將真實姓名住址告知報社，但報社得依投書者的要求代守祕密；批評在刊物上發表後，如完全屬實，被批評者應即在同一報紙刊物上聲明接受並公佈改正錯誤的結果；如有部分失實，被批評者應即在同一報紙刊物上作出實事求是的更正，而接受批評的正確部分。被批評者拒絕表示態度，或對批評者加以打擊，即應由黨的紀律檢查委員會予以處理。上述事件中觸犯行政紀律和法律的部分，應由國家監察機關和司法機關予以處理。

當時決定一頒佈，一時間文藝界和辦刊人士也加入了批評和自我批評的行列，紛紛在報紙刊物上進行批評和自我批評。當時的報紙刊物紛紛自我檢討，主要檢討的是自己刊物的辦刊方針和工作上的失誤，《文藝報》和《人民日報》率先回應，各自在刊物上發表編輯部的自我檢討，隨後地方報紙刊物也紛紛開始了檢討，《長江文藝》、《說說唱唱》、《人民美術》、《文藝學習》、《人民戲劇》、《河北文藝》，等等，全國各地的報紙刊物都紛紛地自我檢討起來。與此同時，作家之間對各自的作品也進行了批評和自我批評，一般的報紙刊物上都設有「檢討與批評」之類的專欄，作家們都本著幫助別人的目的，紛紛地在互相「揭短」，如鄧友梅批評《說說唱唱》這個刊物上發表的《金鎖》，刊物主編趙樹理誠懇地接受批評，並向社會做了檢討，企霞批評了碧野的《我們的力量是無敵的》，等等。

對待這些「讀者來信」是不能不小心的。1951年12月3日，《人民日報》「讀者專欄」上發表了一篇〈上海華東交通專科學校存在混亂現象〉，批評了他們學校花錢建大禮堂，極盡鋪張浪費，卻不設法去改善教學條件和更新教學設施。校方看到這篇文章後，彙報給了校長黃逸峰，黃逸峰當時是華東軍政委員會交通部部長兼黨委書記，他是兼任了這個下屬學校的校長一職，黃指示追查寫信人，寫信人福建籍學生薛某承認了自己是這篇文章的作者，於是黃和學校一批人就逼

迫這個學生退學。面對學校的壓力，這個學生又投書《人民日報》請求幫助，後來《人民日報》把材料轉給了中共中央華東局辦公廳處理，後來在華東局紀律檢查委員會與有關部門的查實下，確認了他們存在打擊報復行為，而校長黃逸峰卻傲慢地不理會檢查組的要求他們停止報復行為的意見，後來檢查組向中央彙報，毛澤東知道黃壓制批評後，作了批示：輕則開除黨籍，重則交人民公審。後來黃被開除黨籍並撤銷了主要行政職務，當時他成為了壓制群眾批評的典型。[10]

　　解放初期，百廢正興，很多舊的思想、舊的痕跡，甚至一些舊人，都被追求新社會新思想新生活的人所批評，而批評的目的就是為了更好地治病救人，就是為了更好地迎接新社會建設新社會。從當時的黃逸峰事件，很多人認識到批評和自我批評是幫助改進自己工作的一個重要途徑，而壓制批評是萬萬不可的。一封「讀者來信」沒有處理好，導致一個老革命下臺，當時的胡風還住在上海，對於發生在上海的這件事情，應該有所耳聞，因為黃逸峰事件是轟動一時的典型事件，是一件驚動了毛澤東的大事件。現在他要去北京參加胡風文藝思想座談會，會前發表這樣的讀者來信，胡風認為這個是在有意向他傳遞一個信號，那就是座談會就是批評胡風文藝思想的。

　　關於胡風寫給毛澤東和周恩來的信原件，至今沒有看到，但周揚的針對胡風寫給毛澤東和周恩來的信，寫了一封信給周恩來，從這裡我們依稀知道了這個事件的原委。

　　總理：

　　　　翰笙同志把胡風寫給您和主席的信，給我看了。信中提到我在上海和他的談話。我感覺他似乎故意將我的話曲解（也許是因為他的神經質的敏感的緣故），把理論上的原則爭論庸俗地理解為無原則的人事問題。

　　現在，我把我在上海和他談話的經過，及對他的問題的處理意見報告如下：

　　我四月下旬到上海，彭柏山同志（現任華東文化部副部長，過去和胡風關係較好）即告我，胡風知道我來，很願和我見面。我和柏山，一道親自到他家裡，吃了飯，談了有三個小時之久。我指出他在政治上一向是跟黨走的，在文藝事業上做了不少工作，他的工作態度也是認真的，但他的文藝理論是有錯誤的。主要是片面地強調所謂「主觀精神」，實際上就是拒絕小資產階級知識分子作家到工農群眾的實際鬥爭中改造自己。在這個基本點上，他的理論是和毛主席的文藝思想正相違背的。此外，我指出他在文藝理論上十分輕視自己民族的傳統。他很激動的把《文藝報》的一期內部通訊及編者按語給我看，他認為《文藝報》的這種作法是無理的。我說我因一個時期不在北京，沒有看過這個按語，但我認為這個按語是正確的。他又談到您給他談過他跟別人不合作的問題，他說他一向都是和我們合作的。我說事實並不是如此，我現在不談我們兩人之間過去的關係，這已是近二十年前的舊事了，在這個問題上，我作為黨員應當負更多的責任。我只提兩次文藝上的爭論：一次是一九四〇年左右關於民族形式的爭論。他把我們共產黨作家和當時被疑為與國民黨有聯繫的向林冰相提並論，左右開弓，而他的整個觀點是反對民族形式的。另一次是一九四七年－四八年關於「主觀問題」的爭論。他不但沒有很好地考慮共產黨員作家（這些作家過去又都是和他比較接近的）對他提出的批評意見，相反，對這些善意的批評採取一律罵倒的態度。我根據這兩件事實說明，他不但在理論上是錯誤的，在態度上也是不夠合作的，（注：這裡有一句話字跡不

清）我在上海和他的談話，全部內容就是如此。

上海文藝整風開始的時候，夏衍同志曾問及對胡風如何處理。我寫信給夏衍、柏山同志，主張積極吸引他參加學習並對領導提批評的意見，然後採取適當方式，對他的文藝思想進行批評，幫助他作自我檢討。他在整風中寫了一篇紀念延安文藝座談會講話十周年的文章，其中對自己的文藝思想毫無批判，此文，上海方面沒有發表。對胡風理論的批評，上海方面表示困難，沒有進行。同時，北京《人民日報》發表了舒蕪的自我檢討的文章，按語已正式提出胡風理論錯誤的問題，最近《文藝報》發表了有關胡風思想的兩封讀者來信，胡風更急切地要來北京，而這個批評的工作，也只有由北京來做了。他於19日到京，現住文化部。我已和他談了一次話，我表示希望他能對自己過去的理論採取客觀的批評的態度。我們準備由中宣部先召集少數黨內的文藝幹部討論胡風的理論，指定林默涵為中心發言人（他正在準備），雪峰、丁玲等同志都準備發表意見，黨內討論意見一致後，即如開討論胡風理論的小型文藝座談會，由胡風首先作自我檢討性的發言（我已告他準備，估計他的自我批評不會很好），然後大家發表意見，進行辯論。批評的文章，選擇一兩篇好的在報上發表。如果他的發言有較好的自我批評，也可能發表，我們當努力爭取他轉變和改正自己的錯誤。

以上意見是否妥當，請示知。

此致布禮

周揚，七廿三[11]

胡風給周恩來的這封信，最後轉到了周揚那裡，周揚也看到了。這裡也反映了胡風在政治上的幼稚，以為寫給領導的信其他人看不到，事實上，他不知道這些信會轉給其他領導人圈閱的。還有，胡風一直以為他在解放後的境遇不佳是因為胡風等宗派主義導致的，周揚在上面給周恩來的信裡說了真實的原因——胡風的文藝思想和毛澤東的文藝思想相違背，這個應該說是最主要的。另外，周揚也主動承擔了黨員作家沒有團結還胡風的責任，應該說姿態還是比較高的。不可否認，就是這封告御狀的信，從此讓胡風和周揚的關係更加難以調和，周揚對胡風的所言也更加不相信了，也是從這封信開始，周揚接過了胡喬木批評胡風的接力棒，以後批評胡風文藝思想的任務都是由周揚來安排。

4天後，周恩來針對周揚的信，做了如下批示：

> 周揚同志：
>
> 　　同意你所提出的對胡風文藝思想的檢討步驟，參加的人還可以加上胡繩、何其芳，他們兩人都曾經對胡風進行過批評。不要希望一次就得到大的結果，但他既然能夠並且要求結束過去二十年來不安的思想生活，就必須認真幫助他進行開始清算的工作。一次不行，再來一次。既然開始了，就要走向徹底。少數人不成功，就要引向讀者，和他進行批評鬥爭。空談無補，就要把他放在群眾生活和工作中去改造，一切都試了，總會有結果的。
>
> 　　　　　　　　　　　　　　　　周恩來，七月二十七日[12]

在給周揚信做批示的同時，周恩來也給胡風寫了一封信，這封信既可以看作是對胡風5月4日寫給他的信的回信，也可以看作是他對胡

風的期盼：

胡風同志：

五月四日你給我的來信和附件均收閱。現知你已來京，但我正在忙碌中，一時尚無法接談，望你與周揚、丁玲等同志先行接洽，如能對你的文藝思想和生活態度作一檢討，最好不過，並也可如你所說結束二十年來的「不安」情況。

舒蕪的檢討文章，我特地讀了一遍，望你能好好地讀它幾遍。你致毛主席的信我已轉去。

致以敬禮

周恩來，七月二十七日

周恩來在一天裡給胡風和周揚都回了信，並且對周揚利用召開座談會的方式幫助胡風檢討文藝思想的做法表示了肯定；在給胡風的信裡，他希望胡風能在文藝思想和生活態度上做出檢討，暗示他只有檢討好了才能結束這種不安的生活。胡風的生活態度問題，實際上就是他對其他同志的態度，在周恩來的信裡，周恩來還交代了胡風檢討和結束自己「不安」生活的途徑：只有如舒蕪一樣地檢討，他才能結束。

胡風的5月4日的信，2個多月後周恩來才回信，並且是公開答覆一樣，因為給胡風的信是由周揚轉交的。

四次胡風文藝思想座談會

1952年9月6日開始，一直到1952年12月下旬，在東總布胡同丁玲的住處，在3個多月的時間裡，陸續召開了四次胡風文藝思想討論

會。為了幫助胡風，他們還請舒蕪來北京幫助胡風解決自己的思想問題，在舒蕪來到北京之前，胡風文藝思想座談會已經開過一次。舒蕪在北京期間，一共參加了三次胡風文藝思想座談會，這三次會的參加者先後共有二十一人：周揚、林默涵、何其芳、胡繩、邵荃麟、陽翰笙、馮雪峰、艾青、田間、王朝聞、葛琴、王淑明、周立波、陳企霞、張天翼、蕭殷、陳湧、胡風、路翎、舒蕪，座談會主持人都是周揚。

關於這四次座談會，胡風在他的《三十萬言書》中有比較詳細的記載，中宣部也有為這次座談會寫下的情況彙報，舒蕪還有在這次座談會期間寫下的日記，大體來說對過程的描述都差不多，但因為站的角度不同，記述的文字偶然會對辯論的對方流露出不滿和指責的地方，但這四次座談會的經過還是依稀可見：

9月6日召開第一次座談會，按照周揚原來安排：「由胡風首先作自我檢討性的發言（我已告他準備，估計他的自我批評不會很好），然後大家發表意見，進行辯論。」本來大家是想聽聽胡風對自己錯誤的認識和檢討的，但胡風在第一天會上先是就《文藝報》上的「讀者來信」做了一點說明，說明的結果是，根據他的認識他認為自己還沒有到那篇文章所說的結論那樣。接著，胡風謙虛地表示希望同志們幫助，因為他說他自己抓不到問題到底是出現在哪裡。基於胡風的這個態度，會議主持周揚有點惱怒，同時其他的與會人也都領教到了胡風的固執，胡風的那些說明分明是在狡辯，沒有辦法，周揚只得把胡風的文藝問題直接亮了出來，會上要求胡風就「現實主義」、「生活」、「主觀精神」、「民族形式」和「五四」五個內容來檢查自己。

第一次座談會是不歡而散，正如周揚預料的那樣，胡風沒有好好地自我批評。會後，胡風就座談會要他檢討自己個別問題開始了自

己的檢查，1952年9月29日開始，胡風撰寫了〈關於《希望》的簡單報告〉、〈關於舒蕪和〈論主觀〉的報告〉兩個材料，在周揚等人看來，胡風做的事情就是撇清一些和他有關的錯誤。如在〈關於舒蕪和〈論主觀〉的報告〉中，胡風的中心意思是說他和舒蕪過去沒有什麼關係，他和舒蕪的這篇文章中的「思想」也沒有任何的共同點。〈關於《希望》的簡單報告〉一文中對「小集團」說法也做了否定，因為當時的投稿者中有一半人他都沒有見過。這個報告直到1952年10月5日才寫好，是胡風委託收發室轉交給林默涵的。

在周揚看來，胡風的這幾個材料只是在撇清一些錯誤，而座談會上要他在「現實主義」、「生活」、「主觀精神」、「民族形式」和「五四」五個方面檢查自己，他沒有就這些問題來著文檢討自己。

11月26日第二次座談會召開，這次會議增加了兩個人，一個是舒蕪，一個是路翎。會議主要內容是由胡風根據大家所提出的問題作檢討性的發言，胡風的〈一段時間，幾點回憶〉也做了宣讀，舒蕪在這次會上也對自己以前的思想做了深刻的檢討；12月11日召開了第三次會議，針對胡風在上次座談會上的「檢討」，大家對胡風的文藝思想發表了意見，會上何其芳作了題為〈現實主義的路，還是反現實主義的路？〉的發言，除了指出胡風的文藝思想問題以外，還指出了胡風的態度是在避重就輕，希望胡風能夠作出深刻檢查。12月16日召開了第四次會議，先是大家繼續對胡風的文藝思想發表意見，最後由胡風根據大家所提意見來檢討自己。除了這四次座談會以外，有幾位同志和胡風作過幾次個別談話。不論在座談會上還是在個別談話時，大家都採取了比較誠懇、坦白的態度，都具體地指出了胡風的文藝思想的錯誤所在和錯誤性質，但胡風僅僅就他和黨的不正常關係作了一些解釋和檢討，而對於自己文藝思想上的所謂的原則錯誤始終沒提。不過態度比以前好了一些，口頭上表示願意考慮大家的批評。

這幾次座談會討論的重點，一是研討了胡風的文藝思想，指出其中的錯誤；另外一個是要通過座談會來端正胡風的態度。在胡風文藝思想方面，周揚他們指出胡風所提倡的現實主義是舊現實主義，胡風在他的文藝思想中沒有強調作家的世界觀和階級立場，所以必然是用資產階級和小資產階級的文藝來代替無產階級的文藝，不過，胡風沒有承認自己的現實主義是舊現實主義；胡風的強調作家「主觀戰鬥精神」是在否認作家需要思想改造，只要強調主觀就可以了，這是強調知識分子是先進的，不過，胡風認為他強調主觀戰鬥精神是指創作中的作家要經過主觀努力；關於民族遺產問題，也就是毛澤東所說的要用群眾喜聞樂見的文藝形式的問題，胡風還是堅持文藝遺產中很多東西是很落後的。

關於胡風的態度問題，主要要點是，一是胡風反對黨員的意見，把黨員作家都罵盡了，這是聽不進黨員作家的批評意見的表現；二是胡風說舒蕪寫那些檢討文章是在投機取巧，而其他人說舒蕪不是胡風說的那樣，舒蕪是進步了；三是要胡風在發言中少說自己的優點，多檢討一下自己的缺點；四是要打掉胡風的架子。關於第一點，把黨員作家都罵盡了，聽不進黨員作家的意見，胡風在出獄後有文章表示了後悔，這個也可以看作是間接地承認了自己當年的錯誤吧。周揚最不滿意的一次，就是在「民族形式」的論爭中胡風痛罵左翼作家的事情。當時胡風寫了一篇五萬多字的文章〈論民族形式問題底提出、爭點和實踐意義──對於若干反現實主義傾向的批評提要，並以紀念魯迅先生逝世四周年〉，文章標題長，內容也寫得深刻，在對那些參加論爭的作家的觀點一一檢討後，胡風作出了評論，用了一些非常尖刻的語言去批評參加這次討論的作家，他們是陳伯達、郭沫若、潘梓年、何其芳、艾思奇、葛一虹、光未然、胡繩、巴人、周揚、羅蓀、以群，等等，周揚後來說胡風把那麼多黨員作家都不放在眼裡，主要

是指這件事。胡風後來後悔說，這次爭論中得罪人太多，特別是陳伯達，不該得罪，他當時在文化工作上擔負著主要的領導職務，胡風自己說他為此在以後的日子裡受到了很多的非難。這次座談會期間，胡風寫了〈對我的錯誤態度的檢查〉，在認識錯誤的態度上的檢查，得到周揚等人的認可。

如前所述，在這期間，經過了胡風和路翎看過的〈致路翎的公開信〉在9月25日的《文藝報》上發表了，並且又一次加上了編者按。胡風和路翎當然對其中的一些提法不認同，反對發表這樣的文章，但事實上還是發表了。10月1日，繼《文藝報》之後，《人民日報》也在《人民日報通訊》上號召通訊員積極參加對胡風文藝思想的批判。另外，胡風的〈一段時間，幾點回憶〉和舒蕪的〈向錯誤告別〉、路翎的〈答我的批評者們〉三文列印稿也在與會者中散發了。

座談會上的主要發言者有林默涵、何其芳、胡繩、邵荃麟，馮雪峰、陽翰笙、艾青、田間也發了言，周揚作了總結。大多數的發言，包括周揚的總結，都是首先在政治上肯定胡風，肯定胡風在政治上是擁護毛澤東的，同時還肯定了胡風在反對國民黨鬥爭中的作用，陽翰笙說「胡風是我們從左聯以來的老戰友、老同志，政治上我們是一致的」。這次座談會，大家就是在這個大前提之下，進行胡風的文藝思想批評的。周揚的總結說到胡風的宗派主義時，也特別說明宗派主義並不是反對革命的，而是由於脫離了群眾，自然陷入宗派小圈子，「你既是革命的，你就沒有脫離群眾的權利，只有改正宗派主義的義務」。這次座談會是在周恩來的指示下召開的，本來基調已經定好，那就是幫助胡風認識錯誤，如果一次不能解決問題，還要第二次、第三次地去召開這樣的座談會，直到胡風知道自己的錯誤並作出檢討為止。周恩來還要求大家不要先存誰對誰錯，主要是座談和討論，所以儘管是批評胡風文藝思想，但實際過程中大家都比較客氣，不論胡風

如何不願意認識自己的錯誤，但整個過程都是溫和的，沒有後來的急風暴雨的批判。

這次座談會的「成果」，也就是林默涵和何其芳兩人發表的兩篇文章。這兩篇文章以及中宣部關於這次胡風思想座談會的總結報告，直到1952年年底都還沒有拿出來，但胡風一開始就對通過這次座談會解決自己的問題表現得並不樂觀，他清楚地知道事情沒有那麼簡單。胡風在這次座談會結束前總結說，通過這次座談會，他發現自己的文藝思想沒有什麼大的原則性的錯誤，和毛澤東文藝思想並沒有什麼違背之處，最多就是對「五四」當時的指導思想提法和毛澤東所提出來的不一樣，違反了毛澤東的分析和結論，還有就是魯迅說的缺點，即文字上拘泥和不肯大眾化，這一缺點他也承認，除此之外，他覺得他的文藝思想沒有問題。

非常有意思的是，在會議氣圍上，胡風說的和舒蕪所記的完全不同，胡風說與會的同志對他很不客氣，有時甚至都不給他時間讓他把一個觀點講完，特別是周揚，和他說話依然是用嚴厲的口氣，甚至還「隨便從我的文字抽出幾句來斥罵了一陣」，「最後，周揚通知嚴厲地斥責了我」。[13]但舒蕪後來回憶說：

我第一次參加這樣的高層人士的批評會，很注意會上的氣氛，儘管發言的內容很尖銳，但總的氣氛還是「坐而論道」式的。我也注意到，會前會後，中間休息，大家同胡風還是說說笑笑，並無「劃清界限」的表示。因此，我更加相信，這確是「同志式的幫助」的性質。而且這也符合我對胡風文藝思想問題和我自己的思想問題的「定位」：定在革命內部的是非的範圍之內。1945年胡喬木說我混淆了兩種革命性，可見他那時就是把問題定在革命的範圍之內。那時我不服這個「混淆」，解放後逐漸服了。現在目睹批評胡風的會上的情形，證實了這個「定位」仍無改變，我就放心了。我已經運用政治標準來

把一切個性解放個性自由的思想歸入有害於革命工作一類，所以根本沒有思考這所謂「改造小資產階級」，對於知識分子意味著什麼，更沒有一點預感到這個「定位」的不穩，所謂「革命內部的是非」很容易就會變成革命與反革命的問題。[14]

古希臘索福克勒斯在《俄狄浦斯王》中說：「思慮周全的人，總是依據過去，判斷現在。」關於胡風文藝思想問題，實際上是一個歷史問題，這裡值得補充敘述說明一下。

根據分析，可以得出舒蕪的兩篇文章不是引起胡風解放後受批判的根源，也不是導致解放後胡風進一步失意的原因。其實，胡風事件可以說是從上個世紀30年代就累積下來了的，自從他被日本驅逐回國踏上上海的文壇起，胡風就一直處在爭論的旋渦。

一是胡風文藝思想一直處在文藝論爭的旋渦。在30年代胡風和當時的文藝界人士展開了多次文藝論爭：

1935年初胡風與周揚之間曾經因「典型論」發生過爭論。胡風應文學社之約寫了一篇〈什麼是「典型」和「類型」？〉，周揚不同意胡風的觀點，寫了〈現實主義試論〉來「修正」胡風的觀點，胡風是一位鬥士，馬上就寫了〈現實主義的一「修正」〉，對周揚的修正給予了修正，周揚針對胡風的這篇文章寫了一篇反駁文章〈典型與個性〉，胡風見了周揚的反駁，又寫了一篇〈典型論的混亂〉來駁斥周揚。最後這場爭論以周揚偃旗息鼓而終。

1936年6月1日，胡風寫了一篇〈人民大眾向文學要求什麼？〉發表在《文學叢報》第三期上，這篇文章引起了「兩個口號」之爭。1935年底1936年初，周揚等人提出了「國防文學」的口號，馮雪峰（中共中央派來上海負責文化工作）、魯迅、潘漢年等人覺得這個口號似乎不是最好，認為在這個口號的宣傳中，忽視了無產階級在統一戰線中的領導作用，沒有強調是在矛盾鬥爭中的聯合抗日，所以他們

商量後就提出了「民族革命戰爭的大眾文學」。胡風關於「民族革命戰爭的大眾文學」這個口號的文章一發表，就引起了「國防文學」提倡者的猛烈攻擊，革命文學界圍繞著這兩個口號，進行了尖銳的爭論，徐懋庸、聶紺弩等人都紛紛撰文，各護其主，雙方意氣用事的爭論，讓魯迅非常生氣。1936年6月間魯迅發表了〈答托洛茨基派的信〉和〈論現在我們的文學運動〉，表明瞭他對「民族革命戰爭的大眾文學」的支持的態度，在〈答徐懋庸並關於抗日民族統一戰線問題〉中進一步說明瞭他的見解。此後，雙方才逐漸平息論爭，但周揚、夏衍等人卻在上海文壇名聲大臭。胡風作為這次事件的引起者，若干年後，那些受到魯迅斥責的人都認為是胡風挑起了事端，是胡風蒙蔽了魯迅，導致他們被魯迅斥責，胡風為此百口難辯。

20世紀30年代，胡風還就美學問題和朱光潛進行了辯論。不過朱光潛在被郭沫若斥責以後，在解放後已經是一個被改造之人，無力再向胡風發動進攻。倒是胡風在1954年11月7日第二次作家代表大會小組會上，再一次以凌厲之勢向朱光潛發起了攻擊：「對於朱光潛，今天在座的年紀大的當然都知道他，但恐怕年輕的同志們有的就不大熟悉了。在反動統治的許多年中間，我們看到朱光潛這個名字是會感到痛的。朱光潛，是國民黨（或三青團）的中委，是第一個以名教授和名學者的身分自願到蔣介石中央訓練團去受訓，起了『帶頭』作用，是蔣介石《中央週刊》的經常撰稿人，強烈地表現了污蔑革命的『思想』，他抗戰前和抗戰後主編過《文學》雜誌，堅守資產階級文學的陣地，到抗日勝利後蔣介石發動內戰的時候，他是胡適所倡導的『和比戰難』主張底支持者，到解放前蔣介石政權快要完蛋的時候，他又是所謂『新的第三方面』底主要策動者之一。但朱光潛又是名『學者』，大約二十年以來，他出版了《給青年的十二封信》、《談美》、《文藝心理學》、《詩學》等，在讀者裡面發生了極其廣泛的

影響。他用資產階級唯心論深入到美學這個領域，『開闢』了廣大的戰場，在單純的青年們和文學教授中間起了極其危害的作用。他是胡適派的旗幟之一，在胡適派學閥裡面是一個大台柱。他是在這樣基礎上一成不變地為蔣介石服務的。所以，朱光潛是為蔣介石法西斯思想服務，單純地當作資產階級思想都是掩蓋了問題的。」（〈文藝報・在全國文聯、中國作協主席團聯席擴大會上的發言〉）──此段話是在解放後的1954年的大會發言，對於當時的朱光潛來說，也是一個莫大的打擊。

1940年國統區開展了民族形式問題討論，由於意見分歧，逐漸引起了論爭。1940年3月向林冰在重慶《大公報》副刊「戰線」上發表了〈論「民族形式」的中心源泉〉一文，強調民間形式是民族形式的主要源泉。以葛一虹為代表的反方在正確批評了向林冰對待舊形式和對待「五四」以來新文藝的錯誤觀點後，矯枉過正，對舊形式採取了全盤否定。這個矯枉過正的觀點以胡風為甚，胡風在批評了全盤繼承的錯誤傾向後，卻認為民間文藝「本質上是用充滿了毒素的封建意識來吸引大眾」，認為「五四」新文學是接受了世界進步文藝的思想和方法，是移植過來的。對於如何利用民族形式，毛澤東早就發表過文章，可惜胡風還在那裡以為自己的文藝思想和對待「五四」新文學的評價是科學的，這個也是以後批評胡風文藝思想中一個重要的罪名。另外，胡風在批評「民間形式」為民族形式的「中心源泉」論時，作風比較犀利，論爭中傷害了一些人。

1944年的關於「主觀」問題的論爭。〈講話〉發表以後，在中共組織國統區進步作家整風期間，為了回應，胡風發動了向進步文藝戰線內部「反現實主義逆流」宣戰的整肅運動。胡風認為「公式主義」和「客觀主義」是現實主義的逆流，1944年4月，在文協第六屆年會上宣讀了一篇論文，題為「文藝工作底發展及其努力方向」，在這篇

文協總會文件裡，他總結了六年來抗戰文藝的歷史現狀，並對文協未來工作提出設想。他認定各種「反現實主義傾向」從「兩三年前開始了強烈生長，現在正達到了繁盛時期」，他把「反現實主義傾向」歸納為三類：其一，「對於生活的追隨的態度」；其二，「對於生活的作假的態度」；其三，「對於生活的賣笑的態度」。認為「要勝利就得發動鬥爭，發動在明確鬥爭形式上的文藝批評」。這次整肅運動中胡風和他的朋友集中力量圍攻了姚雪垠、沙汀、臧克家等作家，茅盾也在他們的批評之列。1945年元旦，《希望》出版，第一期上發表了舒蕪〈論主觀〉和胡風〈置身在為民主的鬥爭裡面〉，在胡風的文章裡，按照他自己的理解提出了現實主義的要求，對現實主義中的「公式主義」和「客觀主義」進行了無情地抨擊，認為提倡「主觀戰鬥精神」就可以避免公式主義和客觀主義，「只有從對於血肉的現實人生搏鬥開始，在文藝創作裡面才有可能得到創作力底充沛和思想力底堅強」，才能對「目前氾濫著的，沒有思想力底光芒」的「客觀主義」文藝進行鬥爭。胡風和他朋友的觀點一出來，就遭到了茅盾等人的強烈駁斥。後來雙方一直互不認錯，爭議提到了周恩來那裡，周恩來召集了徐冰、喬冠華、陳家康、胡繩、茅盾、胡風、以群、馮乃超、馮雪峰等人參加，這次爭論在周恩來的調解下，暫時得到了平息，但胡風指揮他的朋友們對姚雪垠等人的批評一直到解放前夕才停止。

關於「主觀論」的爭執，到了1948年，早年贊成過胡風文藝觀點的邵荃麟、喬冠華等，非常有意思的是，早年非常讚賞姚雪垠的胡繩也徹底拋棄了過去的舊的文藝思想，這一事實表明在當時香港文學批評家看來，當時論爭的雙方，不論是胡風還是胡風的對立面都是錯誤的，現在他們掌握了毛澤東文藝思想，只有他們才是正確的，他們以前的文藝思想都是要受到批評的。

不論胡風怎樣努力，儘管事實上也擁護毛澤東，擁護毛澤東思

想，但胡風對延安文藝整風運動的錯誤理解以及對毛澤東的〈講話〉開始時的沒有非常重視，導致了胡風文藝思想成為了解放後文藝思想統一的最大障礙，單就〈講話〉發表以後，胡風還是強調他的「主觀戰鬥精神」文藝觀，這就是一個無法解釋清楚的事實。性格中的不「妥協」，加上還是宗派情緒在裡面作怪，所以解放後的胡風無論如何都難逃被批的命運。

座談會的久遠影響

這次座談會並沒有更多地影響胡風，因為「在內心深處，胡風已經關上了與座談會的參與者進行思想交流的大門」[15]，不過會議期間胡風的合作態度，還是得到了與會者的肯定。座談會後，胡風的生活也有了新的氣象，他馬上就可以結束20多年動盪的生活，因為領導早就答應了他搬家進京的要求；座談會一結束，胡風也開始有了工作，有了工資。在中宣部在1953年2月15日給黨中央和周恩來寫的〈關於批判胡風文藝思想的經過情況的報告〉中的最後，他們說了對胡風工作和生活的安排問題：

> 關於胡風的工作問題，他本人希望作《文藝報》的編委，我們認為在他還沒有徹底認識和檢討自己的錯誤思想之前，不適宜擔任這種批評性的文藝刊物的編委。我們曾勸他下去生活，將來專門從事創作，或到大學教書，他都不願意，現在決定先到全國文協，將來再考慮適當工作（參加文協的創作委員會或《人民文學》的編輯工作），他本人同意，現正計畫把他的家從上海搬到北京來。

胡風這次要求了工作，中央終於答應了，但根據上面的文字，我們發現，他們認為胡風現在「還沒有徹底認識和檢討自己的錯誤思想」，很多工作是不適宜的，比如說他們就認為他不適宜擔任批評性文藝刊物的編委，他們希望胡風最好不要再從事文藝批評，專門做一個作家或者到大學去教書是最好的，但胡風不同意。由此可見，當時的文藝界領導對胡風還是很不信任的。另外，他們還曾勸胡風到下面去生活，這個和胡風要求進京是相違背的，胡風為了孩子讀書和一家人團聚，很早就已經請示上面說要搬到北京，畢竟人在上海經常到北京來開會什麼的很不方便。現在雖然還沒有搬來，但畢竟已經答應了，胡風心中有了淡淡的喜悅。

這次給胡風下的結論，預告著胡風以後的工作並不會很開心，因為得不到組織上的信任，《人民文學》不可能放手讓他去幹的。這次給胡風下的結論，也預示著在以後的歲月裡，將還有更多的批評在等著他，因為他的思想問題是沒有解決的。

座談會後，12月27日，舒蕪從北京返回南寧，繼續擔任南寧高中的校長職務，繼續他忙碌的行政事務。舒蕪是1952年9月7日到北京參加胡風文藝思想座談會的，實際上8月6日就已經通知了他，因為他正在參加試點學校思想改造，作為校長要帶頭檢討，所以遲了兩周，後來學校思想改造運動緊張，又拖了幾天，一直到中宣部第三次來電催促，才在9月3日從南寧出發。胡風在去參加座談會之前，除了看到《文藝報》上的讀者來信要求批評胡風文藝思想的文章外，還知道舒蕪的那篇〈致路翎的公開信〉要發表，所以去前是不開心的，甚至是一路上咒罵著舒蕪，到北京後胡風又知道了舒蕪也要來參加這個座談會，剛聽到這個消息的時候他非常的激動，甚至想過要「衝」會場，但後來還是冷靜下來了。

舒蕪進京後，和胡風住在不同的地方，舒蕪被安排住在東總布

胡同的文協，而胡風當時住在文化部招待所，9月13日舒蕪來看了胡風，據胡風的家信說，舒蕪是下午三點多來的，他們一起去公園喝了茶，後來又一起去了小館裡吃麵，還是舒蕪結賬，飯畢舒蕪又回到了胡風的住處，舒蕪坐到十點多離開。

胡風和舒蕪的這次見面和相談，其實是兩個人在鬥智鬥勇，知道了這次見面的內幕後，誰都會心裡嘩地涼下來。這次舒蕪來看望胡風，並不是舒蕪真誠地來看望昔日的師長，其實這是林默涵交代給舒蕪的任務，「今天遵默涵之囑，寫了一信給胡風，問他何時可約談。」（舒蕪日記，9月10日，星期三）讓他去私下和胡風談談，指出胡風的文藝思想問題，看看胡風對待問題的態度，舒蕪去了並真誠地談了，在與胡風在一起的時候，真的指出了胡風在文藝思想上的問題，舒蕪說：「在與胡風談話中，看出他主觀上還是想解決問題的。我談了對他的一些意見，他都記錄在小本子上面，倒好像很認真考慮過一樣。」（舒蕪日記，9月13日，星期六）胡風呢？胡風很認真地聽了，並且把有些地方記了下來。胡風在隨後給家人的信中就說，他今天見到了舒蕪，他要讓他全部講出來，所以裝作很認真地傾聽，目的就是看他到底是想怎樣，要說些什麼。——當年亦師亦友，現在卻抱著不同的動機在那裡試探著對方，夫復何言。

這次見面後，兩個人除了在會場上見面再也沒有了私下見面，但兩人還有幾封書信來往，這以後的書信已經很短很短，如遊絲般脆弱，友誼在這個時候已經是青山遮不住畢竟東流去的流水了。

兩人這次見面後的第12天，林默涵約了胡風一同到北京的中山公園去談路翎提供的關於舒蕪的材料問題。這個問題我們前面已經說過，但胡風對這次會談評價非常高，認為是這是一次「最長最親切的談話」，這次談話除了談了舒蕪有沒有政治問題等以外，林默涵還告訴了胡風很多組織上的情況，比如他告訴胡風說胡喬木因病請假了，

現在中宣部是由習仲勳主持工作，還談到了他個人對舒蕪和路翎的看法，他認為舒蕪是一開始就犯錯誤，而路翎是有貢獻的，並且許諾說路翎文章不能出版的問題「過了這件事就會解決的」。

　　胡風和舒蕪，這對昔日師友，如今已是面和心不和了，真不知道這是時代的悲哀還是人性的悲哀。

注釋

1.轉引自李輝：《胡風集團冤案始末》，人民日報出版社1989年版，第114頁。

2.舒蕪：〈《回歸五四》後序〉，《舒蕪集》（第8卷），河北人民出版社2001年版，第375-376頁。

3.胡風：《致路翎書信全編》，大象出版社2004年版，第138-139頁。

4.舒蕪：《舒蕪口述自傳》，中國社會科學出版社2002年版，第231-232頁。

5.舒蕪：〈《回歸五四》後序〉，《舒蕪集》（第8卷），河北人民出版社2001年版，第376頁。

6.曉風選編：《胡風家書》，復旦大學出版社2007年版，第308頁。

7.胡風：《致路翎書信全編》，大象出版社2004年版，第136頁。

8.胡風：《胡風三十萬言書》，湖北人民出版社2003年版第68頁。

9.中共中央文獻研究室編：《周恩來年譜》1949-1976上卷，中央文獻出版社1997年版，第252頁。

10.〈關於在報紙刊物上展開批評和自我批評的決定〉的內容和「黃逸峰事件」，可以參閱林蘊暉：〈驚動了毛澤東的「黃逸峰事件」〉，見《國史箚記》（事件篇），東方出版中心2008年版，第40-44頁。

11.均源自林默涵口述、黃華英撰寫：《胡風事件的前前後後》，載《新文學史料》編輯部：《歷史風濤中的文人們》，人民文學出版社2009年版，第197-199頁。

12.均源自林默涵口述、黃華英撰寫：《胡風事件的前前後後》，載《新文學史料》編輯部：《歷史風濤中的文人們》，人民文學出版社2009年版，第197-199頁。

13.胡風：《胡風三十萬言書》，湖北人民出版社2003年版，第72頁。

14.舒蕪：〈《回歸五四》後序〉，載《舒蕪集》（第8卷），河北人民出版社2001年版，第379-340頁。

15.王麗麗：《在文藝與意識形態之間：胡風研究》，中國人民大學出版社2003年版，第455-456頁。

中篇
1953-1954年，胡風鋌而走險

第四章　進京後各奔東西

　　1953年1月27日，林默涵作為座談會中心發言人，根據自己在座談會上的發言，整理成了一篇批評胡風文藝思想的文章，也就是那篇著名的〈胡風反馬克思主義的文藝思想〉。同一天，林默涵致信胡風，告訴胡風他已經把座談會上的發言整理成了文章，並準備近日發表，信中說如果胡風也有自我檢討的文章，那麼希望胡風儘快寫出來。胡風收到林默涵的信後，次日就去找了邵荃麟，胡風擔心林默涵的文章發表後自己更加被動，局面更加不可收拾，所以他希望時任文協（1953年作協成立）黨組書記的邵荃麟居中調停，希望不要發表林默涵的文章，即使發表也要讓他先看一下。在提出這個要求以後，胡風這次還向邵荃麟提出希望黨組能解決自己的組織問題。另外，由於長時間一個人住在北京招待所裡，無人照應，生活上有諸多不便，胡風希望搬家北京的事情儘快落實。

　　除了同意胡風的搬家要求，對胡風的其他要求，邵荃麟儘管答應去幫忙，但都沒有幫上忙。客觀地說，有些問題也不是作協黨組書記邵荃麟能夠幫忙解決的，比如胡風提出要解決他的組織問題，在當時的境遇下，作協根本無力解決胡風入黨問題，因為緊盯著胡風思想問題的不是作協。至於發表林默涵文章，也是部署召開座談的領導要求的，邵荃麟即使想阻止也無法阻止。

　　早在1952年2月，胡風就得到了暑假搬家進京的允許，但因為隨後4次胡風文藝思想座談會，搬家計畫破產了。這次在胡風的堅持

下，在邵荃麟幫忙下，終於在1953年春季找好了房子，這年的夏天成行了。胡風當年一次次從上海來北京，確實是一道奇異的風景，說不受重用吧，為什麼總是要到北京去開會；說受重用吧，為什麼報紙上總是有零星的批評聲。還有一家人總是聚少離多，不能團聚，要知道胡風從1948年離開上海以後，一直處在顛簸中，當時胡風都已經50多歲了，搬家北京後一則一家人可以團聚，另外也更方便自己接受權力中心的領導。

　　而舒蕪，也因為人民文學出版社缺少古典文學方面的編輯，在這一年的5月來到了祖國的心臟。

座談會後胡風文藝思想公開被批

　　1952年9月6日起在東總布胡同丁玲住處召開的胡風文藝座談會（因當時丁玲腿傷所以辦在她的住處），在開了四次座談會後，1952年12月結束了。關於這次座談會的情況，前面已經做了簡單介紹，最後的定性是中宣部在1953年2月15日給黨中央和周恩來寫的〈關於批判胡風文藝思想的經過情況的報告〉，大致內容有：

　　「我們和胡風一共舉行了四次座談會，參加的除胡風和原屬胡風小集團的舒蕪、路翎外，有周揚、馮雪峰、丁玲、胡繩、張天翼、邵荃麟、何其芳、林默涵、嚴文井、王朝聞、田間、陳企霞、艾青等共十餘人。第一次會，主要是大家提出問題，作為胡風進行檢查的參考；第二次會，由胡風根據大家所提出的問題作檢討性的發言，舒蕪也在這次會上作了檢討；第三次和第四次會主要是大家對胡風的文藝思想發表意見，最後由胡風表示對大家所提意見的態度。除了這幾次座談會以外，好幾位同志還和胡風作過一次或多次個別談話。不論在座談會上或個別談話時，我們都採取了誠懇、坦白的態度，嚴肅地具

體地指出了他的文藝思想的錯誤所在和錯誤性質。但胡風僅僅就他和黨的不正常的關係作了一些反省，而對於自己文藝思想上的原則錯誤，始終沒有什麼檢討，相反地，是極力辯解，仍然企圖把自己說成一貫正確，不過態度比以前好了一些，口頭上表示願意考慮大家的批評。

「受胡風思想影響極深的路翎，在座談會上沒有發言。會後，林默涵同志和他談過一次話，路翎表示對胡風文藝思想的錯誤已有初步認識，他表示願在實際中好好地改造自己。

「胡風文藝思想的主要錯誤是：（一）抹煞世界觀和階級立場的作用，把舊現實主義來代替社會主義現實主義，實際上就是把資產階級、小資產階級的文藝來代替無產階級的文藝。（二）強調抽象的「主觀戰鬥精神」，否認小資產階級作家必須改造思想，改變立場；片面地強調知識分子作家是人民中的先進，而對於勞動人民，特別是農民，則是十分輕視的。（三）崇拜西歐資產階級文藝，輕視民族文藝遺產。這完全是反馬克思主義的文藝思想。這種思想對小資產階級出身的一般文藝工作者是容易投合的。為了清除胡風和胡風類似的這些思想的影響，決定由林默涵和何其芳兩同志寫文章進行公開的批評。林默涵的文章已在《文藝報》本年的第二期上發表，並由《人民日報》轉載，何其芳的文章不久也將發表。另外，曾召開文藝界負責幹部報告批評胡風文藝思想的經過和胡風文藝思想的錯誤實質。

「關於胡風的工作問題，他本人希望作《文藝報》的編委，我們認為在他還沒有徹底認識和檢討自己的錯誤思想之前，不適宜擔任這種批評性的文藝刊物的編委。我們曾勸他下去生活，將來專門從事創作，或到大學教書，他都不願意，現在決定先到全國文協，將來再考慮適當工作（參加文協的創作委員會或《人民文學》的編輯工作），他本人同意，現正計畫把他的家從上海搬到北京來。」[1]

同年的3月5日，周恩來在這一報告上作了批示，內容為：

> 對胡風的方針和態度正確。已告中宣部應該堅持下去，繼續對
> 他的思想作風和作品進行嚴正而深刻的公開批評，但仍給以工
> 作，並督促其往前線、或工廠與農村中去求的鍛鍊和體驗，以
> 觀後效。[2]

周恩來的批示，已經暗示了胡風問題以後發展的軌跡，他首先肯定了這種批評方針和態度是對的；其次周恩來也肯定了胡風的思想作風和作品是有問題的，要繼續進行嚴正而深刻的批評；最後，關於胡風的安置，周恩來用了「給以工作」、「督促」以及「以觀後效」。一句話，胡風可以暫時安排他工作，但要繼續批評，一直到他表現好了再說。這些文字和批示，毛澤東、劉少奇等中央領導都已經圈閱。百忙之中的毛澤東，繼胡喬木在《人民日報》上批評胡風為首的小集團以後，又一次從周恩來那裡得到了關於胡風不合作的資訊。

林默涵在胡風座談會上的講話，後來總結為一篇文章，即〈胡風反馬克思主義的文藝思想〉，1953年1月30日《文藝報》發表了這篇文章，1月31日《人民日報》轉載了林默涵的這篇文章，這篇文章雖然肯定了胡風曾經從事過進步的文藝活動，曾經對國民黨法西斯文化作過鬥爭，但林默涵認為胡風的文藝思想是錯誤的，即使不是全部錯誤，但個別問題上的某些正確看法並不能改變他的文藝思想的根本性質的錯誤。──這裡已經下了斷語，說胡風的文藝思想雖然有個別地方是正確的，但根本上是錯誤的。

林默涵認為胡風文藝思想的錯誤根源是一貫採取非階級的觀點來對待文藝問題，胡風沒有階級觀點，不知道從階級的根源去考察各種文藝現象，從而離開了階級關係去尋求文藝現象的原因。因為有了

這一根源性的錯誤，所以胡風在對待現實主義的看法上，分不清楚舊現實主義和非現實主義有什麼根本區別。林默涵認為胡風主張片面強調作家的「主觀戰鬥精神」，而沒有強調更重要的是忠實於現實，這根本上就是反現實主義；胡風的「主觀戰鬥精神」是沒有階級內容的抽象的東西，胡風所說的以「主觀戰鬥精神」為內容的現實主義實際上是不存在的。林默涵認為，現實主義的根本問題，決不是如胡風所說的那種抽象的「主觀戰鬥精神」，因為任何作家都有他的某一種性質和某一種程度的「主觀戰鬥精神」，而這種「主觀戰鬥精神」首先是由他的階級立場所決定的。歸結為一句話，那就是胡風的錯誤就是離開階級的觀點，看不到各種不同的現實主義的階級性，因此也就看不到舊現實主義和社會主義現實主義的根本區別。最後，林默涵說胡風的文藝思想「和馬克思主義的文藝思想、和毛澤東同志的文藝方針沒有任何相同點；相反的，是反馬克思主義的、反社會主義現實主義的」。

繼林默涵之後，1953年2月15日《文藝報》又發表了何其芳的〈現實主義的路，還是反現實主義的路？〉，這篇文章是何其芳在12月11日第三次座談會上的發言，何其芳的發言主要是批評胡風的文藝思想，但對於胡風在第一次座談會上的以守待攻、避重就輕的態度，文章一開頭就提出了批評：

對胡風同志在會上的檢討，我是很不滿意的。並不是說他完全沒有檢討，不，他也檢討了個別的重要問題。但是，胡風同志的文藝理論上的錯誤並不是個別的，而是在許多原則問題上有一系列的錯誤。胡風同志沒有提到這樣的思想高度來進行自我批評，反而把自己的文藝理論描寫為基本上是正確的，只是在個別問題上看法有錯誤，只是在做文藝理論工作的時候有些技術性質的缺點，具體作品的批評寫得太少，文章裡面活語言又常常缺乏明確的科學性，等等，因而可能引

起一些誤解。這是不符合實際的情況的。

後來林默涵在〈胡風事件的前前後後〉中說：「我們（指林默涵和何其芳——引者注）所以發表上述兩篇文章，也是根據周總理的指示，他當時說：經過座談會，最好希望胡風自己寫一篇自我批評。如果他自己不肯寫，那就要發表一兩篇公開的批評文章，因為胡風的文藝思想在文藝界是有影響的。」[3]

到這裡為止，通過四次座談會來對胡風文藝思想進行的批評算是告一段落了。但這兩篇文章的發表，把在座談會內部討論的胡風文藝思想問題通過公開發表文章的方式，一下子提到了全國人民面前，從此，對胡風的文藝思想的批評再不是內部幫助性質的座談了，而是開始在媒體上公開聲討了。

通過這次座談會，胡風也對自己的文藝思想問題做了一個總結，即「除開檢查出來了對於『五四』當時領導思想的錯誤提法，違反了毛主席的分析和結論以外，在我的理解上，其餘都是同志們對於一些文字上的誤解或者我在文字上的缺點問題等」。[4]針對座談會期間提出的一些問題，胡風撰寫了〈一段時間，幾點回憶〉作為答覆，為了得到黨中央、毛澤東的理解和支持，他把這篇文章同時呈送給了黨中央、毛澤東，然而，如石沉大海。[5]

1953年的周恩來，為什麼沒有指出和批評這次座談會沒有完全按照他預先提出的方式去開呢？座談會開始前周恩來曾經說過不要先分出誰對誰錯，可是座談會一開始大家就讓胡風檢討自己的錯誤認識；座談會後，為什麼決定不再幫助胡風而是選擇了直接接受中宣部在1953年2月15日給他寫的〈關於批判胡風文藝思想的經過情況的報告〉的結論，即確認胡風文藝思想是錯誤的呢？周恩來原本是說一次座談會不行再舉行第二次、第三次，直到胡風認識到錯誤為止的，為什麼失去了耐心決定公開批評胡風？

　　早在抗日戰爭期間，也就是在武漢、重慶期間，周恩來領導國民黨統治區的進步作家與國民黨文藝作鬥爭，那時候胡風和周恩來走得很近，1938年7月日本反戰人士青山和夫要見周恩來時，胡風幫他約見了周恩來，時間是在8月4日，地點就是胡風的住處，當時胡風還擔任周恩來的日語翻譯。1943年，胡風從香港脫險回到重慶後，見到周恩來並簡單地談了一下香港脫險的經過，「幾天後，周副主席還請我們全家去吃了一次晚飯。」[6]特別是在1944年和1945年期間，胡風經常到重慶曾家岩50號去，當時文協的一些重要的活動周恩來都會出席，胡風和周恩來並不缺乏交流。在籌辦《希望》的時候，因為需要3萬元作為登記費用，胡風當時沒有這一筆錢，還是周恩來給了他一張3萬元支票才解決的。不過《希望》的第一期就登載了幾篇後來充滿爭議的文章，一篇是舒蕪的〈論主觀〉，一篇是胡風的〈置身在為民主的鬥爭裡面〉。在其後不久舉行的一次批評〈論主觀〉的小型座談會上，周恩來也參加了，當時茅盾在會上批評〈論主觀〉是「賣野人頭」之類的話，當茅盾批評得正酣時，周恩來忽然對茅盾說，你的〈子夜〉也是公式主義，弄得茅盾一句話也說不下去了。

　　可是周恩來是一位政治家，也是一位有韜略的人，他閱人無數，應當說他對胡風和胡風的性格是很瞭解的，但在當時國民黨統治區，宣傳革命文學是違背社會政治現實和當時法律的，所以當時他只能看到主流，只要是宣傳進步文學的，是從事進步文學的作家，他都要團結。後來，周揚來信要胡風到延安抗大去，還有在抗戰勝利後希望重慶作家轉移到大後方去的時候，這兩次胡風都沒有去延安，胡風沒有去的理由都和周恩來說了，周恩來表示理解胡風的想法，甚至支持胡風的行為。實際上，當時很多革命作家都紛紛去延安，胡風既然說了不想去，對胡風所做的決定表示同意也實屬人之常情。[7]1949年，那一年組織新文協、召開文代會以及其他一些活動中，胡風都能和周

恩來見面，並能做簡單的交談。可是到了1951年，胡風要見一次周恩來就非常難了，那一年胡風約見周恩來，足足枯等了近半年，最後在12月3日與周恩來見面了，這次見面讓胡風非常高興，他們一起交談了5個多小時，對於開國期間百忙之中的周恩來來說，實屬不易，這也說明他們當年在國民黨統治區時候結下的感情是非常深厚的。胡風和他的妻子梅志都有文章記敘胡風這次和周恩來總理的見面情形。非常奇怪的是，在《周恩來年譜》中，卻沒有看到這一天見面情況的記載。

　　這次見面以後，胡風和周恩來總理見面的機會越來越少，後來胡風約了幾次，周恩來都沒有辦法安排出時間來見，但胡風除了寫信給周恩來以外，還有時會給周恩來郵寄新出版的書籍，他們之間還是有聯繫的。但解放後的周恩來，他對胡風的評價開始來自於多方面了，他對胡風的文藝思想也有了自己的看法，根據他的馬列主義水平，他應當知道胡風文藝思想的問題所在，所以他在向中央彙報問題的時候，他也承認了胡風的文藝思想是有問題的。再聯繫到批評《武訓傳》，1949年6月下旬，在中國電影工作者協會成立的盛大晚宴上，著名電影導演孫瑜回憶說：

　　……由於當晚的四五十桌筵席上坐滿了領導同志和電影界的同志們，我好不容易才在席終時，抓住機會走到周恩來同志的那一桌前。那時候，他正在用服務員遞來的熱毛巾擦臉。他一眼看見了他青年時代的一個南開小同學，並笑著認出了小他兩歲的我。他的記憶力是驚人的！提到三十多年前周總理在南開中學主演話劇的往事（那時稱為「新劇」，他多半演女角），又談起我年輕是也「迷上了」電影的舊時情景，我們相互笑了。……

但，我從老遠走到周恩來同志席前，是另有願望的。我
當時頗為唐突失禮地找了不到一兩分鐘的短促時間，告訴周恩
來同志，我準備拍攝電影《武訓傳》，接著就請問他，武訓這
人怎麼樣？無疑，他是聽說過武訓這一歷史人物的。他略為思
索了一下，告訴我：他聽說武訓年老時候一共辦成了三個「義
學」，但後來這些「義學」都被地主們拿過去了。當時參加晚
宴的人一些同志們不斷地圍聚攏來，想和總理說話，周恩來同
志不可能再站著多談他並不怎麼熟悉的武訓其人其事。但他寥
寥數語也使我對所謂的「義學」事，有了初步的瞭解，也產生
了一些疑問。[8]

後來毛澤東發起了批評電影《武訓傳》後，周恩來為此在中央做
了多次深刻的檢討，原因就是導演曾經向其問過武訓興學事情，他是
知道要拍攝這個電影的；另外，電影拍攝好了以後他在中南海放映時審
閱過。這一經歷讓周恩來讓他對文藝界的思想鬥爭有了更高的警惕。

1953年1月，當這次座談會準備給胡風文藝思想做結論的時候，
為什麼周恩來沒有來緩衝一下，而是要求林默涵和何其芳公開發表批
評胡風的文章呢？其實這個要聯繫當時周恩來自己的遭遇說起。

1952年9月，財政部用了3個月的時間出臺了一項新稅制，1953年
元旦開始實施，可是實施才幾天，全國各地就紛紛彙報上來很多的問
題，甚至引起了社會混亂，有的地方擔心會引起物價上漲，出現了搶
購風等，各地紛紛向黨中央報告這個情況，這引起了毛澤東的關注，
1953年1月15日毛澤東寫信給周恩來等人：

新稅制事，中央既未討論，對各中央局、分局、省市委亦未
下達通知，匆猝發表，毫無準備，此事似已在全國引起波動，

不但上海、北京兩處而已，究應如何處理，請你們研究告我。

此事我看報始知，我看了亦不大懂，無怪向明等人不大懂。究竟新稅制與舊稅制比較屬害如何？何以新稅制引起物價如此波動？請令主管機關條舉告我。

——〈建國以來毛澤東文稿〉[9]

周恩來看見毛澤東的信後，覺得問題很嚴重，當天晚上就寫了彙報給毛澤東，並在其中提出了處理的辦法。

後來，毛澤東在財政部就新稅制問題向中央政治局的彙報會上，嚴肅地指出這個問題是很嚴重的：

「公私一律平等納稅」的口號違背了七屆二中全會的決議；修改稅制事先沒有報告中央，可是找資本家商量了，把資本家看得比黨中央還重；這個新稅制得到資本家叫好，是「右傾機會主義」的錯誤。

——薄一波〈若干重大決策與事件的回顧〉[10]

1953年2月19日後，周恩來根據毛澤東批評政府工作存在分散主義的意見等，作了深刻的自我批評，並在政務院內部作了三個決定：一是以後加強政府各部門工作向黨中央請示報告。從此，周恩來幾乎很少在一些重大問題上發表自己的意見，一般都是向黨中央和毛澤東彙報，這形成了以後工作的慣例。第二個決定就是撤銷了以周恩來為書記的政府黨組幹事會。第三決定是做好政務院的分工工作，當時的周恩來依然是負總責，但具體只管一個外事口，而文教工作，當時根據分工已經交由習仲勳負責。[11]根據這個決議，周恩來雖然是對政府全面工作負總責，但分工後各個口子直接向中央負責，政務院文教口

子不是周恩來分管，也就意味著周恩來已經無權去過問了，所以3月份周揚遞上的關於胡風座談會結論的報告，周恩來是在這個大背景下去做批示的，當時的他已經沒有多少興趣和精力來處理這個事情了。

　　雖然胡風在1951年12月3日和周恩來進行了一次長談，談話進行了5個多小時，但這次談話並沒有讓胡風認識到時代和形勢的變化，相反，因為錯誤地理解周恩來某些談話，所以也就得到了一些錯誤的信號。據胡風的回憶說，當胡風彙報說現在的文藝這一線很沉悶很落後於客觀實際的時候，周恩來表示他基本同意他的判斷，承認問題很多；當胡風說是因為文藝界領導人的問題才導致文藝現狀比較沉悶的時候，周恩來說有的同志對周揚提了不少意見；當胡風說現在的文藝界問題很多時候，周恩來說你有時間寫一點關於文藝方面的情況上來，現在中央很忙，需要這些東西。這些回答，給了胡風錯誤的信號，為以後胡風繼續和周揚進行宗派之爭，甚至為以後寫《三十萬言書》都找到了正當理由。[12]

編委胡風，編輯舒蕪

　　1953年初，也就是在胡風文藝思想座談會之後，最後在胡風的努力下，上面終於答應了安排胡風的工作，胡風在報告中提出希望擔任《文藝報》編委，可是因為《文藝報》是當時的文藝理論批評刊物，而胡風自己的文藝思想問題都沒有解決，中宣部覺得胡風在解決自己的文藝思想問題之前，不適合擔任《文藝報》編委，還是讓他去擔任《人民文學》的編委了。從此開始，胡風開始有了固定工作，結束了組織上一直不安排他的狀態，也解決了他解放以後長期在上海北京兩地來回奔波的窘況，在被閒置了4年多以後，這遲到的關愛還是讓胡風感動不已高興不已。有很多東西他都不準備去計較了，比如待遇，

當時胡風以為自己是「特級待遇」，後來一看工資似乎只有一級，但他還是很樂意地接受了，顯得很高興：

> 另外，送來了一、二月份的「津貼」。每月七百六十分，一百七十六萬多。組織上給的，不能不接受。老早，聽說呈請了給我「特級待遇」，現在這數目，看來只是一級而已。也許是「特級」底最低數，也許是上面臨時改變了主意，只批准了一級最高級。這都無所謂，反正應該給什麼接受什麼。而且，再低些我們也能夠愉快地過，感激地接受的。現在，你就不用擔心我沒有錢用了。但同時，行動又加了一層限制。
>
> ——1953年2月28日胡風致梅志信[13]

　　雖然有了工作安排，特別是有了一份比較不錯的薪水，但胡風自己也坦言自己從此少了一份「自由」。工作還在落實中，人在北京的胡風就開始準備把家搬到北京來，因為當時很多作家都本著少給組織添麻煩的心理自己去買房子，所以胡風也開始了自己尋找房子。胡風一邊在北京自己找房子，一邊獨自承受著座談會後報紙上的厲聲批評，就在這時，周恩來指名讓胡風參加作家訪問團去採訪直接遣返的戰俘，胡風由此得以解困。

　　1953年5月，解放軍總政治部為了揭露美帝國主義殘酷迫害戰俘的罪行，聯合中國作家協會一起組織了一個作家訪問團，組織了一批作家去東北，他們有羅烽、王西彥、菡子、白樺等人，據說胡風是這個作家訪問團中年齡最大的一位作家。因為當時剛剛從朝鮮三八線南邊交換來了中國戰俘，上面要求作家訪問團的人要採訪那些戰俘，從而寫文章揭露美帝國主義、南韓和在臺灣的蔣介石相互勾結，殘酷迫害戰俘的罪行。據白樺回憶說：「可能我太年輕的緣故，第一眼就覺

得胡風是一個老人，一個三分沉悶、三分無奈、三分憂鬱的老人，不可捉摸的那一分當然裝不下城府，好像是憤懣。」[14]

訪問團先在瀋陽短暫停留後馬上就到了黑龍江大賚縣，大賚縣原來有一個野戰醫院，現在改成了戰俘集中營地，當時那些被交換回來的戰俘都在這裡接受政審和體檢。在這次的採訪中，胡風被志願軍戰俘的鬥爭精神所感染，寫了〈肉體殘廢了，心沒有殘廢〉，後來這篇文章在幾次修改後發表了。

胡風在去東北前已經找好了北京的住處，在北海後門附近，總體來說環境還是很不錯的，但房子破敗，要大修，胡風在去參加作家訪問團採訪戰俘期間就讓工人開始修理房子。老朋友邵荃麟考慮到胡風搬家會影響孩子的讀書，就在1953年6月托人帶信給胡風，讓他早點回北京。6月，胡風提前從東北回來的時候，房子也差不多修好了。1953年8月，胡風把家從上海搬到了北京。胡風的新居在北京的景山公園與什剎海之間，與北海公園相鄰。據說胡風在新居的院子裡栽了4棵樹，為此胡風興致勃勃地把自己的書齋命名為四樹齋。可是，這個齋名還沒有用多久，他就被邵荃麟的好心提示打消了繼續用這個齋名的意圖：四樹齋，能夠讓想像豐富的人想到四面樹敵齋，可怕呀。

胡風在《人民文學》擔任編委期間，並不是很愉快。作為文協的機關刊物，創刊於1949年10月的《人民文學》從它誕生的那天起，就已經納入到了黨領導下的組織秩序和程式之中，1953年6月作協成立之前，《人民文學》編輯部人員第二次「換血」，1953年6月號為此特意刊出了「休刊啟事」。[15]1953年7月作協黨組書記邵荃麟擔任主編，剛從朝鮮回國的葛洛擔任編輯部主任，編委8人，分別是何其芳、沙汀、邵荃麟、袁水拍、張天翼、葛洛、嚴文井和胡風。胡風能夠進《人民文學》並擔任編委，邵荃麟做了很多工作（當然經過了上面的批准），進了《人民文學》編委後，邵荃麟也非常尊重胡風，每

次召開編委會時，「總要關照編輯部的人去請胡風，並讓他暢所欲言。」[16]但胡風作為一個在解放前，在魯迅指導下編輯過《海燕》，後來自己主持編輯過《七月》和《希望》等非常有影響刊物的老編輯，對文學期刊的編輯是有自己的思想的，但他當時的遭遇讓他無法發揮出自己辦刊方面的特長。作為《人民文學》編委，除了參加了難得一開的編委會，另外就是負責小說方面的審稿，他並不需要每天上班，只是每月看一兩個短篇小說，並寫出審稿意見。但當時他的文藝思想已經被定性為反馬克思主義的文藝思想，自己的文藝思想都沒有解決，所以他的審稿意見就更沒有人敢採納了。據說他還向編輯部推薦過幾個稿件，但最後都沒有音信。後來胡風自己也採寫了一些東西，比如圍繞當時的宣傳總路線他就寫過一個報告文學，據說寫好後交到單位後就沒有了下文。作為一個「戴罪之身」，好像他的檢討沒有通過，他要想有所作為是不可能的，不僅編輯期刊沒有發稿權，而且連自己的創作想發表都很困難，這個讓胡風比較心冷。

到了後來，給胡風看的稿子越來越少，有幾個月甚至一篇稿子都沒有給他，到了1954年上半年，胡風說編輯部已經不再和他聯繫了。[17]

二次文代會上的胡風

從華北革大畢業後的沈從文分配在國家博物館工作，1953年春，他在日記中這樣寫道：

> ……特別是對館中明天任務，國家在發展中一個國家博物館必然的任務，這些事本不是我應想的，我說的都不免是空話。因此改正自己方法，即少說或不說館中問題。凡事稟承館中首長

> ——館長，主任，組長，……要作什麼即作什麼，實事求是作
> 一小職員，一切會好得多。對人，對我，對事，都比較有益。
> 頭發悶，眼發脹，心發慌，無從診治。我算是在作什麼？心臟
> 不好，無可為力。
>
> ——《丈夫集·日記六則》沈從文著

在日記中，沈從文極力安撫自己，要做安心守己地做一個小職員，要承認自己的社會地位，有掙扎有憤懣，但更多的是無奈地按捺。

與沈從文性格相反，胡風依然是不甘於平庸，他是一位鬥士。胡風搬到北京以後，原本還是很開心的，因為可以自己做點自己願意做的事情，但是周圍的社會環境並不如意，為了改變自身的狀況，他又進入了戰鬥狀態，他改變不了喜歡鬥爭的習慣，也改變不了好猜疑的個性。1953年8月到了北京以後，一個月安穩日子還沒有過，這一年的9月，因為召開二次文代會，胡風在這次會上發了言，發言的內容又成為了人們攻擊的對象。

1953年9月23日至10月6日中國文學藝術工作者第二次代表大會在北京召開，這次大會是為了總結和規範社會主義文藝事業的發展，並使之適應經濟建設的需要而召開的，根據當時正處於新民主主義過渡時期的社會特徵，明確了過渡時期文學的基本任務是：「以文學藝術的方法來促進人民生活中社會主義因素的發展，反對一切阻礙歷史前進的力量，幫助社會主義基礎的增強和鞏固，幫助社會主義改造事業的逐步完成。」

大會由郭沫若致開幕詞，周恩來作政治報告，提出了社會主義改造的過渡時期文藝的主要任務，把社會主義現實主義確定為我國文藝創作和文藝批評的最高原則。周揚作了報告，即〈為創造更多的優秀的文學藝術作品而奮鬥——1953年9月24日在中國文學藝術工作者第

二次代表大會上的報告〉，在周揚的報告中幾乎沒有涉及1953年胡風文藝思想座談會，更沒有接受林默涵和何其芳在1954年初所寫文章的結論：認定胡風的文藝思想是反馬克思主義的。周揚在他的報告中檢討了1949年以來文藝創作中存在的問題，並針對這些問題代表文藝界領導作了自我批評：

> 在文學藝術戰線上，我們必須對資產階級思想的各種表現繼續進行批判的工作。比方，盲目崇拜西方資產階級文化，輕視自己民族的傳統，就是資產階級思想的典型的表現之一，這種思想就是必須加以批判的。對資產階級思想的鬥爭，是我們的一個長期的任務。同時另一方面，我們又必須反對文學藝術創作上存在的概念化、公式化及其他一切反現實主義的傾向；如果不克服這些傾向，我們的文學藝術就不能前進。為文學藝術上的現實主義鬥爭，也是我們的一個長期的任務。

在周揚的報告中，花了大量的筆墨分析造成當前文藝創作中出現概念化、公式化的原因，認為主要是嚴重存在著主觀主義的創作方法，指出要克服創作上的概念化、公式化的傾向，關鍵就在於提高作家認識生活和表現生活的能力，他告誡那些作家要深入群眾生活，「作家必須從鬥爭中、生活中、工作中去建立和群眾的真實的親密的聯繫，同時必須學會以馬克思列寧主義理論及黨和國家的政策的觀點來考察、估量和研究生活，免使自己掉在生活的大海裡而迷失方向」；另外，周揚還認為文學藝術創作上的概念化、公式化傾向之所以不容易克服，還由於一種把藝術與政治的關係簡單化、庸俗化的思想作祟。——應該說周揚對造成概念化和公式化的原因分析還是比較到位的。

繼周揚發言之後，茅盾也作了題為「新的現實和新的任務——在中國文學工作者第二次代表大會上的報告」的發言，在茅盾的發言中，也沒有涉及正在批評的胡風的文藝思想，茅盾在他的報告中也花了不少筆墨指出文學創作中概念化和公式化問題，並指出了克服公式化、概念化的具體途徑：

首先是創作方法的問題。在創作上，我們好久以前就已經注意到，但直到現在還普遍存在著的，就是作品的概念化和公式化的傾向。

概念化和公式化都是主觀主義思想的產物。它們是一對雙生的兄弟。這種創作方法是違反現實主義的根本原則的，因為它忘記了「革命的文藝，則是人民生活在革命作家頭腦中的反映的產物」，忘記了現實的人民的生活是文學藝術的唯一源泉。它不是從客觀的現實出發，而是從作者主觀的概念出發，它把複雜而豐富的現實生活簡單化為幾個概念所構成的公式，其結構是所謂落後、對比、轉變三段法，人物形象則有一定的幾張「臉譜」，無論所寫的是工廠，或是農村，不論主題是增加生產，或是爭取婚姻自由，都可套用這樣的公式。這樣的作品當然就不可能有真實性和具體性，當然也不會被群眾所喜歡。這樣作品之所以產生，根本的原因是作家脫離了人民群眾的生活，用閉戶造車的方法去寫作。這種情況自然是最壞的，但一般說還不是最普遍的。更普遍的情況，是作家也經歷了一定的生活體驗，也到工廠、部隊或農村裡去了，也掌握了一定的實際材料，但是所寫出的作品，往往仍然給群眾一種概念的印象，而很少有藝術的力量，對於這種情況，我們是更需要加以分析和研究的。

胡喬木的報告主要是重點闡述如何運用社會方式領導文藝工作，以克服違背藝術規律的行政方式和不恰當的干涉。

會議決定，全國文聯更名為中華全國文學藝術界聯合會，新當選的文聯領導是，主席郭沫若，副主席茅盾、周揚；全國文協更名為

中國作家協會，新當選的作協領導是，主席茅盾，副主席周揚、丁玲等。胡風當選為中國文學工作者第二次代表大會主席團成員，會議期間，毛澤東、劉少奇、周恩來、朱德、陳雲等黨和國家領導人接見會議代表。

這次文代會召開，解決了從1949年一次文代會以來在創作中存在的問題，大會認真探討了文學藝術的規律和特點，通過分析和研究，提出了要反對和克服創作中的公式化、概念化傾向，並把社會主義現實主義確定為文藝創作和批評的標準。另外，這次大會還第一次提出要把「百花齊放」的原則作為文藝事業的指導方針。

作為中國文學工作者第二次代表大會主席團成員，胡風在文學分組會上預定有發言，但這位主席團成員在會上的發言卻遭到有些代表的抗議，說他是在含沙射影地罵人。胡風在這個會議上的發言到底是說些什麼呢？據說，他在分組會上講了幾個外國作家和古代作家的故事，這個發言遍搜尋不獲，後來在曹禺的批判胡風的文章中才看到蛛絲馬跡。胡風講的外國作家故事是別林斯基和果戈里、聶米羅維奇‧丹欽科和斯坦尼斯拉夫斯基這兩對作家之間發生的故事。曹禺在《人民日報》（1955年5月18日）上發表了一篇〈誰是胡風的「敵、友、我」？〉，從文章裡面我們約略知道了胡風在這次座談會上的發言內容：

> 我想起在中國文學工作者第二次代表大會上，胡風曾十分多情地談起歷史的文壇上戰鬥的友情的問題。他說起偉大的批評家別林斯基如何愛護果戈里；多才多藝的、胸襟闊大的聶米羅維奇—丹欽科如何赤誠地愛護斯坦尼斯拉夫斯基。言下之意，只有他——胡風，明白這樣偉大的感情，而慷慨陳詞的他，說著說著，居然滿眶淚水了。

　　為了弄清楚胡風發言的內容和意圖，這裡簡單地介紹一下這幾位藝術家。

　　別林斯基是俄國革命民主主義者、哲學家、文學評論家。1811年出生在一個貧寒的醫生家庭，中學時代就愛上了文學。1829年進入大學語文系學習，1832年因組織進步小組「十一號文學社」和創作反農奴制戲劇《德米特里‧卡里寧》被學校藉故開除。1833年別林斯基開始為雜誌撰稿，從此走上了文學批評的道路。1834年他發表第一篇長篇論文〈文學的幻想〉。1838至1839年，他曾主持《莫斯科觀察家》雜誌的工作。該雜誌停刊後，他移居彼得堡，主持《祖國紀事》雜誌文學評論欄的工作。1846年，他轉至涅克拉索夫主編的《現代人》雜誌工作。別林斯基的思想經歷了由啟蒙主義到革命民主主義，由唯心主義到唯物主義的轉變過程，彼得堡時期是別林斯基斯想趨於成熟和文學批評活動的高峰時期。由於他的影響，《現代人》和《祖國紀事》成了當時進步知識界的輿論陣地。別林斯基一共寫了一千多篇評論文章。他的主要論文有：〈論俄國中篇小說和果戈里君的中篇小說〉（1835）、〈藝術的概念〉（1841）、〈論普希金〉（1845）、〈致果戈里的一封信〉（1847）和〈一八四七年俄國文學一瞥〉（1848）等。1848年別林斯基去世。

　　果戈里（1809–1852），19世紀上半葉俄國最優秀的諷刺作家，批判現實主義文學的奠基人。1809年4月1日出生於烏克蘭波爾塔瓦省米爾戈羅德縣一個村莊的地主家庭，1828年底，抱著去司法界供職的願望赴聖彼德堡。次年發表長詩《漢斯‧古謝加頓》。1829至1831年先後在聖彼德堡國有財產及公共房產局和封地局供職，親身體驗到了小職員的貧苦生活。在此期間還到美術學院學習繪畫。1831至1832年他的處女作短篇小說集《狄康卡近鄉夜話》問世，書中讚揚烏克蘭人民的勤勞、智慧和善良，揭露封建主義和金錢勢力的罪惡。1835年，

中篇小說集《米爾戈羅德》和《彼得堡的故事》的出版給他帶來聲譽，後者集子中的《狂人日記》、《鼻子》和《外套》等作品都是我們比較熟悉的名篇。在寫作中篇小說的同時，果戈里於1833年開始從事諷刺喜劇的創作。1836年4月，《欽差大臣》首次在聖彼德堡亞歷山卓劇院公演。《欽差大臣》上演後，遭到以尼古拉一世為首的俄國官僚貴族社會的攻擊和誹謗。1836年6月，果戈里離開俄國到了德國和瑞士，寫作上一年開始的長篇小說《死魂靈》。1837年3月遷居羅馬，1842年5月，《死魂靈》第一部問世，為了治病，他經常往返於義大利、法國與德國之間。果戈里始終希望通過人道主義、通過道德的改進來改造社會，晚年更陷入博愛主義和宗教神祕主義。1847年發表了《與友人書簡選》，書中宣揚君主制度、超階級的博愛和宗教神祕主義，為專制農奴制的俄國辯護。同年，別林斯基寫了《致果戈里的一封信》，嚴肅地批判了果戈里的錯誤思想。1848年春果戈里回國，定居莫斯科。1852年3月4日，果戈里因精神病發作在莫斯科逝世，終年42歲。

　　果戈里是位偉大的作家，魯迅曾稱讚果戈里的作品是「以不可見之淚痕悲色，振其邦人」；1935年他翻譯了果戈里的《死魂靈》。別林斯基曾經愛過作家果戈里，因為這位偉大的作家曾經藉其優美絕倫、無限真誠的作品深深地促動了俄羅斯人民覺醒的意識，使他們能夠像照鏡子一樣地看到自己。但當果戈里在1847年出版了落後的《與友人書簡選》時，同年，別林斯基發表了他的著名的《致果戈里的一封信》，對果戈里的《與友人書簡選》一書中對專制農奴制妥協的傾向進行了憤怒的譴責。這裡，別林斯基嚴格地區分了兩種文學，即為人民的文學和反人民的文學。對於果戈里作品中為人民的作品，別林斯基進行了充分肯定；而對於果戈里作品中反人民的作品，別林斯基毫不客氣作了批評。可見，別林斯基肯定和否定果戈里，不是從自己

的主觀好惡出發，而是從俄國的需要出發，從人民的需要出發。在別林斯基的〈論俄國中篇小說和果戈里君的中篇小說〉一文中，他駁斥了維護農奴制的御用文人們對果戈里的所謂「醜化政府官吏」的攻擊，高度地評價了果戈里是一位「更高於時代精神」的作家，給予果戈里的創作極大的支持。在後來的〈乞乞科夫的經歷或死魂靈〉（1841）、〈由果戈里的《死魂靈》而引起的解釋的解釋〉（1842）、〈一八四二年的俄國文學〉（1843）、〈一八四六年俄國文學一瞥〉（1847）、〈一八四七年俄國文學一瞥〉（1848）等一系列論文中，別林斯基以果戈里的創作為依據，肯定了果戈里的創作在俄國文學史上劃時代的意義，也分析了以果戈里為代表的「自然派」在俄國文學史上的形成過程，提出了現實主義文學的美學原則，即：藝術不應該是「裝飾」生活和「再造」生活，而是「現實的創造性再現」。

在胡風說的這個故事中，是很容易讓人由別林斯基聯想到胡風，由果戈里聯想到路翎的，不知道胡風在會上是不是有意地要講這個讓人容易產生聯想的故事。但早在40年代的時候，當時文藝界就有人稱胡風為中國的別林斯基，別林斯基在闡述文學創作和批評的一般規律時，提出了「藝術是形象思維」的著名論斷，指出了想像在文學創作活動中的積極主導作用，這個和強調主觀作用的胡風文藝思想是有異曲同工之妙的。而果戈里從事著小說和劇本創作，也讓人很容易聯想起路翎。胡風說的這個故事，可能還想告訴人們，他的文藝思想，他所從事的文藝批評，並不是人們所說的錯誤的文藝思想，也不是簡單的宗派主義，特別是他的文藝批評，是如別林斯基一樣，是從為人民還是反人民的角度去批評一個自己熟悉的作家的，根本就不是搞所謂的宗派主義，這偉大的友誼，又有多少人能懂得和理解呢？

胡風講的另外一個故事，其中的人物都是蘇聯著名的戲劇理論家。斯坦尼斯拉夫斯基（1863–1938），原姓阿列克塞耶夫，是蘇聯

著名的導演、戲劇教育家、理論家。1863年出生在莫斯科一個富商家庭。1877年在家庭業餘劇團舞臺開始演員生涯。1885年取藝名斯坦尼斯拉夫斯基。1888年末與莫斯科一些文藝界名流創辦藝術文學協會及附屬劇團，逐漸完成了從業餘演員向專業演員的過渡。1897年6月斯坦尼斯拉夫斯基與聶米羅維奇·丹欽科見面後決定創建新型的劇院，即莫斯科藝術劇院。1898年10月莫斯科藝術劇院以首演斯坦尼斯拉夫斯基執導的歷史悲劇《沙皇費多爾·伊凡維奇》宣告成立。一個月後，斯坦尼斯拉夫斯基與丹欽科聯合執導的契訶夫名劇《海鷗》獲得轟動性成功，標誌著一個新的現實主義戲劇流派的誕生。《海鷗》之後，斯坦尼斯拉夫斯基又和丹欽科共同執導了契訶夫的《萬尼亞舅舅》、《三姊妹》、《櫻桃園》。同時，把高爾基最初的兩部劇作《小市民》、《底層》推上了舞臺。在這個時期，斯坦尼斯拉夫斯基不僅擔任導演而且也在自己導演的劇目中擔任重要角色，《三姊妹》中飾演韋爾希寧，《底層》中飾演沙金，《櫻桃園》中飾演戞耶夫，這些都是斯坦尼斯拉夫斯基創造的舞臺形象。斯坦尼斯拉夫斯基在導演奧斯特洛夫斯基的《熾熱的心》和伊凡諾夫的《鐵甲列車14─69》時，給舞臺演出充實了新的時代精神。他在1922─1924年率劇團在美國巡迴演出時，寫作了自傳《我的藝術生活》，首次對自己的戲劇體系作了理論與實踐相結合的研討。1928年10月心臟病突發之後，全力投入戲劇實驗教學與理論總結工作，寫出了洋洋大觀的《演員自我修養》，並以「形體動作方法」豐富了以內心體驗為核心的戲劇體系，最終成了世界一大戲劇體系的奠基人。1938年8月7日卒於莫斯科。

　　聶米羅維奇·丹欽科（1858─1943），蘇聯著名的戲劇導演，劇作家，戲劇教育家。1858年出生於舊俄軍官家庭。丹欽科早年從事小說創作。1891年起從事戲劇教育。1898年與斯坦尼斯拉夫斯基共同創建莫斯科藝術劇院，負責劇目選定，並與斯坦尼斯拉夫斯基聯合導

演契訶夫的名劇《海鷗》、《萬尼亞舅舅》、《三姐妹》、《櫻桃園》，以及高爾基的《底層》。通過這些演出，建立了莫斯科藝術劇院的心理現實主義舞臺藝術風格。1928年斯坦尼斯拉夫斯基因病退出舞臺之後，丹欽科成為莫斯科藝術劇院的主要領導人。他在1930、1937年先後把托爾斯泰的小說《復活》、《安娜·卡列尼娜》搬上舞臺，創造性地把朗誦者引入舞臺演出。為了實踐新的藝術構思，他還於1940年重新排演了《三姊妹》。他的最後一部導演力作是《克里姆林宮的鐘聲》。聶米羅維奇·丹欽科卒於1943年4月25日。

斯坦尼斯拉夫斯基一直支持年輕的聶米羅維奇·丹欽科，和他一起創建莫斯科藝術劇院，和他一起合作導演了很多劇本，兩人相互支持，在他生病後推出了聶米羅維奇·丹欽科。以「體驗基礎上的再體現」為基本內容的斯坦尼斯拉夫斯基體系是俄國現實主義戲劇體系的主要代表，就如斯坦尼斯拉夫斯基後來總結所述的那樣：如果說歷史世態劇的路線把我們引向外表的現實主義，那麼，直覺和情感的路線卻把我們引向內心的現實主義。繼斯坦尼斯拉夫斯基之後，聶米羅維奇·丹欽科通過半個多世紀的藝術實踐，後來把自己的戲劇思想概括為：社會感受、生活感受和戲劇感受的綜合。

這裡我們看到，斯坦尼斯拉夫斯基不僅愛護聶米羅維奇·丹欽科，而且從戲劇理念上影響著後者，他們都是偏重於內心體驗，強調的是內心現實主義和感受，無意天成，這些觀點其實是和胡風所強調的「主觀戰鬥精神」竟然是不謀而合的。

或許是現實中的事情實在太不好說了，一說現實的問題就被人抓住什麼把柄，所以胡風在小組發言上想說一點虛的——外國作家的故事，他在第一個故事中主要強調的是批評家對作家的關心，以及當作家走入迷途的時候批評家又發自內心地來堅決批評幫助作家，這是作家之間深摯的友誼。第二故事中主要是強調作家之間要互相支持互相

配合，特別是關心青年作家，這樣才能都登上藝術的頂峰。但不可否認的是，胡風選擇的這兩個故事中主人公的藝術思想和胡風的文藝思想竟然是如此契合，胡風說的這幾個人和他與路翎狀況也有些相似。正因為這樣，所以胡風在會場上發言說這兩個故事的時候，據說華東作家代表團的領隊之一章靳以當即向華東代表團傳紙條，說胡風在他講的故事中含沙射影，是在罵人。[18]

　　原以為到了北京以後，自己關門寫點東西，做點研究，搞點翻譯，誰知道還是不斷地惹上是非，這個固然和形勢不斷地變化有關，因為在當時運動和會議不斷的情況下，胡風根本無法靜下心來寫東西，做研究，況且就是他現在寫東西也沒有地方發表他的東西，胡風座談會之後，他已經變成了一個真正的戴罪之人了。雖然在《人民文學》擔任編委了，這個他以前根本不屑的位置，但就是這樣，他在審稿定稿上和編輯思想上也都沒有什麼決定權。還有，胡風是一位鬥士，鬥士不鬥爭是寂寞的，他以為參加這樣的會議不說現實說一點虛無縹緲的故事，那樣會遠離一些現實，但胡風還是錯誤地判斷了大家對他的警惕，他有心的發言還是讓很多代表聽出了弦外之音，不僅在會議上被人抗議，會議期間還聽說有人說他是反對派。

舒蕪似乎遠離了是非

　　人民文學出版社創立於1951年3月，成立伊始雖然沙可夫在兼任負責人，但一直沒有一位專門負責人，周恩來和胡喬木點將要馮雪峰去負責，由馮雪峰從上海去接替沙可夫擔任出版社的社長和總編輯。馮雪峰原在上海擔任文協主席，並不是很想去北京，期間還推薦了巴金去任人民文學出版社社長和總編輯一職，但巴金也不想離開上海，最後還是馮雪峰自己去了。

　　1953年，舒蕪也來到了北京，到了人民文學出版社古典文學編輯部擔任編輯。

　　調到北京做業務工作，我是願意的。前面說過，南寧一解放，我就想離開，到京津滬漢之類的大城市，最願意的還是搞業務，如研究、教學、寫作之類。結果南寧不放，我也說服自己安心。但校長畢竟有學校行政之責，廣西當時的文聯工作又沒有超過結合中心任務作通俗宣傳的水平，加上有些方面的社會工作也確有成為「民主人士」一流的趨勢，這都不是我之所願。所以，能到北京做文學編輯工作，我非常高興。人民文學出版社社長兼總編輯是馮雪峰，又是我一向敬佩的。他同我談話時，表示希望我參加古典文學編輯室的工作。那時講究服從組織需要，我自然沒有二話。這樣一來，在我就有了一個大變化。解放前，我在學校裡教中國古典文學，心裡一直把這個僅僅當作謀生的「職業」，而不是「事業」；自以為「事業」另有所在，就是搞理論，寫論文雜文。調到人民文學出版社以後，革命工作當然不僅是「職業」而是「事業」了，於是，先前只當作的「職業」手段的古典文學研究，從此成了我的工作，成了「事業」了。[19]

　　1953年4月舒蕪在人民文學出版社古典文學編輯室擔任編輯工作以後，用他自己的話說，就是他從此完全「投入到了中國古典文學中去，離開了現代理論思想領域，一時之間也離開了〈論主觀〉、胡風文藝思想等等問題」。

　　是誰要調舒蕪進京的呢？據舒蕪自己說，他在參加胡風文藝思想感座談會期間，確實為調動進京做過「一些聯絡工作」，如前面所說，舒蕪一直想離開邊遠閉塞的南寧，來到北京後，有些文藝界的人士也勸他離開南寧，比如艾青就曾對他說：「南寧那個地方有什麼呆頭？那麼偏僻寄個信都要好幾天，太閉塞了。看看能不能往北京調吧，找個合適的位置，當個編輯呀什麼的，不是很好嗎？」自己本來

就想離開南寧，早年寫信曾央求胡風幫忙介紹到大城市去，現在又有了朋友的慫恿，於是舒蕪又開始了進京的努力。不過這一次很容易，舒蕪把自己想進北京的意思和林默涵一說，林默涵問正在為出版社到處網路人才的馮雪峰要不要，馮雪峰當即表示歡迎，就這樣，當時舒蕪人還在北京胡風文藝思想研討會，在京期間，馮雪峰還到他的住處和他商談好了舒蕪的工作問題。[20]

　　舒蕪進京並不是後來有些人說的那樣，是他自己到處鑽營、出賣朋友最後才調成的。其實並沒有那麼複雜，舒蕪三十歲不到就是大學古典文學方面的年輕教授，後來又寫了〈論主觀〉等讓他贏得聲譽的理論文章發表在進步刊物上，解放後作為進步知識分子一員，他在南寧擔任了不少職務，應該說他自身的條件很好。但是，舒蕪之所以能夠這麼順利的進京，肯定和《人民日報》和《文藝報》上發表的「檢討」和「檢舉」的文章有關，完全抹殺這個因素是說不過去的。兩篇文章一發表，舒蕪也就成了文藝知識分子改造的典型之一，獎勵典型也就包括滿足「典型」提出的要求，這個是無須諱言的。

　　在舒蕪的進京調動中，主要起作用的應該是馮雪峰。馮雪峰是不是奉了更高領導的旨意（如胡喬木）去調動舒蕪，目前還沒有發現這個材料。當時的馮雪峰已經是副部級領導，且人民文學出版社正在到處求賢之時，林默涵那時不過是中宣部文藝局副局長，似乎馮雪峰沒有必要去服從他的命令。

　　其他人的回憶文章也印證了以上分析。據劉保昌著的《聶紺弩傳》所述，說馮雪峰邀請聶紺弩到人民文學出版社擔任副總編輯兼古典部（二編室）主任後，當時聶紺弩就開始籌畫古典文學編輯室的重點選題計畫和出版方向，但因為在創辦之初，所以很缺人才：

　　當務之急還是人才問題，聶紺弩和馮雪峰到處去「挖人」，調來了不少古典文學研究的精兵強將，這些人後來幾乎都成為古典文學研

究界的著名學者，如張友鸞、顧學頡、黃肅秋、舒蕪，等等。[21]

如前所說，舒蕪是安徽桐城方家人，家學淵源，尤其是古典文學方面，他解放前在大學裡擔任的是古典文學的教授，同時還和陳家康一起研究過墨子，在古典文學方面應該說是很有造詣的，所以在人民文學出版社古典文學編輯部需要人才的時候，而這個時候舒蕪又是一個在黨報上露過臉的「名人」，加上負責古典文學編輯部的聶紺弩是一個非常開通、不拘泥小事的人，所以這個時候人民文學社看上舒蕪並請他來京，還是很好理解的。

作為人民文學出版社的引進人才，舒蕪應該是合格的，馮雪峰應該是歡迎的。舒蕪說「那時講究服從組織需要，我自然沒有二話」，基本可以確定的是，這個組織就是馮雪峰所在的人民文學出版社。有人說舒蕪進人民文學出版社是周揚的安排，其實這個是最不靠譜的說法，當時人民文學出版社雖然屬於文化部管，文化部副部長周揚雖然是人民文學出版社的直接主管領導，但他從來不管人民文學出版社的業務，由周揚來向馮雪峰推薦舒蕪，就他們兩人當時的關係，馮雪峰是絕對不會買周揚的賬的，甚至會適得其反，說舒蕪是周揚「獎勵」或者說「安排」進人民文學出版社的，這個是不太可能。

除了有人說舒蕪是靠賣身求榮才調到北京工作的，還有人說舒蕪是個不甘寂寞的人，是為了升官發財才進的，其實這個說法也不值一駁。來到北京之前，舒蕪當時在廣西在南寧是非常受重用的一位知識分子，幾次想調離都被當地政府所挽留。早年湖南大學要調他去的時候，南寧方面就不肯放他走；後來想去胡風幫他聯繫好的東北一所大學，還是因為南寧不放沒有去成。

上面說的是我解放初期思想變化的主要一面，但另外也有相矛盾的一面。我畢竟不能忘懷文化思想方面的事情，想出版《生活唯物論》，還將〈論主觀〉等系列文章編成一集題為「走向今天」，也想

出版，並且也不安心長期留在南寧那樣一個邊遠城市，長期忙於社會
政治活動和行政工作，想到京津滬漢等大城市，靜下來專做研究、寫
作、教學、編輯方面的工作。湖南大學要我去，寄來了聘書，南寧不
肯放，我對於去長沙也不太熱心。我寫信給胡風，請他幫忙。胡風
於1950年3月15日寫長信復我，告訴我已介紹我去瀋陽的東北行政學
院，該院即將改為東北人民大學，要請一個文哲教師，並負責全校文
哲教師的思想領導，很歡迎我去。胡風給我詳細分析了那裡的政治、
文化、學校、人事各方面的環境，生活待遇方面的有利條件，等等，
力贊我去，連路費、路程、行李如何帶，書籍不如郵寄等等細節，都
替我考慮到。[22]

　　舒蕪本質上還是一位讀書人，說他喜歡追逐權勢好像沒有什麼
證據，當時在南寧的時候，舒蕪應該說是一位比較年輕的幹部，並且
在南寧乃至中南區都是比較有前途的青年幹部，除了擔任南寧中學校
長，同時還兼任了很多社會職務，如，廣西中蘇友好協會副主任，南
寧社聯副主席，等等，如果說行政級別，他當時在南寧最少也應是處
級幹部，後來他調到北京，也就是做一個普通的編輯，沒有一個實際
頭銜和虛銜，直到很多年後他才做了古典文學編輯部副主任。「我調
北京，並不是為了做官，更不是為了謀求什麼地位。要是留在廣西，
馬上就可以當官，省政府文委秘書長，恐怕也是廳級吧。而到北京，
就是當個普通的編輯，還是在古典部，有多大的名堂呢？可我還是願
意幹。我主要是想擺脫事務性工作，能讀讀書、寫寫文章。」這樣
說，只是為了說明舒蕪到北京並沒有升官發財，如果他早年眷戀「權
勢」，喜歡迎來送往，那他就會留在南寧，舒蕪調到北京去後，雖然
沒有升官發財，但他開始從事他比較喜歡的文化工作了，他的愛好古
典文學和想做一點學問的思想得到了滿足。當然，舒蕪到北京還有很
多個理由，舒蕪一直把北京當作自己的故鄉，曾經寫過一篇散文就是

〈北京是我的故鄉〉，他在2歲左右的時候和他媽媽就在北京生活，7歲前還在北京的培根小學，也就是府右大街小學讀過一年級，7歲以後才離開北京；還有，那就是他的愛人陳沅芷是北京師範學院畢業的，她對北京也很有感情。舒蕪來北京可以滿足家裡人來京的願望，也可以圓自己想到大城市的夢想，應該說有這個想法也是人之常情。

舒蕪到人民文學出版社後，考慮到他在大學裡開設的是「歷代詩選」這門課，並且重點是講唐詩，所以交給他的第一個任務，是讓他承擔《李白詩選》的選注，同時還讓他負責修訂《紅樓夢》新版的標點。後一項工作，在1954年下半年毛澤東發動批評《紅樓夢》文學運動以後，讓舒蕪順理成章地成為了《紅樓夢》研究專家並積極參加了那場運動，這是後話。

歷史走到這裡，胡風和舒蕪兩人都還沒有徹底交惡，表面上彼此還是很客氣的，歷史到這裡已經將兩個人做了暫時的區隔，他們暫時都在各自的領域工作著，同在一座城，空間距離近了，但已經形同路人了，心裡距離遠了。然而，在那個特殊的年代，一場運動就可以把人又迅速地連接了起來。也許是前緣未盡，所以兩人在兩股不相干的道路上奔跑著的時候，後來還是又碰到了一起，那已是1955年的事情了。

不過這次舒蕪進人民文學出版社的事情也給馮雪峰埋下了一個炸彈，作為人民文學出版社社長兼總編輯的馮雪峰，把胡風憎恨的舒蕪網羅到了他的手下，胡風對馮雪峰是怨恨更加增加了，馮雪峰在他主編的《文藝報》上發表批評胡風的「讀者來信」，不發表路翎的作品，等等，已經讓胡風對馮雪峰非常不滿了，現在又「獎勵」舒蕪到人民文學出版社，胡風為此甚至認為馮雪峰是在和他作對。在接下來的一年發生批評《文藝報》和主編馮雪峰的事件時，胡風找到了發洩的機會，近乎瘋狂地攻擊馮雪峰，這個也不能說和馮雪峰接收舒蕪完全沒有關係。在胡風看來，我憎惡的，你要親近，馮雪峰是在和他唱對臺戲。

　　值得一提的是，舒蕪到北京後，上海的王元化在這一年開始了動搖，這個讓胡風很生氣，一離開上海，空間距離一遠，王元化就開始反省，準備「背叛」胡風和胡風的朋友。1953年10月12日，在北京的胡風寄了一封信給羅洛和張中曉：

> 我想，怕事，為自己……這就弄到屈服和犧牲別人，但為了向上爬，似乎還不至於。所以，似應從積極的意義上去爭取，必要的鬥爭非做不可，但也是為了爭取。盡可能接近，說服，必要時拆穿，但也是為了爭取。爭取做一些工作，出主意，提意見，耐心地去「幫助」他，也是為了爭取。從現在的情況看，當然不能信任，但也不能完全不信任。

　　王文正在〈回憶審訊「胡風分子」羅洛〉中說，在研究胡風這封信時，有關宣傳機關認為，這封信裡所說的「怕事，為自己……」，等等，就是說「胡風分子」之一的王元化，王元化在檢討了他的錯誤思想以後，在北京的胡風就指揮在上海的兩個朋友羅洛和張中曉包圍他，「爭取」他。「他」即王元化。這裡有一句話值得注意，那就是「必要時拆穿」，說明王元化好像有什麼不可告人的政治尾巴給抓在那些人的手裡，所以他們企圖以此來恐嚇他，使他不敢脫離團夥。當然，也說明瞭當時胡風很擔心王元化脫離「小集團」，所以在信中支招叫羅洛和張中曉想各種辦法爭取他。李輝在《胡風集團冤案始末》中說：「三年前（引者注：指1953年），在文藝整風中，他曾經因為反省過自己，招致胡風和朋友的指責。」（第190頁）指的就是這個事件。

　　其實早在1950年6月，王元化寫〈重讀約翰‧克利斯朵夫〉一文時，就已經暴露出王元化在積極改造自己的主觀意向。《約翰‧克利斯朵夫》的作者羅曼‧羅蘭是茅盾在文代會報告上專門批判過的：

羅曼・羅蘭的名著《約翰・克利斯朵夫》無論就思想深度言，或就「藝術性」言，當然是不朽之作，但不幸許多讀者卻被書中主人公的個人主義精神所震懾而暈眩，於是生活於二十世紀四十年代人民革命的中國，卻神往於十九世紀末期個人英雄主義的反抗方式，這簡直是時代錯誤了。崇拜西歐古典作品的，最極端的例子就是波特萊耳也成為值得學習的模範，這當然更不足深論。

羅曼・羅蘭是王元化，也是胡風朋友們所喜愛的作家。1945年11月在獲悉羅曼・羅蘭逝世的消息後，王元化就寫了〈關於《約翰・克利斯朵夫》〉的文章來紀念，胡風還出了一期專刊來紀念羅曼・羅蘭。現在經過新中國的洗禮後，茅盾在一次文代會上對這本書作出否定的評價後，王元化重新閱讀這篇文章，讀出了新的味道，也不足為怪。他認為：「《約翰・克利斯朵夫》可能趕不上現在它的讀者的社會意識的水準。可是，我們得說：這個『相信善的勝利的貝多芬』，仍舊可以作為那些『覺得沒有心的參預的社會意識，就能濟事的男女』的一個少不了的榜樣。」王元化的文章最難能可貴的地方是比較客觀地肯定了羅曼・羅蘭作品在解放前的價值，但也承認《約翰・克利斯朵夫》可能趕不上現在它的讀者的社會意識的水準了，他說：「我們如果以後來居上的態度，用挑剔毛病的辦法，是可以把《約翰・克利斯朵夫》批判得一文不值的，並且也可以有數不清的證據來證明自己的社會意識遠比羅蘭進步而引為驕傲。」這裡是批評了當時文藝界因為羅曼・羅蘭存在的機械地運用現代思想意識否定《約翰・克利斯朵夫》的錯誤批判方法，但也承認羅曼・羅蘭思想的落後和應該拋棄，這個實際上也是否定了以前對羅曼・羅蘭的信仰。

王元化、舒蕪等人，早年都信仰羅曼・羅蘭，現在重新審視過去，都是從懷疑早年的信仰羅曼・羅蘭開始，這就是蕪雜歷史中的清晰之處。

注釋

1.林默涵口述、黃華英整理：《胡風事件的前前後後》，載《新文學史料》編輯部：《歷史風濤中的文人們》，人民文學出版社2009年版，第200-201頁。

2.林默涵口述、黃華英整理：《胡風事件的前前後後》，載《新文學史料》編輯部：《歷史風濤中的文人們》，人民文學出版社2009年版，第201頁。

3.林默涵口述、黃華英整理：《胡風事件的前前後後》，載《新文學史料》編輯部：《歷史風濤中的文人們》，人民文學出版社2009年版，第204頁。

4.胡風：《胡風全集》第6卷，湖北人民出版社1999年版，第126-127頁。

5.李輝：《胡風集團冤案始末》，人民日報出版社1989年版，第121頁。

6.胡風：《胡風回憶錄》，人民文學出版社1997年版，第299頁。

7.關於胡風去不去延安徵求周恩來意見一事，一般認為胡風當時不願意去延安的，他的回憶錄在《新文學史料》上發表時，胡風對此有一段注釋：「周副主席沒有讓我去延安，也許是看到我答話的態度不夠積極吧。那是，梅志是十分希望去延安，因此還同我吵過。」參見《胡風回憶錄》，見《胡風全集》第7卷，第503-505頁。

8.孫瑜：〈影片《武訓傳》前前後後〉，引自《新華文摘》，1987年第2期。

9.毛澤東：〈關於新稅制問題給周恩來等的信〉，1953年1月15日。見《建國以來毛澤東文稿》（第四冊），中央文獻出版社1990年版，第27頁。

10.薄一波：《若干重大決策與事件的回顧》上卷，中共中央黨校出版社1991年版，第235頁。

11.林蘊暉：《國史箚記》（事件篇），東方出版中心2008年版，第93-94頁。

12.可參見曉風、曉山、曉谷：《我的父親胡風》，春風文藝出版社2001年版，第59-60頁；李輝：《胡風集團冤案始末》，人民日報出版社1989年，第135頁。

13.曉風選編：《胡風家書》，復旦大學出版社2007年版，第393頁。

14.白樺：《我和胡風短暫而又長久的因緣》，見《新文學史料》編輯部：《舊時月色中的文人們》，人民文學出版社2009年版，第57頁。

15.李紅強：《人民文學十七年》，當代中國出版社2009年版，第63頁。

16.涂元群：《回憶邵荃麟》，《中國當代作家紀實》，中國文聯出版公司1995年版，第35頁。

17.胡風：《胡風三十萬言書》，湖北人民出版社2003年版，第85頁。

18.胡風：《胡風三十萬言書》，湖北人民出版社2003年版，第94頁。

19.舒蕪：〈《回歸五四》後序〉，載《舒蕪集》（第8卷），河北人民出版社2001年版，第380-381頁。

20.參見舒蕪口述、許福蘆撰寫：《舒蕪口述自傳》，中國社會科學出版社2002年版，第244頁。

21.劉寶昌：《轟紺弩傳》，崇文書局2008年版，第271頁。

22.舒蕪：〈《回歸五四》後序〉，載《舒蕪集》（第8卷），河北人民出版社2001年版，第331頁。

第五章　胡風沒有忘記舒蕪的「愛」

　　不可否認的是，很多後來以魯迅弟子自詡的人，都沒有得到魯迅的真傳，魯迅除了有韌性的戰鬥，同時還有對朋友對學生的博愛的胸懷，而這個後來的很多弟子都沒有繼承到。比如，魯迅就多次維護和支持胡風，在徐懋庸給魯迅信中說胡風「性情之詐」的時候，當時的魯迅正在重病之中，依然憤然起來捍衛自己身邊的年輕人，斥責他「不能提出真憑實據，而任意汙我的朋友為『內奸』，為『卑劣』者，我是要加以辯正的。這不僅是我的交友的道義，也是看人看事的結果」。[1]1936年1月，在魯迅的支持下，胡風等人合作辦起了《海燕》，魯迅是欣喜的，因為有了自己人的刊物，但《海燕》出版到第二期就停刊了，為什麼？因為在社會局的捕房找到曹聚仁的時候，問他是不是《海燕》的發行人，他誠實地說他是《海燕》的實際發行人，但他不是刊物上所寫的發行人「張仲名」，他向社會局的捕房保證，說自己再也不做《海燕》的發行人了，同時還在報紙上發表聲明，說不再擔任《海燕》的發行人。而當時的刊物，是必須寫上發行人姓名的，魯迅是名人不好署名，其他人是左翼危險人物，也不好署名為發行人，就這樣這本期刊終於停刊了。當時很多人都對曹聚仁不滿，紛紛地指責他，後來曹聚仁寫信給魯迅，進一步說明自己行為的緣由，魯迅看了後，表示了體諒，說這個時候，可以理解他的「不能不有所顧慮的苦心孤詣」。——這就是魯迅，會睚眥必報，也會原諒友人。

舒蕪在1952年寫出了兩篇文章，他遭到胡風的譴責和胡風假路翎之手的報復，1953年以後，他們本來已經是兩條道路上的人，但因為有了胡風著名的《三十萬言書》，我們可以看到，胡風在他的洋洋大觀的上書中沒有忘記舒蕪曾經對他的「關愛」。

想借力打力，胡風在冒險

胡風是一位比較敏感的人，但因為過於敏感，所以常常想像生偽，出現幻覺。胡風的一生曾經有過幾次比較大的敏感和幻覺，而最後發展的結果都證明瞭僅僅是他過分敏感。

1953年12月17日，陳雲和鄧小平星夜前往毛澤東住所談話，這次談話引出了一個非常重要的歷史事件，那就是共和國歷史上著名的高饒事件。當時高崗想拉攏陳雲和鄧小平拱倒劉少奇，想成為接班人，說了很多沒有組織原則的話，比如他對陳雲說：「搞幾個主席，你也搞一個，我也搞一個。」[2]這個讓陳雲和鄧小平覺得問題很嚴重，於是就去報告了毛澤東。毛澤東感到事情嚴重，找了很多人祕密談話，進行了十分緊張的部署：10月17日，與陳雲、鄧小平談話，後來叫來周恩來；18至19日，與周恩來、陳雲、鄧小平繼續談話；20日，分別與彭德懷、劉伯承、陳毅、賀龍與葉劍英5人談話，與劉少奇談話，與周恩來談話；21日，與朱德談話，再與陳毅談話；22日，再次與彭德懷談話。這些部署好了以後，23日，找了高崗本人談話，當天晚上還召集了劉少奇、周恩來、彭德懷和鄧小平開會。24日，毛澤東在中央政治局會議上開始批評高崗，說「北京有兩個司令部」，並提議起草增強黨的團結的決議。[3]

當時在北京中南海工作的綠原，看到中央這麼多人這麼頻繁地開會，預感到了要出什麼事情，就把這個異常的情況和胡風說了。1954

年2月6日至10日，毛澤東罕見地在黨大會即將召開之時去了杭州休假，七屆四中全會在劉少奇的主持下，按照毛澤東既定的指示完成了各項議程。

　　而此刻胡風也終於通過聶紺弩打聽到了這個會議的內容，據當時參與處理胡風事件的康濯說：

> 　　特別在胡風被捕以後，很快就從他的日記上發現1954年上半年，黨中央剛剛在很小的範圍內傳達了高崗、饒漱石問題；黨內很多高級幹部還不知道，胡風卻很快就知道。他是怎麼知道的呢？這自然也不能不成為當時必須深究的一個問題。
>
> 　　原來情況是黨中央在中南海懷仁堂召開部分高級幹部會議傳達高、饒問題時，那兩年正在中宣部工作、和胡風很接近的綠原同志辦公室就在懷仁堂隔壁的慶雲堂內。據說綠原發現那天晚上懷仁堂外邊小汽車很多，而且戒備森嚴，連他們中南海裡面的幹部也不能隨便行動，便預感到黨內可能出了什麼大事。於是他很快就打電話告訴了胡風。這以後沒兩天，胡風的老朋友聶紺弩同志去看望他，胡風突然問道：「紺弩，前兩天你在懷仁堂聽了什麼重要報告？」這當然是胡風懵他嘍！因為紺弩是二十年代入黨的老黨員負責幹部，胡風估計他可能聽了那個報告，事實上紺弩也確實聽了那個報告。經不住胡風三問兩問，紺弩就把高、饒問題告訴了胡風。
>
> ──〈《文藝報》與胡風冤案〉[4]

　　再看1954年2月18日的《人民日報》的公報和社論，公報和社論的主要內容是強調反對高級幹部的驕傲自大等，並特別提倡開展黨內正確的批評和自我批評，這個也讓胡風興奮不已。1954年2月18日

《人民日報》社論的題目是：增強黨的團結是實現過渡時期總路線的根本保證。社論首先指出了召開這次中央委員會的背景，認為1954年2月6日至10日召開的中國共產黨的七屆四中全會，是在黨的工作得到了巨大的成績：抗美援朝運動、和平解放西藏、土地改革、鎮壓反革命、對知識分子的思想改造、「三反」「五反」及其他一系列的社會改革運動都取得了勝利，經濟建設工作、文化教育工作、民主建設工作、外交和國際活動、統一戰線工作以及黨的工作，都有巨大的成就的背景下召開的。同時，也指出在這樣的形勢下依然有必要強調增強團結的問題，認為從馬克思列寧主義的立場來看，從階級鬥爭的觀點來看，我們在這個時候嚴肅地提出增強黨的團結的問題，是完全必要的，是一點也沒有什麼稀奇的。

四中全會分析了中國共產黨的內部情況，認為黨內有些因素使黨的團結受到威脅。其中最重要的，是一部分幹部甚至某些高級幹部，滋長著一種極端危險的驕傲情緒，「他們因為工作中的若干成績就沖昏了頭腦，忘記了共產黨員所必須具有的謙遜態度和自我批評精神，誇大個人的作用，強調個人的威信，自以為天下第一，只能聽人奉承讚揚，不能受人批評監督，對批評者實行壓制和報復，甚至把自己所領導的地區和部門看作個人的資本和獨立王國。」（公報）他們這種驕傲情緒和個人主義惡劣傾向的發展，如果黨不予以及時的制止，必然會走到與黨對抗，破壞黨的團結，就有發展成為個人主義的野心家、成為帝國主義與反動派在黨內的代理人的可悲的前途。四中全會指出，驕傲情緒是「極端危險」的情緒，正是因為這種情緒發展下去，足以招致黨的不團結，招致黨的分裂，招致中國革命的挫折或失敗，所以它是極端危險的。

既然這種極端危險的驕傲情緒在一部分幹部甚至某些高級幹部中已經存在和滋長，並且可能發展到威脅黨的團結的程度，四中全會完

全有必要向全黨敲起警鐘，向這一部分幹部特別是其中的高級幹部敲起警鐘，以便在萌芽狀態時就消滅這種危險，保護黨的團結，保護黨的生命，保護我國的革命大業使之能夠順利的進行。

為此目的，四中全會規定了各項增強黨的團結的具體辦法。

為了增強黨的團結，四中全會對於黨內鬥爭和批評與自我批評的問題，根據「聯共黨史」結束語第四條第五條，和中國革命實踐的經驗，作了創造性的規定。這種規定，對於充分發展黨內民主，充分發展黨內的批評與自我批評，是非常重要的。

四中全會指出：對於黨員的缺點或錯誤進行批評，應當區別不同的情形，採取不同的方針。對於那種有意地破壞黨的團結，而與黨對抗，堅持不改正錯誤，甚至在黨內進行宗派活動、分裂活動和其他危害活動的分子，黨就必須進行無情的鬥爭，給以嚴格的制裁，直至在必要時將他們驅逐出黨。因為只有這樣，才能維護黨的團結，才能維護革命的利益和人民的利益。但是對於那種具有在性質上比較不重要的缺點或犯有在性質上比較不重要的錯誤的同志，或者對於那種雖然具有嚴重或比較嚴重的缺點、犯有嚴重或比較嚴重的錯誤，但在受到批評教育以後，仍能把黨的利益放在個人的利益之上，願意改正並實行改正的同志，應當採取「與人為善」、「治病救人」的方針。對於他們的缺點或錯誤必須按照具體情況進行嚴肅的批評或必要的鬥爭；但是這種批評或鬥爭應當貫徹中央和毛澤東同志的指示：「從團結出發，經過批評或鬥爭達到團結的目的」，不應當不給他們改正的機會，更不應當故意將他們的個別的、局部的、暫時的、比較不重要的缺點或錯誤誇大為系統的、嚴重的缺點或錯誤，因為這種態度就不是從團結出發，就不能達到團結的目的，就不利於黨。

為了正確地進行黨內鬥爭和批評與自我批評，既達到改正錯誤缺點的目的，又達到增強黨的團結的目的，黨就必須一方面向壓制批

評的現象作鬥爭，堅決實行「知無不言，言無不盡」，「言者無罪，聞者足戒」，「有則改之，無則加勉」這些原則，就必須反對這樣一種人，他們口頭上並不反對批評和自我批評，可是在實際行動上卻認為批評和自我批評只能適用於別人，只能適用於別人工作的範圍內，而不能適用到自己，不能適用到屬於自己工作的範圍內，因為這就是拒絕批評與自我批評。另一方面，必須反對另一種人，他們不是想經過批評和自我批評來鞏固黨的紀律，來促進黨的團結和幫助同志的進步，而是想假借批評和自我批評的名義來削弱和破壞黨的紀律，從而削弱和破壞黨的團結和黨的威信，因為這樣的態度是黨所完全不能容許的。

　　1954年的春天，對胡風來說，來得實在有點太早。有些人說胡風是在不瞭解這次黨內鬥爭的內情的情況下開始去寫作《三十萬言書》的，事實並非如此，應該說胡風是非常清楚這次黨內鬥爭的情況的，這次的高、饒事件，讓胡風感覺到，黨的高級幹部如果不團結都會遭受到嚴厲批評，那麼聯繫到現實中他所受到的高級幹部因為宗派主義對他的「打擊」，覺得他要是向上面申訴，上面也會處理的，他覺得申訴自己委屈的時機來到了。特別是他在看到社論中的這一段，應該說是於他心有戚戚焉：「其中最重要的，是一部分幹部甚至某些高級幹部，滋長著一種極端危險的驕傲情緒，『他們因為工作中的若干成績就沖昏了頭腦，忘記了共產黨員所必須具有的謙遜態度和自我批評精神，誇大個人的作用，強調個人的威信，自以為天下第一，只能聽人奉承讚揚，不能受人批評監督，對批評者實行壓制和報復，甚至把自己所領導的地區和部門看作個人的資本和獨立王國。』（公報）他們這種驕傲情緒和個人主義惡劣傾向的發展，如果黨不予以及時的制止，必然會走到與黨對抗，破壞黨的團結，就有發展成為個人主義的野心家、成為帝國主義與反動派在黨內的代理人的可悲的前途。四中

全會指出，驕傲情緒是『極端危險』的情緒，正是因為這種情緒發展下去，足以招致黨的不團結，招致黨的分裂，招致中國革命的挫折或失敗，所以它是極端危險的。」

　　胡風認為周揚就是社論中所指的那些幹部，周揚對他很冷漠，就是黨的高級幹部驕傲情緒的表現，周揚對與他原來不合的人進行宗派主義的打擊，就是把文藝戰線看作是他個人的「獨立王國」，等等。對於文藝界的不團結和宗派主義，胡風相信中央領導肯定是知道的，想起1951年12月和周恩來見面時周恩來讓他寫點材料反映文藝界的現狀的一幕，此時，胡風開始了籌畫，他甚至覺得寫材料給中央是他在完成周恩來1951年12月3日的囑託。前面說過，那次周恩來和胡風有過一次非常親密的談話，這個談話從下午3點一直到晚上8點半，臨近告辭的時候，周恩來說中央非常需要暸解文藝情況，希望他寫個材料給中央。實際上，1954年的周恩來已經不是3年前的周恩來了，要知道1952年批評胡風文藝思想的座談會實際上就是在周恩來的指示下進行的。在解放初期，很多領導人對與自己親近的人要求都很嚴格，周恩來關心胡風，幫助胡風檢討自己的錯誤思想，也可以看作是對自己人更加關心一點的表現。關於這一點，在解放前後毛澤東就表現得很明顯，比如在選七大代表的時候，毛澤東對他創立和指揮的井岡山一軍團的人，要求就很嚴格，為了照顧各個其他軍團，一軍團中只有林彪一個代表，其他年輕有為的師長，如鄧華、蕭華和劉亞樓等，這些難得的人才都被毛澤東壓了下來，其他軍團的人倒比一軍團多。[5]周恩來當時就是出於關心胡風，所以想通過座談會形式幫助胡風認識錯誤，但隨著胡風事件的不斷升級，特別是經過1952年的四次座談會以後，胡風自己得出的結論是他幾乎沒有什麼錯誤，此時周恩來對胡風的態度早已不是當年的態度了。

　　胡風決定要上書的另外一個原因是，他記得在1953年召開的文代

會上，代表中抱怨最多的是說現在的文藝有公式化、概念化趨勢，不少代表對文藝界的這個局面不滿意，周揚和茅盾在報告中也承認文藝創作中的這個問題。文藝界有那麼多問題，胡風覺得應該藉此機會向上面反映。也許當時的胡風只能聽到這些對當時文藝局面不滿意，對文藝界領導不滿意的議論，所以偏聽不明，以為很多人都在反對。當時一些活躍於解放前的老文藝工作者可能是因為無法適應新社會，所以開始了創作上的一個沉寂期，但很多新時代的作家，還是在不斷地湧現出來，這個是毋庸置疑的，周揚在1953年二次文代會的報告中就分門別類地列舉了1949年以來的文藝界取得的成績。總體來說建國初期的文藝狀況還是比較正常的，只有到了「文化大革命」期間，文學才真正地進入到了冬季。

另外，胡風的遭遇和他不願意屈服的個性也決定了胡風要上書表達自己的不滿。胡風作為七月派的旗幟，同時是七月派中很有影響力的作家，如胡風這樣的在解放前特別是左翼文學時期就是進步作家的，解放後落得現在這個樣子，當時幾乎沒有第二人，先是不安排工作，現在給了工作是相當於「掛」起來，這對於一個想幹事、想有所作為的人來說，是最痛苦的，胡風認為自己解放後受到了不公平的對待，而這些不公平胡風認為都是周揚他們這些宗派意識非常強的文藝界領導所致。和胡風親近的朋友去他家時，常能感受到胡風的這些痛苦，所以有時候也會議論到這些事情。牛漢說：

> 有一次，好像是1954年深秋的聚會時，是一個星期六的下午，下班後大家習慣到胡風家裡聚會。在座的有綠原、徐放、路翎、盧甸等。當時的胡風處境令人傷感，他被擺在一邊受冷落。盧甸說：「文藝界對胡先生的意見和胡先生的願望完全相反。胡先生這麼有影響的人來北京後受冷落，真讓人氣憤。在

> 我心目中，胡先生的形象很偉大，我一生最敬佩的人就是馬、恩、列、斯、毛、胡……」
>
> 胡風在屋裡走來走去，沒阻攔，沒表態。這麼高的評價，我不可理解，我不同意，幾分鐘後說有事，退席了。我很傷心，拂袖而去。我們是普普通通的詩作者，為什麼要這樣提呢?!為什麼要追求這些？有幾個人攔我，我執意要走，有幾個人跟著出來了……
>
> ——〈我仍在苦苦跋涉——牛漢自述〉[6]

當年在和國民黨作鬥爭的時候，在和那些進步作家論爭的時候，胡風是從來不屑於他們的。胡風朋友雪葦在〈我和胡風關係的始末〉一文中說，他在編輯《天下日報》副刊的時候，胡風送了一篇稿子給他，胡風給他的時候謙虛地說：「我看做頭篇不行，你斟酌辦吧。」雪葦覺得自己那篇〈留聲機論〉似乎題材更重大，於是就把胡風的文章真的排在了第二，自己的做了頭篇。他說想不到胡風看後大發雷霆，當著很多朋友的面指責雪葦自高自大，眼裡沒有他。雪葦後來對聶紺弩發感慨說：「領袖欲這種東西是要害死人的！」[7]當年為了放不放在頭篇都大發脾氣的胡風，這些年來一直不得不委屈自己、憋悶著自己，如果是一匹駿馬，沒有了路途給它賓士，這匹駿馬只能倒斃在槽櫪，胡風選擇了繼續突圍，他要馳騁到生命結束為止。

時機非常合適，於是胡風開始了突圍前的部署。

《三十萬言書》形成經過

關於〈關於解放以來的文藝實踐情況的報告〉（俗稱《三十萬言書》）的寫作開始時間，一般認為是1954年3月21日，應該說是比較

確切的，因為最早不可能早於《人民日報》那篇社論的發表時間，也就是2月18日，但最晚不會在1954年3月26日以後，1954年3月26日胡風就曾經給在上海新文藝出版社工作的羅洛、張中曉寫信，告訴他們自己已經著手準備《三十萬言書》的材料了：「我在著手材料。未著手之前，總感到有些噁心，但著手一弄，反而忍不住要笑起來了。」在這封信的結尾，胡風表示自己要收集他們出版社的出書材料，叫他們把他們社成立以來的出書情況告訴他：「你們社成立以來，出了哪些壞書，為什麼出了，出了哪些好書，出之前後，受了什麼波折和打擊。得開列一簡單的表告訴我。」[8]這部《三十萬言書》，一直到6月24日才基本寫就，整整用了3個多月的時間。

　　從開始撰寫那日起，胡風一方面調動身邊的他非常信任的朋友去分頭做材料上的準備，一方面又組織那些在京城以外的他很信任的朋友提供活生生的當地文藝界情況材料。當時胡風在北京非常信任的朋友，主要有作家路翎、中國人民大學馬列主義教研室主任謝韜、《人民日報》文教部的徐放、中央宣傳部國際處的綠原，胡風和他們四位一道，主要是討論寫作提綱和具體執筆寫作。因為工程龐大，當時還有兩位負責謄抄稿子的，一位是胡風的妻子梅志，另一位是盧甸的妻子李嘉林。李嘉林，她當時在中央宣傳部文藝處工作，是林默涵的下屬。

　　為了使上書的內容具體並且有說服力，胡風發動了上海、浙江、天津、江蘇等地的朋友，要他們提供更多的文藝方面的資料。根據胡風書信，那些在外地積極給胡風提供材料的主要是上海的羅洛、張中曉、耿庸、賈植芳，浙江的方然、冀方，江蘇的歐陽莊，天津的盧甸、阿壠，等等。

　　1954年7月，這篇整整花了這10多位作家的3個多月時間的〈關於解放以來的文藝實踐情況的報告〉終於完成了，22日胡風把《三十

萬言書》遞了上去，當時習仲勳是中央文教委副主任、政務院秘書
長（9月以後改稱國務院秘書長），胡風交給他後請他轉交給中共中
央、毛澤東、劉少奇和周恩來。習仲勳收到胡風的報告後，肯定了胡
風積極建言建策的行為，表示一定會幫助他把這個報告遞上去的。

　　〈關於解放以來的文藝實踐情況的報告〉全書內容分為四大部
分，第一部分為「幾年來的經過簡況」，這一部分有三個標題，分別
是：1、補充說明；2、鬥爭經過；3、一年多以來。胡風在這一部分
主要是陳訴自己的解放後的不幸遭遇，在這一部分裡，胡風主要指
責了周揚（中宣部副部長、文化部副部長）、丁玲（文學研究所所
長）、馮雪峰（中國作家協會副主席、人民文學出版社社長兼總編
輯、文藝報主編）、林默涵（中宣部文藝處處長）等人對他的打擊，
把他當作罪人一樣對待。上面四人，都是當時文藝界的主要領導，都
是在周恩來要求下參加了1952年的胡風文藝思想座談會的人。在這四
人中，除了周揚和胡風有宗派矛盾以外，丁玲和馮雪峰都是胡風早年
的戰友，特別是馮雪峰，曾和胡風一道在魯迅身邊共同戰鬥過，他們
倆和胡風並沒有什麼大的矛盾；至於林默涵，他當時是在周揚的直接
領導下工作，只是政策的執行者，也被胡風一道拉了進來。第二部分
主要是「關於幾個理論性問題的說明材料」，在這一部分也有三個小
標題，分別是：1、有關現實主義的一個基本問題；2、關於幾個具體
論點；3、關鍵在哪裡？胡風這一部分主要是針對林默涵和何其芳在
胡風文藝思想座談會後所發表的文章進行反駁，辯駁是胡風的強項，
在駁斥對手的錯誤觀點後，胡風最後認為自己的文藝思想和毛澤東的
文藝思想是一致的，而批評他的林默涵和何其芳的文章才是真正的反
馬克思主義的。報告的第三部分是「事實舉例和關於黨性」，這一部
分胡風針對這幾年的一些「罪名」作了一一辯駁，主要有：針對《人
民日報》說他的小集團問題、針對舒蕪的行為問題、針對阿壠遭受批

評的問題、針對路翎的不公正遭遇問題、針對黨性問題，等等，胡風逐一作了反駁或解釋。最後一部分是附件，名為「作為參考的建議」，這裡也分四個部分：1、文藝界的現狀和展望；2、文藝運動的方式；3、話劇運動的方式；4、關於電影劇。胡風在這一部分裡就文藝的管理，如作家協會的組成、怎樣辦刊等方面提出了自己的真知灼見，他期望中央領導看到這裡會發現他是有能力有辦法使得已經「沉悶」的文藝爆發出勃勃生機的文藝界領導人選。[9]

　　在報告的前面，胡風還寫了一封長信，這封信是呈送給中共中央、毛主席、劉副主席和周總理的。

　　在《三十萬言書》的最後，胡風寫了幾句詩一樣的短句：

　　　我熱誠地希望得到中央的審查。
　　　我熱誠地希望得到中央的批評和指示。
　　　我要遵照指示隨時做補充的檢查。
　　　我要擔負我應該擔負的任何嚴重的責任。
　　　衷心的敬禮！

胡風
1954年7月7日北京[10]

　　就如經常有人探討舒蕪1952年寫檢討文章的動機一樣，關於胡風為什麼要上書，其動機也一直是後來人爭論不已的。當時的胡風已經52歲，當然不會不知道這樣上書的利害關係，但他還是堅持上書，應該說他考慮得是很成熟的。這個時候的胡風考慮的肯定不僅僅是工作和待遇，而是要求更高層次的東西，這毋庸贅言。胡風的朋友如賈植芳、徐放、曾卓等人，都對胡風上書的思想動機做過深刻的探討。賈植芳說胡風寫《三十萬言書》他事先也看到了一些跡象，1954年春

節，他到北京去探親，碰到了一些當了國家大幹部的老朋友，有一個名叫李春潮的留日同學，因為和習仲勳是同鄉和老戰友，所以他到北京開會時去看習仲勳。習仲勳那時是政治局秘書長，從他那裡李春潮知道要繼續批判胡風，李春潮為此提醒了賈植芳。賈植芳後來到胡風家裡去，胡風問賈植芳聽到什麼風聲沒有？賈植芳說，把衣服穿厚點，天氣要冷了。賈植芳在文章中說，胡風一聽就火了，說1952年開過小型幫助會，那時我還給他們臺階下，承認我是小資產階級。再批判我，我連小資產階級也不承認了。這事促成了他寫《三十萬言書》。導致胡風上書的原因肯定不僅僅是這一點，賈植芳的分析只是從一個角度揭示了胡風寫作的動機，但胡風當時是有那股強烈的叛逆心理和對現實不滿的憤懣之情。正因為有著強烈的叛逆心理，胡風才會把上書的想法付之行動；正因為有著憤懣之情，胡風才會在《三十萬言書》宣洩自己的不滿。胡風把當時文藝「悶」的局面和當時的文藝界領導人周揚和林默涵等都列為了自己批評的物件，並且言詞尖銳，語氣尖刻，大有非扳倒他們不可的意思。但他沒有想到，這麼衝動的「御狀」，如果落到對方手上或者被對方無意看到，知道他的心理和他的這個行為，也會極力「反彈」的，如果胡風的「諫言」沒有被採納，他的對手肯定也不會輕恕他。從這個報告的第四部分來看，胡風是有勃勃雄心的，因為他在這一部分裡列出了如何繁榮文藝和如何管理文藝界的種種措施，大有如果按照我這樣去做，就能達到怎樣的效果的意思。——在這裡，胡風的領袖欲又害了他。

沒有忘記回報舒蕪的「愛」

關於胡風的《三十萬言書》，目前已經正式出版，都可以查閱到其中的內容，這裡就不敘述其中的具體內容了，但值得注意的是，在

《三十萬言書》中，胡風第二次使用了舒蕪給他的信件。在《三十萬
言書》的第三部分中的「針對舒蕪的行為問題」，主要內容有：著重
分析舒蕪對他的攻擊，接著援引了舒蕪給胡風的信件來作說明。關於
這一部分內容，吳永平研究員作了比較深刻的研究，在他的〈細讀胡
風之〈關於舒蕪問題〉〉一文裡，他就胡風引用舒蕪信件情況作了非
常詳細的研究，這裡就摘錄如下：

　　「關於舒蕪問題」所補充的十一則材料中，利用私人書信作為論
據的共有七則，詳如下：

　　　　第一則材料提到兩封私人通信，說明1945年11月胡喬木與
　　舒蕪討論〈論主觀〉事，用意在於澄清當年自己在此事件中所
　　持的態度。胡風寫道：討論進行得很激烈，「出來了以後舒蕪
　　很激動，說：「他（指胡喬木）設了許多陷阱，要我跳下去
　　呀！」我聽了感到意外，覺得這個想法太不平常，證明瞭這個
　　談話恐怕只有反效果。」於是，便「勸他（指舒蕪）給胡喬木
　　同志寫一封信」，表明願意聽取意見的誠意，「後來胡喬木同
　　志對我（胡風）說他自己對舒蕪的態度也不好，我也去信委婉
　　地告訴了他（指舒蕪）」。胡風認為此舉安定了舒蕪情緒，避
　　免了矛盾激化。

　　　　第二則材料摘引了舒蕪1945年7月2日給他的信。摘引部分
　　如次：「觀看朋友們的反映，我，似乎已是逐漸走向市儈主義
　　的了。……一定是，心裡有不安有難堪時，倒成了顧影自憐，
　　倒成了市儈主義。……二十世紀的個人主義，客觀上就是市儈
　　主義。是不是？」胡風用以證實舒蕪那時已承認具有「市儈主
　　義」的氣質。

第四則材料提到及摘引了三封私人書信，用以證實解放後舒蕪不安於位，總想到大城市工作。第一封是南寧解放後舒蕪托他找工作的信；第二封是他的回信，其中談到「就是被當作留用人員也得留下，好好向老幹部學習」；第三封是舒蕪的回信，摘引原信「在老幹部身上看到了『毛澤東思想的化身』」。

第六則材料提到及摘引了舒蕪的三封信，用以說明解放後舒蕪的「市儈主義」氣質越來越惡劣。1950年9月舒蕪來北京出席全國中蘇友協工作會議，曾與多年未見面的胡風、路翎等朋友見面交談。胡風為證明此時已對他的「氣質」很不耐，提到「他走後來了三封信，且告訴我熊複黑丁同志請他吃飯，但我都沒有回答」。熊複、于黑丁當年都是中南文協領導，而舒蕪當年在廣西、南寧省市兩級文聯都有任職，當時廣西文聯尚隸屬於中南文協。

第八則材料中摘引了舒蕪的一封信，用以揭露舒蕪的「虛偽」。1952年中宣部召開「胡風文藝思想討論會」，舒蕪被邀請參加。胡風寫道：舒蕪「動身之前告訴人：『北京沒有辦法了，我這次去是當大夫，開刀』」接著提到，舒蕪抵京後「來信要見面，裡面還說『兩年多來，不大清楚你的行蹤，事情又忙，故一直不曾寫信』」。

第九則材料中提到舒蕪的一封信，用以批駁舒蕪對他的誣陷。1952年的「胡風文藝思想討論會」上曾將舒蕪的〈向錯誤告別〉印發給與會代表，舒蕪在此文中說他寫作〈論主觀〉時受到了胡風的《文藝工作的發展及其努力方向》的「啟示」。胡風為了證實並無其事，指出「他的〈論主觀〉是在一九四四年二月二十八寫定的，不但文章後注得明白，還有他第二天給

我的信」。

　　第十則材料中摘引了舒蕪的一封信，仍是為了揭露舒蕪的「虛偽」。1952年12月27日，舒蕪開完「胡風文藝思想討論會」返回南寧，行前給胡風寫了一封信。胡風寫道：「舒蕪完成了任務，離京之前還給了我一封信：『那篇文章（指〈向錯誤告別〉），回去後將重寫。因為大致是要發表的，將只檢查自己。那篇裡對你所提的意見，則想著是幾個人看看的性質，所以盡所能理解的寫出來，其中不對的地方當然一定有，僅提供參考。不知何時回滬？何時移家來京？』他安詳得很，這是轉過頭來用笑臉把我也當做小孩子看待了。」

　　綜上所述，胡風在這節文字中共提及和摘引私人書信12封，其中他自己的書信2封，舒蕪的書信10封。[11]

　　從上面的引用舒蕪寫給他的信的情況來看，胡風是準備說明，一是舒蕪是一個反對〈講話〉精神的人，甚至為此和胡喬木爭論，而他是幫助做舒蕪工作的人；二舒蕪是一個市儈主義者，連他自己都承認了自己是市儈主義，到後來他的市儈主義發展到非常惡劣的程度；第三是諷刺革命工作者和老幹部；第四是舒蕪不好好工作，不安於本位，一心想到大城市去；第五是舒蕪為人虛偽，十足是一個小人；最後一點是說舒蕪的文章不可相信，他的檢討文章是在誣陷人，相信舒蕪是黨的損失。當然「關於舒蕪問題」部分，還有一些沒有舒蕪書信作為引證的材料，在這些材料裡，胡風只想告訴上面的領導，舒蕪是一個有過自首行為的叛黨分子：

　　　　1950年冬他來北京開會，還是想我介紹他到北京來工作，意思頂好是做理論工作。閒談的時候，他對「毛澤東思想的化身」

的老幹部取了嘲諷的態度，而且對於一些工作方式也取了尖刻
的嘲笑態度。我感到失望。他走了以後，和路翎同志談到他，
才知道了他在四川參加過黨，因被捕問題被清除出黨以後表現
了強烈的反黨態度的情況。這出乎我以外，怪路翎同志也來不
及了。過後回想，才明白了他的一些表現並不簡單是一個封建
家庭子弟的缺點和自私的欲望而已。

　　　　　　　　　　　　　　——胡風《胡風三十萬言書》[12]

　　報告送上去以後，胡風一邊積極觀察上面的動向，一邊布置那些
直接或間接參與了寫作的人要繼續準備戰鬥。7月22日交上報告後，7
月26日，他在給上海的羅洛、張中曉的信中就建議他們要準備下面的
工作：他交代他們要到知道報告詳細內容的南京的歐陽莊那裡去瞭解
報告的詳細情況，其次是準備寫文章，對解放以來文藝批評，特別是
對路翎的文藝作品批評是個什麼狀況，那些批評中肯定了什麼東西，
再其次就是檢查馮雪峰編寫的東西，從中發現問題，檢查出他的工作
態度和用意，最後要他們檢查他們新文藝出版社成立以來，出版了哪
些不應該出版的東西，排斥了哪些不應該排斥的東西，說明宗派主義
的危害性。當然他在信中告訴上海那些朋友，參加了《三十萬言書》
討論的歐陽莊自己也在準備寫文章。[13]

批《文藝報》時胡風開炮了

　　時間悄悄地流逝，幾個月過去了，報告遞交上去了，可一點動
靜都沒有。作為當事人，有焦慮，有期盼，也有惶惑不安。在焦躁之
中，胡風也得到了一些慰藉，1954年9月胡風當選為一屆全國人大代
表（四川代表），從9月15日到28日，作為人大代表，胡風參加了一

屆人大一次會議，毛澤東、劉少奇、周恩來都在會上做了報告，作為
人民的代表，代表著人民行使權利，這對代表來說是個莫大的榮譽，
胡風也很珍惜這個代表身分。

　　轉眼到了1954年10月，文藝界的又一場運動開始了。

　　1954年，「兩個小人物」藍翎、李希凡寫出了一篇對俞平伯〈紅
樓夢研究〉的批評文章〈關於《紅樓夢簡論》及其他〉，當時《文藝
報》拒絕登載這篇文章，後來這篇文章在他們的母校山東大學的《文
史哲》上發表了。發表後江青要求《人民日報》轉載這篇文章，稿子
都發排了，但當時中宣部副部長周揚還是以各種理由拒絕轉載，後
來還是《文藝報》轉載了。毛澤東讀到轉載文章以後，10月16日寫了
〈關於紅樓夢研究問題的一封信〉，在信中他對「兩個小人物」的文
章大加讚賞，對《人民日報》進行了批評，因為某些人（主要指周
揚）以種種理由（主要是「小人物的文章」，「黨報不是自由辯論的
場所」）反對《人民日報》轉載兩個小人物的文章；後經妥協，《文
藝報》轉載了兩個小人物的文章，但《文藝報》在轉載時配發的「編
者按」（馮雪峰撰寫）裡有看不起兩個小人物的語言。毛澤東對《文
藝報》「壓制新生力量」的舉動表示不滿，說：「事情是兩個小人物
做起來的，而大人物往往不注意，並往往加以阻攔，他們同資產階級
作家在唯心論方面講統一戰線，甘心作資產階級的俘虜，這同影片
《清宮秘史》和《武訓傳》放映時候的情形幾乎是相同的。被人稱為
愛國主義影片而實際是賣國主義影片的《清宮秘史》，在全國放映之
後，至今沒有被批判。《武訓傳》雖然批判了，卻至今沒有引出教
訓，又出現了容忍俞平伯唯心論和阻擋小人物很有生氣的批判文章的
奇怪事，這個值得我們注意的。」[14]從此，文藝界開始了一場「批判
紅樓夢研究」的運動。

　　根據毛澤東指示，中宣部多次召開部務擴大會議，參加會議的

除了中宣部相關領導以外，還有文聯、作協、文化部等單位的負責幹部，由部長陸定一主持，矛頭主要是針對《人民日報》和《文藝報》的負責人，後來主要是批判《文藝報》「壓制新生力量」的錯誤做法。10月28日袁水拍在毛澤東授意下，寫了〈質問《文藝報》編者〉在《人民日報》上發表，這篇文章還經過了主席修改和最後審定。這篇文章的發表，使得批判《文藝報》的事情變成了一場文藝運動。

壓制了《人民日報》的轉載、壓制了小人物，周揚必須作檢討；而《文藝報》的馮雪峰的「編者按」，反映了對小人物的輕視，毛主席要求馮雪峰也必須作檢討，否則就不公平了。

馮雪峰的編者按到底是怎樣輕視小人物的呢？以下就是編者按的全文：

這篇文章原來發表在山東大學出版的《文史哲》月刊今年第九期上面。它的作者是兩個在開始研究中國古典文學的青年；他們試著從科學的觀點對俞平伯先生在〈紅樓夢簡論〉一文中的論點提出了批評，我們覺得這是值得引起大家注意的。因此，徵得作者的同意，把它轉載在這裡，希望引起大家討論，使我們對《紅樓夢》這部偉大傑作有更深刻和更正確的瞭解。

在轉載時，曾由作者改正了一些錯字和由編者改動了一二字句，但完全保存作者原來的意見。作者的意見顯然還有不夠周密和不夠全面的地方，但他們這樣地去認識《紅樓夢》，在基本上是正確的。只有大家來繼續深入地研究，才能使我們的瞭解更深刻和周密，認識也更全面；而且不僅關於《紅樓夢》，同時也關於我國一切優秀的古典文學作品。

再根據袁水拍〈質問《文藝報》編者〉一文來看，他說：「編者加了按語，大概是為了引起讀者對於這個討論的注意。但是可怪的是編者說了這樣一大堆話，卻沒有提到這個討論的實質，即反對中國

古典文學研究中的唯心論觀點，反對文藝界對於這種唯心論觀點的容忍依從甚至讚揚歌頌。」原來實質是沒有反對唯心論觀點，表現是輕視青年人：先是拒絕登載，後在編者按裡指出兩個小人物的文章他們「改正了一些錯字」、裡面的「意見顯然還有不夠周密和不夠全面的地方」。

馮雪峰在20世紀20年代就以詩歌出名，是湖畔四詩人之一。早在革命年代，馮雪峰就曾和毛澤東走得很近，1933年12月，馮雪峰奉黨組織的指示來到江西中央蘇區，和毛澤東一見如故，經常一起談論魯迅和中國現代文學。毛澤東聽馮雪峰說魯迅，從此開始關注魯迅，並聽取了馮雪峰的建議，樹立了魯迅作為進步文學的旗手。那時候兩人常常在室內座談，在室外散步。馮雪峰後來被逮捕入獄，關押在上饒集中營，是在毛澤東的關心和指示下，被黨組織營救出獄的。

兩人分開後，也有書信來往，馮雪峰的新書還會寄贈給毛澤東，毛澤東也會去認真閱讀這位老朋友的新書。1945年秋，毛澤東應蔣介石之邀來重慶談判時，還抽空約見了馮雪峰，見面中談起了馮雪峰的《鄉風與市風》、〈奴隸與奴隸主義〉。後來馮雪峰曾對友人說：「我想不到主席在雙方談判那樣緊張的關鍵時刻，還想到我這個和他分別了10年的小兵。他竟看過我最近發表的〈奴隸與奴隸主義〉，對我的文章評價很高，說是幾年來他看到的文章中算是較好的一篇。」1946年，當他又出版了一本新書時，他就給已在張家口的丁玲寫了一封信，寄去了他的新書，並要她把這本新書轉交給毛澤東。

解放後，馮雪峰先在上海工作，1951年5月調到了北京，擔任人民文學出版社社長和總編輯，同時兼任中國作協的副主席，後來又兼任《文藝報》的主編。《文藝報》原本是一本內部發行的刊物，以前並沒有什麼影響，第一次文代會以後，丁玲把這個內部刊物接手過來，辦成了一本指導文藝批評的權威刊物，最早的時候是由丁玲負

責，到了1952年1月下旬，丁玲離開後，馮雪峰繼任了刊物的主編。總體來說，《文藝報》自解放以來，已經發揮了較好的文藝批評作用，而現在，因為沒有處理好李希凡和藍翎評論《紅樓夢》的文章引起了毛澤東的一些想法和不滿，毛澤東不僅要袁水拍寫信斥責馮雪峰，而且還要馮雪峰作深刻檢討。

由於〈質問《文藝報》編者〉這篇文章措辭嚴厲，一看就是有來頭的，身在高位的馮雪峰知道這樣的文章肯定是由上面「審定」了的，自知招架不住，於是寫了一篇〈檢討我在《文藝報》所犯的錯誤〉，發表在1954年11月4日的《人民日報》上。

當時毛澤東並沒有注意到馮雪峰的〈檢討我在《文藝報》所犯的錯誤〉，當《南方日報》在11月14日轉載時，毛澤東才注意到了。非常有意思的是，馮雪峰在這篇自我檢討的文章中的話，後來很多都被毛澤東做了批註，並且這個批註是用批判和挑剔的眼光去看的，比如在〈檢討我在《文藝報》所犯的錯誤〉一文中，有說：「我犯了這個錯誤，不是偶然的。在古典文學研究領域內胡適派資產階級唯心論長期地統治著的事實，我就一向不加以注意，因而我一直沒有認識這個事實和它的嚴重性。」毛澤東讀了這段話，便用筆在旁批註道：限於古典文學嗎？應說從來就很注意，很有認識，嗅覺很靈。馮雪峰在文中又說：「檢查起來，在我的作風和思想的根柢上確實是有與資產階級思想的深刻聯繫的。我感染有資產階級作家的某些庸俗作風，缺乏馬克思列寧主義的戰鬥精神，平日安於無鬥爭狀態，也就甘於在思想戰線上與資產階級唯心論『和平共處』。」毛澤東讀了這段話，又批道：不是「某些」，而是浸入資產階級泥潭裡了。不是「缺乏」的問題，是反馬克思主義的問題。馮雪峰在文中還說：「在這次錯誤上，我深深地感到我有負於黨和人民。這是立場上的錯誤，是反馬克思列寧主義的錯誤，是不可容忍的。」毛澤東讀罷這段話，在「反馬克思

列寧主義的錯誤」幾個字旁邊畫了豎線，並在旁批道：應以此句為主題去批判馮雪峰。[15]

不論是以馮雪峰在黨內的資格和地位，還是以他與毛澤東的私人交情來說，毛澤東登上領袖位置以後，對他都應該是信任有加的。但事實卻恰恰相反。據說後來有人告訴毛澤東，說馮雪峰檢討了，覺得很痛苦，是不是不檢討了。毛澤東說，要繼續檢討，要的就是他很痛苦。

中宣部後來多次召開揭發《文藝報》錯誤的會議，其中所揭發出來的事實，可以證明《文藝報》在辦報過程中犯了極為嚴重的錯誤，說它「除了投降和袒護資產階級錯誤思想，壓制了馬克思主義者的新生力量外，還發表了許多宣傳錯誤理論的粗暴的武斷的文藝批評，對文藝創作造成了極大的傷害」。甚至還說《文藝報》「已變成一個違抗黨的文藝方針和拒絕黨的領導的獨立王國」。

鑒於《文藝報》的錯誤非常嚴重，中宣部指定了一個專門的檢查小組來檢查整頓《文藝報》的工作，工作組成員主要有林默涵、劉白羽、康濯、張光年、嚴文井、袁水拍和鍾惦棐等，經過工作組的檢查，最後決定要整頓《文藝報》的領導層。12月4日，中宣部在給中央的報告中提出了新的編委會，擬由康濯、劉白羽、侯金鏡、黃藥眠、王瑤、馮雪峰以及秦兆陽等7人組成，不設主編，這7人編委會中由康濯負主要責任，康濯1920年出生，當時年僅34歲。

這次的批判以馮雪峰的檢討和撤去主編職務為結束，《文藝報》原來的副主編陳企霞連編委會都沒有進。1954年12月30日，《文藝報》上發表了一個《本刊重要啟示》：

根據1954年12月8日中國文學藝術界聯合會主席團、中國作家協會主席團擴大聯席會議通過的〈關於《文藝報》的決議〉，本刊的編輯機構應予改組。茲經1954年12月10日中國作家協會主席團會議決

定：由康濯、侯金鏡、秦兆陽、馮雪峰、劉白羽、王瑤等七人組成編輯委員會，以康濯、侯金鏡、秦兆陽為常務編輯委員，並責成編輯委員會在兩星期內擬出新的編輯方針和改進工作的具體方案。編輯委員會將從1955年1月起開始工作。本刊12月份23、24期合刊暫由原編輯部負責編輯。

真是無巧不成書，要知道，周揚和馮雪峰都是胡風在《三十萬言書》中重點批評的文藝界領導，現在他們都被毛澤東責令作檢討，胡風不由此聯想到自己《三十萬言書》的作用都很難。於是，胡風發生了錯覺，以為突然對周揚和《文藝報》的批判是他上書的結果，有點莫名其妙的興奮，他寫信給張中曉等，就表達出了自己的喜悅之情。以為自己的進言，終於有人採納了，他能不興奮嗎？

貿然出擊遭到重重打擊

中國文聯與中國作協主席團從10月31日起至12月8日，先後聯合舉行了八次聯席擴大會議，對胡適在《紅樓夢》研究中的觀點進行批判，並就《文藝報》在關於《紅樓夢》研究以及編輯工作中存在的問題進行檢查。10月31日，中國文聯主席團和中國作協主席團在青年宮開始了連續的聯席會議，聽取了馮雪峰和陳企霞的檢討，並展開了對《文藝報》的批判。

10月、11月間，中國文聯主席團和中國作協主席團召開了多次聯席擴大會議，主要是討論、批評《紅樓夢研究》中唯心主義觀點和《文藝報》的錯誤。胡風上場了，關於這幾次上臺發言，胡風一直非常後悔，在《胡風回憶錄》中說「《紅樓夢》和《文藝報》問題發生後，把周揚、沙汀、喬冠華諸位黨員勸催我發言誤會是黨的決定，做了『攻擊』文藝『領導』的『爆炸性發言』，引起了軒然大

波，成為全國性的不但是文藝思想上而且是『政治行為』上的『大批判』。」。[16]11月7日他開始響應號召，痛批朱光潛等，順便批判了《人民日報》的袁水拍打擊阿壠，一個多小時的發言講了第一個問題的一半；11月11日，胡風繼續發言，繼續點名批判了何其芳。一個多小時，他只說了4個問題中的第一個。關於胡風說他是在其他黨員催促下才發言的，有人指出胡風的發言內容是經過了精心準備的，不像是催促下的臨時發言。胡風在他的回憶錄中說是「周揚、沙汀和喬冠華諸位黨員的勸催」下才發言的，周揚、沙汀和喬冠華這三個人和胡風當時都是有很深矛盾的人，胡風怎麼會聽他們的「勸催」，實在蹊蹺。關於這次擴大會議的情況，胡風的日記可以略見一斑：1954年10月31日文聯和作協主席團的擴大會議開幕，胡風作了發言；11月5日，胡風開始整理上次在文聯會上的發言；11月6日，又起草發言要點；11月7日下午，第二次文聯擴大會，胡風發了言；11月8日，胡風修改文聯全委會的發言記錄；11月9日，胡風修改完發言記錄；11月10日，胡風寫發言大綱（備用）；11日，上午，胡風參加文聯擴大會，會上發言補充了上次發言。下午，文聯擴大會，由路翎發言。

胡風在其中的兩次會議上的長篇發言，隨即都登在了《文藝報》上。胡風的主要觀點是，一是他認為《紅樓夢》主要是寫婦女解放的。其次，他批評和打擊了那些具有資產階級思想的老知識分子，比如對在學術上犯了胡適派唯心論錯誤、但在政治上仍要求進步的俞平伯，比如對過去的政治情況人所共知、但解放後不論政治上、學術上都要求進步的朱光潛，他在發言中對他們進行了無情的蔑視。第三，響應毛澤東的號召，批評《文藝報》馮雪峰打擊李希凡、藍翎來壓制馬克思主義新生力量，但他很快由批這起壓制小人物事件，轉移到指責文藝界黨內外主要領導以及《人民日報》，猛烈抨擊他們打擊和壓制了他的好友阿壠、路翎。

隨後的會上，路翎也做了四萬字的長篇發言，發言的題目是「為什麼會有這樣的批評？」，全面批駁了過去對他作品的所有批判。阿壠也從天津趕來參加了大會，發言重提了1950年《人民日報》對他的批評，並對當時的批評進行了強烈的反駁。

胡風和他朋友的發言，引起了與會者的驚愕。絕大多數與會者，都對胡風和他朋友的發言提出了批評，比較警覺的人，馬上發現了胡風在轉移目標，由批評胡適的資產階級思想轉移到了批評文藝界負責人對他們的壓制。——文藝界領導都說胡風在轉移戰線。

11月17日，風向大變。上午，文聯擴大會上黃藥眠開始批評胡風觀點，羅蓀、師田手、康濯否定了路翎，康濯的發言完全按照文聯擴大會的部署批評《紅樓夢》研究中唯心主義觀點和《文藝報》的錯誤，實際上是反對胡風的意見；下午，繼續開會。輪到袁水拍發言了，因為前兩次發言中胡風都對袁水拍進行了痛批，這次袁水拍開始了反駁，袁水拍一開口，就讓胡風發憷了，因為袁水拍說他的文章是受到黨的指示而寫的，是經過了上面的領導改寫和審定的，決不代表他個人的意見。剛開始的時候，胡風還以為那些人在改變毛澤東的部署，在歪曲毛澤東批判壓制小人物的做法，甚至認為別人不理解毛澤東在利用這個方式支援他的「報告」，發現會議在變質，據說還想寫信給毛澤東反映：「谷即要補回報老先生。會議變質一事，更可以使上面看清問題。」（1954年11月25日胡風致方然信）[17]可是越往後聽，胡風就越發感覺到不是他想像的那樣，原來這次批評《紅樓夢研究》和批評《文藝報》壓制小人物並不是因為他的上書引起的，是孤立的一次文藝批評事件，而他所批的《人民日報》文藝部主任袁水拍的文章，原來是奉旨寫的，他瘋狂地發起進攻，但目標卻錯了。事後才知道，〈質問《文藝報》編者〉這篇文章是江青授意，袁水拍執筆，並經毛澤東約改過的，其中的「文藝報在這裡跟資產階級名人有

密切聯繫，跟馬克思主義和宣揚馬克思主義的新生力量卻疏遠得很，這難道不是顯然的嗎？」一段時毛澤東所加。[18]

這天下午繼續發言的還有吳雪、李之華、聶紺弩等人，都是在批評胡風、路翎和亦門。作為中國作家協會古典文學部的舒蕪也參加了這次擴大會，這天的會上他也做了發言，隨著別人一起唱起了批評胡風的調子，雖不尖銳，但已是進一步彼此傷害。

會議的最後一天，也就是1954年12月8日，周揚發言了，周揚發言的題目是〈我們必須戰鬥〉。周揚的發言稿分為三個部分，一、開展對胡適派資產階級唯心論的鬥爭；二、《文藝報》的錯誤，三、胡風先生的觀點和我們的觀點之間的分歧。因為這是一篇在胡風事件中發生重大影響的文章，這裡將文章的第三部分主要內容摘錄如下。

周揚在第三部分「胡風先生的觀點和我們的觀點之間的分歧」中開頭就指出了胡風是在以「馬克思主義者」自命，本質上是和「我們」有分歧的：

胡風先生在會上積極地發了言。我們歡迎他參加胡適派資產階級唯心論的鬥爭，也歡迎他對《文藝報》錯誤的批評。

但是從他的發言中，我們必須指出：他的許多觀點和我們的觀點是有根本分歧的，不管是在《紅樓夢》的評價上，在對馬克思主義的看法上或是在對《文藝報》的批評上，胡風先生是以「馬克思主義者」自命的，有些人也是這樣地看他，因此就有特別的必要來說明他和我們之間的分歧。

隨後，周揚分析了胡風和「我們」分歧的具體之處，一是對《紅樓夢》的評價和「我們」是有分歧的：

胡風先生在會上給了《紅樓夢》一個在他說來是很高的評價，這是一個值得歡迎的進步。我們知道胡風先生對民族文化遺產歷來也是採取虛無主義的態度的。他把「五四」以前的中國文學一律看成「封

建文學」，而且在「封建文學」和「民間文學」兩者之間劃下等號。因此他認為，在過去中國文藝作品中「得不到民主主義觀點的反映，甚至略略帶有民主主義觀點底要素底反映也很難被我們發現」。就是在《水滸》裡面，他也認為決沒有「發自貳心的叛逆之音」，這就是說，它也仍然不過是一部擁護封建的書罷了。（見海燕書店一九五〇年三版《論民族形式問題》四七-四九頁）。在《水滸》裡面沒有聽到「叛逆之音」的胡風先生，這回，由於大家的討論，在《紅樓夢》裡面微微聽到這種聲音了。這應當說是一個進步。但是，雖然如此，他對《紅樓夢》仍然沒有做出正確的評價。他說《紅樓夢》超出於中國以前一切文學作品的地方，就在它對於女性的態度，把女人當人、社會人來描寫，而在過去的文學作品中，女人不是「性的化身」，就是「封建道德的化身」。頂好的也只是一種「單純的反抗觀點的化身」。

　　這樣說法是不合乎事實的。如果兩千多年來在全部中國文學作品中，女人從沒被當作「人」來描寫過，那麼，《紅樓夢》以前我國文學遺產還有什麼價值呢？有什麼理由能夠說像《西廂記》中的崔鶯鶯、紅娘那樣的女性也只是「性的化身」或「封建道德」的化身呢？而且《紅樓夢》的價值和積極意義主要也決不是在把女人當人來描寫這一點。這種說法實際上仍然是貶低《紅樓夢》的積極意義，仍然是表現了對祖國文學遺產的極端輕視的觀點。

　　其次，周揚指出胡風對待馬克思主義理論的態度和「我們」是有分歧的，他的輕視馬克思主義理論的態度具有特別的危險性：

　　胡風先生在會上批評了某些人不把馬克思主義當作鬥爭武器的「學究式的態度」。是的，對待馬克思主義的學究態度是有的；我們歷來都是反對這種態度的。但是胡風先生實際是在反對「學究式的態度」的口號之下來反對對馬克思主義理論的學習和宣傳。我們知道，

他從來都是片面地強調什麼主觀「戰鬥精神」，而輕視馬克思主義的世界觀和馬克思主義理論的。目前，在人民群眾，特別是知識界當中系統地學習和宣傳馬克思主義不是太多，而是太少。在這種狀況下，胡風先生的輕視馬克思主義理論的態度就具有特別的危險性。

胡風先生應該知道，李希凡、藍翎兩同志的文章，正是他們認真地學習馬克思列寧主義理論的結果。

聶紺弩同志在會上提到了十年前胡風先生在他所主編的刊物《希望》上發表過舒蕪先生有名的〈論主觀〉——這是一篇狂熱的宣傳唯心論和主觀主義的綱領式的論文，胡風先生在編後記中特別推薦了這篇文章，認為作者提出了「一個使中華民族求新生的鬥爭會受到影響的問題」。這篇文章是一九四四年發表的。大家記得，在一九四二年中國共產黨在毛澤東同志領導下發動了具有偉大歷史意義的全黨整風運動，著重地進行了反對主觀主義的鬥爭。正是在這個運動之後，胡風先生推薦了〈論主觀〉這篇實際上是提倡主觀主義的文章。

從此，他就以他的主要鋒芒來攻擊當時文藝界他所謂的「客觀主義」傾向。他反覆宣傳：對於一個作家，最重要的是他所謂的「主觀精神」、「主觀思想要求」、「戰鬥要求」、「人格力量」。或者他這次所稱呼的「鬥爭要求」等等。胡風先生應該知道，群眾、小人物，在他們的「鬥爭要求」下可以「接近、投入和掌握馬克思主義」，也可以「接近、投入和掌握」旁的主義。歐洲的工人階級和勞動群眾在他們的主觀的「鬥爭要求」下就曾經接受過民粹主義、工聯主義、無政府主義、改良主義等等錯誤思想。社會改良主義思想至今是歐洲工人階級和勞動群眾的嚴重障礙。保衛馬克思主義的純潔性，和散佈在工人階級當中的這些資產階級思想欺騙作鬥爭，曾是列寧畢生的戰鬥的工作。他早在〈做什麼？〉中就嚴厲地抨擊了俄國經濟主義者的崇拜自發性而強調地宣傳了社會主義意識是只能「從外面」灌

輸到工人群眾的頭腦中去的。列寧說：「工人本來也就不能發生社會民主主義的意識。這種意識只能從外面灌輸進來。各國歷史證明：工人階級憑靠自己的力量，只能造成工聯主義的意識」。他又說：

「對於工人運動自發性的任何崇拜，對於『覺悟成分』作用，即社會民主黨作用的任何輕視，都是——不管輕視者自己願意與否——加強資產階級思想體系對於工人的影響」。鼓吹「主觀精神」的胡風先生就正是這種「自發性」的熱烈崇拜者，他認為「發現並反映這個自發性」是作家們的「莊嚴任務」（見一九五一年泥土社出版《論現實主義的路》一二三頁）。這就決不是偶然的了。

當十年前舒蕪先生宣傳反馬克思主義的唯心論的時候，黨是及時地指出了這種理論的錯誤和它的危險性的，胡風先生卻不聽黨的忠告，對這種錯誤理論狂熱的捧場；而當解放以後舒蕪表示願意拋棄他過去的錯誤思想，願意站到馬克思主義方面來的時候，黨對他的這種進步是表示歡迎的，而胡風先生卻表現了狂熱的仇視。這就是胡風先生對於共產黨和馬克思主義的最典型的態度。

周揚繼續指出，在批評《文藝報》這個事件上，胡風和「我們」也是有分歧的，胡風假批評「庸俗社會學」來否定馬克思主義的觀點：

胡風先生集中力量攻擊《文藝報》宣傳了庸俗社會論，他認為這就是《文藝報》的思想基礎和錯誤根源。是的，庸俗社會學是有的。有許多人把馬克思主義庸俗化了，對文學現象作機械的社會學的解釋。他們不瞭解或不承認文學藝術的特點；認為文學作品的物件不是具體的真實的人的生活本身，而是一般的社會法則；認為文學作品只是政治概念的形象化，而不重視人物創造和表現人物內心活動的意義；認為一切過去時代的文學都只是過去時代的經濟和政治制度的宣傳者和擁護者；認為新時代的文學必須離開舊時代的遺產而重新開

始。是的，我們過去對這種庸俗社會學批評得很不夠，甚至在不少企圖宣傳馬克思主義的文藝思想的文章中也混雜著這種庸俗社會學的觀點。這是我們的錯誤，我們必須糾正這些錯誤、同文學領域的一切庸俗社會學觀點作鬥爭。如果我的文章中也有這種錯誤觀點，我一定堅決糾正。在這裡，順便也要說到，胡風先生對祖國文學藝術的遺產、對文學藝術的民族形式、對文學藝術的技巧等等的虛無主義態度，也就是這種庸俗社會學的一種流派。我們對於庸俗社會學的這個流派，同對於庸俗社會學的其他流派一樣，都沒有進行堅決的鬥爭，這當然也是錯誤的，必須糾正的。

　　但是現在的問題還不在這裡。現在的問題是在：胡風先生假批評《文藝報》和批評庸俗社會學之名而把關於文學的許多真正馬克思主義的觀點一律稱之為庸俗社會學而加以否定。

　　必須說明，《文藝報》發表過宣傳庸俗社會學的文章，也發表過反對庸俗社會學和真正宣傳馬克思主義的文章。《文藝報》無論犯過多少錯誤，無論在多麼不充分、不積極、不明確、無計畫的條件下，究竟也發表過一些這樣的文章，這些文章宣傳文學的階級分析，宣傳文學的政治任務，宣傳文學要為工農兵服務，宣傳作家要深入工農兵，宣傳文學也要表現迫切政治意義的主題，宣傳文學要創造人民中的先進的、正面人物的形象。而胡風先生怎麼說呢？請聽吧：「原來也不是說《文藝報》所肯定的作品，完全都肯定錯了，它所否定的作品完全都否定錯了，不是這個意思。問題在於肯定了那裡面的什麼，否定了那裡面的什麼，而且更在於如何肯定、如何否定，是怎樣分析了的。重點弄錯了，分析錯了，那也要起一種消極作用，要帶來妨礙實踐的影響的。……這些肯定、否定、打擊和捧場，基本上是從庸俗社會學的思想態度和思想方法出發的，形成了《文藝報》的最基本的特點，」就這樣，《文藝報》形成了一條「庸俗社會學的思想戰

線」。原來，不管《文藝報》肯定什麼也好，否定什麼也好，對也好，錯也好，反正一概都是庸俗社會學！

這就是胡風先生對《文藝報》全部批評的根本祕密所在。

你要宣傳社會現實的知識和共產主義世界觀對一個革命作家的重要嗎？如果你不強調什麼「主觀戰鬥精神」「人格力量」等等而強調深入群眾鬥爭，學習政治，學習馬克思主義，那末，你的「重點」就弄錯了，你就是庸俗社會學！

你要在作品中表現工農兵嗎？如果你不表現他們身上的「精神奴役的創傷」，他們鬥爭的「自發性」「痙攣性」「瘋狂性」，而表現他們的有組織的鬥爭，他們的高尚的、先進的、英雄的品質，那末，你的「重點」就弄錯了，你就是庸俗社會學！

你要研究和提高文學藝術的技巧，宣傳文學藝術上的民族形式嗎？你就是形式主義，就是「向資產階級美學投降」，而形式主義就是「庸俗社會學的表現在美學上的特徵之一」！

周揚還指出，胡風在批評《文藝報》時所加給《文藝報》的罪名是胡風在「販賣他一向否認技巧和反對民族形式的錯誤理論的私貨」。

胡風先生指責《文藝報》宣傳了形式主義，「樹起了形式主義的旗幟」。我們知道對於作為表現內容的手段的形式的追求和形式的分析同形式主義完全是兩回事。所謂形式主義，是輕視內容，把形式本身當成目的。《文藝報》不管有多少錯誤，但是宣傳形式主義的罪名是無論如何安不到它頭上來的。胡風先生作為罪證舉出的是，《文藝報》曾發表過關於詩的《筆談》，中國作家協會組織過關於中國詩歌形式問題的討論。我想，儘管在有些筆者或發言者中有不正確的觀點，但是這種討論，正是表明詩人們為了提高自己作品的藝術水平和使自己的作品更能為群眾所接受而作的一個努力。我們應當鼓勵文學家、藝術家多方面去探求優美的形式和群眾所易於理解、接受的形

式。胡風先生之所以堅決地反對關於詩歌形式的討論，正如袁水拍同志所揭發的，是胡風先生又在販賣他一向否認技巧和反對民族形式的錯誤理論的私貨。

毛澤東同志說過：「無論高級的或初級的，我們的文學藝術都是為人民大眾的，首先是為工農兵的，為工農兵而創作，為工農兵所利用的。」我們的文學藝術必須具有「新鮮活潑的、為中國老百姓所喜聞樂見的中國作風和中國氣派」。這正是關於文藝的人民性的列寧主義原則的發揮。

俄共（布）中央一九二五年〈關於黨在文藝方面的政策〉的歷史性的決議中關於這個問題更作了明確的規定：「黨應當強調必須創造給真正廣大的讀者——工人和農民讀者所閱讀的文藝。應該更大膽和堅決地打破文學上的貴族偏見，並且在利用舊技巧的一切成就時，要創造出千百萬人所能理解的適當形式。只有解決了這個偉大的任務，蘇聯文學及其將來的無產階級先鋒隊才能完成自己的文化歷史使命。」只有解決了「創造出千百萬人所能理解的適當形式」這個「偉大的任務」，「蘇聯文學及其將來的無產階級先鋒隊才能完成自己的文化歷史使命」。這莫非也是形式主義嗎？這裡難道不正是表現了胡風先生的「貴族偏見」嗎？[19]

周揚說，雖然胡風和「我們」在反對資產階級思想的投降主義問題上、在反對壓制新生力量的態度上是一致的，但胡風的「特別的激昂慷慨」的背後，「誰都可以看到，胡風先生的計畫卻是藉此解除馬克思主義的武裝！」在周揚的報告中，還就胡風發言中提到文藝界領導和刊物壓制阿壠、路翎的情況作了說明，把批評他們兩人的來龍去脈作了說明後，最後得出的結論是，批評阿壠、路翎並不是什麼打擊「新生力量」打擊「革命作家」的「破天荒的聳人聽聞」的事件，周揚說對他們的批評現在看來依然是正確的。

在文章的最後周揚號召大家：「為著保衛和發展馬克思主義，為著保衛和發展社會主義現實主義，為著發展科學事業和文學藝術事業，為著經過社會主義革命將我國建設成為一個偉大的社會主義國家，我們必須戰鬥！」

周揚的文章一發表，文藝界批評的矛頭很快就發生了轉向，「為了保衛和發展馬克思主義，為著保衛和發展社會主義現實主義，為著發展科學事業和文學藝術事業」，文藝界在原來部署的對胡適的資產階級唯心思想和對《文藝報》的批評的同時，左右開弓，展開了對胡風的批判。

隨後發言的郭沫若，當即表態說對周揚的發言，他「完全同意」，他說：「關於《紅樓夢》研究問題的討論開了八次大會，足足討論了四個整天。我們批評了俞平伯先生的研究《紅樓夢》的方法，也檢查了《文藝報》的編輯工作，發言的人很踴躍，很有準備，一般地都做到了暢所欲言的地步。特別是剛才周揚同志的發言，我認為是具有總結性的。他的見解很全面，很具體，很正確，理直氣壯，很有力量，我完全同意。這一次的討論是富有教育意義的，是馬克思主義對資產階級唯心論的嚴重的思想鬥爭，是思想改造的自我教育的繼續開展，是適應當前國家過渡時期總任務的文化動員。」

隨後，茅盾也在會上作了發言，茅盾發言的稿子的標題是「良好的開端」。

這次擴大會上郭沫若和周揚的發言稿事先都經毛澤東審閱過，毛澤東在當天早上給周揚寫信說：「均已看過，決議可用。你的講稿是好的，在幾處地方作了一點修改，請加斟酌。郭老講稿很好，有一點小修改，請告郭老斟酌。『思想鬥爭的文化動員』這個題目不很醒目，請商郭老是否可以改換一個。」[20]郭沫若、茅盾和周揚三人的發言稿後來都在《人民日報》上發表了。題目分別是「三點建議」、

「良好的開端」和「我們必須戰鬥」。這次講話，不再是郭沫若和茅盾的發言最為重要，而是周揚的發言最為重要。

　　本來沉寂了一年多的胡風文藝思想問題，似乎已經沉寂了：批評胡風文藝思想的聲音至少表面上沉寂了下去，二次文代會上文藝界領導也沒有提出胡風文藝思想的問題，1952年座談會後胡風也有了工作。而現在，因為胡風的這次出擊，特別是他的發言稿在《文藝報》發表以後，胡風的言行又得到了那些文藝批評家的關注，特別是得到了毛澤東等高層的注意，而隨著周揚那篇充滿了戰鬥氣息的文章的發表，全國上下開始部署對胡風的批評。

胡風發洩了對馮雪峰的不滿

　　在《三十萬言書》裡和這次批評《文藝報》壓制小人物事件中，胡風為什麼那麼賣力地去批評馮雪峰呢？有很多文章都在探討其中的緣由，但有幾點是不容忽視的，那就是馮雪峰和胡風當年都是魯迅旗幟下的戰士，當年在上海左聯時期都曾經為左聯做了很多工作，特別是提出「民族戰爭的革命文學」口號後，他們兩人在魯迅的旗幟下並肩作戰，共同抵制來自郭沫若、周揚等提出「國防文學」口號者的「進攻」，兩人應該結下了很深的革命友情。為什麼當年的戰友現在會變成對手呢？讓人很難理解的是，解放以來胡風就沒有給過馮雪峰好的評價，如在1949年10月22日的家信中就說馮雪峰是個「側面打擊別人來抬高自己的人」。解放後，馮雪峰的地位越來越高，之後竟然被周恩來欽點進京，而解放後的胡風，在多次要求進京和多次要求分配工作後，才在1953年落實，相比之下，胡風覺得自己沒有得到應有的尊重，要知道胡風進京時都是自己去找房子，而馮雪峰被定為副部級後上面竟然要給馮雪峰建小洋樓。而最為讓胡風不滿的是，到北京

後，胡風的很多作品，包括路翎的作品送到馮雪峰那裡，馮雪峰竟然都沒有幫他們發表，不但不發，而且馮雪峰還在他主編的《文藝報》上發表那些批評胡風的「讀者來信」以及批評路翎作品的文章。另外，馮雪峰還在他的「地盤」人民文學出版社收留了「叛徒」舒蕪。當時胡風的眼裡，馮雪峰就是一個小人，所以除了早期稱呼過他馮爺以外，後期在書信中就直接稱呼他為二馬，更多是的稱三花臉和三花，也就是小丑的意思。可是馮雪峰對胡風卻是一直敬而遠之的，他敢和周揚吵架，卻從沒有和胡風發生過正面衝突，一直小心地回避著和胡風發生衝撞，特別是在胡風和他朋友被宣布為反革命集團的時候，他依然沒有參與這個批判胡風的大潮流，這個在當時是非常另類的，疾風知勁草，斯言誠哉。

但馮雪峰對胡風的照顧（如馮雪峰借錢給胡風修理房子）、處處退讓都沒有改變胡風對他的偏見，可是馮雪峰卻在批判胡風反革命運動中，用自己的行動告訴了世人，自己並不是胡風所說的小人。1957年7月25日起，中國作協黨組擴大會議連續召開，在批判馮雪峰時候，林默涵發言說：

雪峰同志的文藝思想和胡風思想有共同點。怪不得反胡風時，雪峰同志作為文藝理論家，對於胡風的文藝思想，一篇批評文章也寫不出來。這難道是偶然的嗎？有人說，在文藝思想上，過去胡風是雪峰派，後來雪峰倒成了胡風派，批評胡風思想而不批評雪峰同志的文藝思想是不公平的，這話不是沒有道理的。[21]

從上面的林默涵發言中，我們知道馮雪峰在批評胡風時所持的態度。可是3年前，也就是在1954年，胡風卻對他進行了猛烈的批評，後來，馮雪峰被撤銷了《文藝報》主編的職務，但他還是作協副主席，還是人民文學出版社社長。在1955年肅反運動中，馮雪峰雖然也有一篇應景式的批判胡風的發言，這個發言和表態誰都知道

是職務需要，也是個人生存需要，他沒有寫過批判胡風思想的文章，也沒有加入揭發胡風反黨反革命罪行的行列。1966年「文革」前夕，〈林彪同志委託江青同志召集的部隊文藝工作座談會紀要〉發表之後，由於提到30年代「兩個口號」論爭的問題，找馮雪峰提供材料。8月上旬，一個「工作團」以上級需要的名義要他把周揚等人在1936年的表現和魯迅提出「民族革命戰爭的大眾文學」口號的經過寫一份材料。8月10日，他把材料寫出，題為「有關1936年周揚等人的行動以及魯迅提出「民族革命戰爭的大眾文學」口號的經過」。這份材料敘述了魯迅當時受周揚等人攻擊的情況以及魯迅對他們的憤慨。談到新口號提出的經過時，是這麼說的：

> 這口號最初提出時，確實是有當時尚未發覺的暗藏的反革命分子胡風插進來的。在當時，胡風同魯迅來往確實很密切，魯迅也確實是信任胡風的。我在1933年離開上海前也已經同胡風來往密切，也從未懷疑過他。這次我到上海第二天下午找魯迅時，曾先到內山書店去看探情況，被內山完造看見，他告訴我魯迅還住在原地方。就在我到魯迅家不久，胡風到內山書店去，從內山完造那裡知道我已到上海並到魯迅家，他即到魯迅家找我，但被魯迅家老保姆回絕了。說沒有這個人，我當時在二樓也曾聽到過樓下的聲音。第二天下午，胡風又到魯迅家；我當時在三樓，是魯迅先生上三樓來對我說：「有張谷非（胡風本名）這麼一個人，想要見你，你看怎樣。」我說：「好，我同他本來熟識。」我即下去引他上三樓談話。胡風談了不少當時文藝界情況，談到周揚等的更多。他當時是同周揚對立很厲害的。（關於我同胡風的關係，我過去作過檢討，這裡從略。）於是談到「國防文學」口號，胡風說，很多人不贊

成，魯迅也反對。我說，魯迅反對，我已知道，這個口號沒有階級立場，可以再提一個有明白立場的左翼文學的口號。胡風說，「一二八」時瞿秋白和你（指我）都寫過文章，提過民族革命戰爭文學，可否就提「民族革命戰爭文學」。我說，無須從「一二八」時找根據，那時寫的文章都有錯誤。現在應該根據毛主席提出的抗日民族統一戰線政策的精神來提。接著，我又說，「民族革命戰爭」這個名詞已經有階級立場，如果再加「大眾文學」，則立場就更加鮮明；這可以作為左翼作家的創作口號提出。胡風表示同意，卻認為字句太長一點。我和他當即到二樓同魯迅商量，魯迅認為提出一個左翼作家的口號是應該的，並說「大眾」兩字很必要，作為口號也不算太長，長一點也沒什麼。

這樣，這口號的最後決定者是魯迅，也就是說，這口號是魯迅提出來的。

——《新文學史料》第2輯

即使是在他自己非常艱難的時候，在胡風已經被打倒的時候，他還是沒有潑胡風的髒水，在文章中沒有對這個「反革命分子」有絲毫的排斥和蔑視，實事求是地把胡風的作用寫了出來，還原了「民族戰爭的大眾文學」口號提出的過程。

馮雪峰是一位比較耿直的人，就是在調他去北京擔任人民文學出版社社長和總編輯的時候，他也曾經再三推脫，甚至推薦巴金去北京，他說他想在上海看看書，寫寫東西。在解放後不久，馮雪峰擔任上海文協主席的時候，因為稿子問題和週刊《文學界》的用人問題，就曾經與胡風發生過不愉快。當時的馮雪峰是文協主席，而胡風的文藝思想還一直在受到批評、是一個沒有安排工作的人，但胡風卻要干

涉和過問《文學界》週刊的事情，甚至授意梅林等人和馮雪峰安排的唐弢等人爭奪編刊的權利，胡風還為此寫信指責過馮雪峰。[22]很多人都不理解馮雪峰為什麼一和胡風發生矛盾，總是不和胡風爭執，甚至違心地袒護胡風支援的、實際上是有錯誤的一方。也許正是馮雪峰一直回避和胡風發生爭執，才助長了胡風的鬥志，解放後直到1953年8月之前，上海這邊一直不願意開展胡風文藝思想研討會，周揚在向周恩來彙報的時候就說「上海方面覺得開展胡風文藝思想批評會有難度」，所以中宣部才再三地調胡風進京去。由此可見，當時的上海文協領導馮雪峰從沒有領導過人在上海的胡風。

其實馮雪峰只是對胡風很客氣，一直不願和胡風正面衝突，甚至極力回避和胡風有什麼交往。但他對周揚卻不是這樣的態度，有時甚至是非常嚴厲的，這個在牛漢、潔泯的回憶錄裡都有記載。

> 出版社到部裡開會。有幾次我陪馮雪峰去參加。周揚來了，雪峰就退席，連大衣都忘了帶。散會時周揚故意大聲說：牛漢，別忘了把雪峰大衣帶回去。
>
> ——〈我仍在苦苦跋涉——牛漢自述〉[23]

在許覺民的文章中也有馮雪峰與周揚不和的記載：

> 有一次會上，文化部主管人事的領導說，中央指示要精簡機構，他宣布人員的進用開始凍結。周揚要求各單位照此執行。我知道雪峰正在為實現規劃而大事羅致人才，倘凍結人員必將使規劃擱置起來。於是便走出會場打電話告訴雪峰，他說馬上到文化部來。他到了會場，講了一大段話，聲調激昂，力爭出版社必須進人，他認為當時出版社內部夠格的編輯只有劉遼逸

一人，怎麼弄得下去？那位主管人事的說，進人是以後的事，
此刻必須凍結。僵持不下時，周揚說話了，他說人民文學出版
社的進人問題，照雪峰同志的意見辦。雪峰聽了，平靜了下
來，因為事情已解決，就轉身回去了。

——許覺民《閱讀馮雪峰》[24]

馮雪峰後來又經歷了反右等運動，最終被開除了黨籍，晚年在淒
涼中度過。就是這樣一位和胡風一起曾經戰鬥在魯迅旗幟下的戰友，
胡風在這次發言中竭盡全力來批判，晚年出獄後的胡風，對寫《三十
萬言書》和批馮雪峰有過深深的悔過，對這兩個過錯有過一定的反
思，認為自己罹罪的根源也就是這兩次莽撞的行為。對於批馮雪峰，
胡風後來悔意尤深，在1979年11月的馮雪峰追悼會上，胡風發去了一
篇400多字的悼文，這舉動，即有內疚也有歉意，當然這些都是在事
過境遷後當事人對歷史重新認識的結果。胡喬木在20世紀80年代初痛
批周揚大談人道主義之後，1984年1月，胡喬木去看望周揚的時候，
曾寫過一首詩給周揚：

誰讓你逃出劍匣，誰讓你
割傷我的好友的手指？
血從他手上流出，也從
我的心頭流出，就在同時。

請原諒，可鋒利並不是過失
傷口會癒合，友誼會保持
雨後的陽光將照見大地
更美了：擁抱著的一對戰士[25]

這首詩其實用在胡風和馮雪峰之間也很合適，是胡風的鋒利的劍飛出了劍匣傷害到了馮雪峰，可惜，1976年1月30日，馮雪峰因肺癌晚期，又患肺炎併發症，導致心力衰竭，經搶救無效於31日上午去世，一對戰士再也無法在暴風雨後的陽光下擁抱了。

舒蕪批《紅樓夢》和唯心論思想

胡風撰寫的〈關於解放以來的文藝實踐情況的報告〉一文中雖然連帶上了舒蕪，並且在報告中重重地告了舒蕪一狀，但因為當時的舒蕪已經離開了文藝界，所以他根本就不知道這個事情，這個報告一直到1955年初才登載出來，並且只是登載了其中的兩部分，與舒蕪有關的第三部分並沒有刊登出來，所以當時舒蕪應該是沒有看到的。

因為早年的〈論主觀〉，舒蕪和胡風的關係，不是說分就分得開的。這次在文聯擴大會上，聶紺弩和周揚都先後提到了胡風和舒蕪的〈論主觀〉。聶紺弩說胡風發表〈論主觀〉等，說明胡風和路翎「過去反黨，現在反黨」；周揚在他的〈我們必須戰鬥〉一文中也點到了舒蕪和他的〈論主觀〉。周揚的發言中說：「當十年前舒蕪先生宣傳反馬克思主義的唯心論的時候，黨是及時地指出了這種理論的錯誤和它的危險性的，胡風先生卻不聽黨的忠告，對這種錯誤理論狂熱的捧場；而當解放以後舒蕪表示願意拋棄他過去的錯誤思想，願意站到馬克思主義方面來的時候，黨對他的這種進步是表示歡迎的，而胡風先生卻表現了狂熱的仇視。」不過這裡值得注意的是，不管出於公心還是私心，胡風早年對舒蕪的捧場，使得舒蕪因一篇文章由一名大學教師成為了一名著名的人士，舒蕪是應該感激的。

原本胡風和舒蕪已經「恩斷情絕」了，但這一年，舒蕪和胡風還

是發生了一件不愉快的事情。關於這件事情，也有幾個版本，有一種說法是說舒蕪在這一年裡和幾個朋友去了胡風的家，胡風看到舒蕪竟然還來到他家裡，當下就非常不給情面地對帶他一起去的聶紺弩說：老聶，我的家是什麼人都能帶來的嗎？後來，聶紺弩和舒蕪等人離開了胡風的家，路上舒蕪惡狠狠地對著聶紺弩等人說：胡風不要神氣，我手上有他給我的書信。一般人都說這是舒蕪準備用書信對付胡風的最早心理表露，由此推斷到1955年胡風拿出舒蕪的書信是不突兀的，因為他是早有預謀的。[26]

事實是怎樣的呢？這件事在舒蕪去世之前針對〈整注記〉已作了說明，他發表文章後也沒有人提出反駁，應該說還是比較可信的。

那是1954年夏天，何劍勳先生從重慶到北京來開什麼會，到人民文學出版社來看聶紺弩先生。中午，聶請何到地安門馬凱食堂吃飯，邀我同去。本來誰也沒有說要去看胡風先生。餐畢出來，坐進了車子，聶忽然說：「胡風家就在這附近。」何說：「好，我們看他去。」聶立刻通知了司機，頃刻就把車開到了胡風先生家門外。我們進去，在客廳坐定，胡風先生從裡面出來，先與何握手，問知何在京還有幾天住，說：「我們改日再談。」便轉身又向內室走去，一面說：「老聶，你怎麼不通知一聲，什麼人都往我這裡帶？」臨要走出客廳門時，又回頭大聲說：「我這裡，不是混賬東西可以來的！」聶笑勸道：「何必呢！何必呢！」何說：「胡風這太不對了。我們走。」那天下午，聶又邀何與我同到北海公園喝茶，大家談到中午的事。我說，不懂胡風先生為什麼發這麼大火，聶說：「他最生氣的是，你自己檢討就檢討，不該拉上他。他當年發表〈論主觀〉，是為了批判的。」我第一次聞此說，大出意外，才說：「他怎麼這樣說呢？我手裡有他的信，拿出來可以證明事實完全相反。」聶還是笑勸道：「何必呢？何必呢？」我說過也就完了。[27]

　　上文中的〈整注記〉是指《新文學史料》1998年第1期上的曉風、曉谷、曉山整理輯注的《胡風致舒蕪書信選》，尤指整理輯注者在附記和補記中的文字。這篇辯駁文章寫在1998年3月，當時很多的人都還在世，應該說舒蕪所說是經得起檢驗的話。

　　如果說前面的一次座談會兩人還沒有撕下臉皮，那麼這一次去胡風家做客的遭遇，徹底地讓兩人都撕下了臉皮，從此兩人再也沒有什麼交往了。當年的亦師亦友，現在成為了路人，胡風不是魯迅，所以沒有魯迅那樣的胸懷去包涵後學的錯誤；舒蕪也不是忠實於魯迅的胡風和曹聚仁，所以也沒有一直緊緊地追隨著自己的先生。

　　作為古典文學的專家，批評《紅樓夢》、批判胡適的唯心主義思想觀，舒蕪是肯定要發言的，事實上他也確實撰文了，不過，那是作為《紅樓夢》研究的學術問題來批評唯心論。當時的古典文學方面的專家人人過關，都要批評胡適的資產階級唯心論思想，舒蕪也不例外。原本舒蕪的這些文章和胡風沒有什麼關係，但看看舒蕪當時批評《紅樓夢》所持的理論，對理解舒蕪解放初寫檢討文章的思想動機以及舒蕪近兩年的思想，還是很有益處的。

　　1954年10月24日中國作家協會古典文學部召開了《紅樓夢研究》問題座談會，到會的有古典文學研究者、作家、文藝批評工作者和各報刊編輯等六十多人，俞平伯在上午也到了會，作為古典文學的專家，舒蕪也到了會。舒蕪在討論會的發言說到《紅樓夢》後四十回的問題，他首先承認了《紅樓夢》出自「兩人之手」的這個討論前提，為了強調《紅樓夢》的價值，他用「文學社會現象」論來評價「高鶚續書」道：「高鶚的續《紅樓夢》把悲劇更進一步的發展，矛盾更進一步的發展，……高鶚的續書雖有缺點，但功多於罪。所以二百年來成為群眾的東西。俞先生對高鶚不滿，這是世界觀的問題。俞先生強調個性論，強調曹、高既是兩個人，個性即不能相通。資產階級的文

藝思想基本上是個性論。馬克思主義不反對個性，但個性必須有社會內容。如把個性作為社會現象來看，可能有相通的地方。」（《紅樓夢研究資料集刊》，第368頁）

舒蕪在上面的發言中，已經嫻熟地使用馬克思主義觀點來批評文學現象了。在這場批判運動中，舒蕪也寫了一些文章，比如他在《文藝報》（1954年第20期）發表了〈堅決開展對古典文學研究中資產階級思想的鬥爭〉，文中說俞平伯之所以對後四十回持否定態度，「這一方面是因為高鶚的續作，基本上正確地發展了前八十回中主要人物的性格，展開並加強了前八十回中的主要矛盾，使前八十回中作者的傾向性更鮮明地呈現出來。……俞平伯先生之所以一貫否定高鶚所續的後四十回，主要並不是為了續作裡面有某些封建思想流露的部分，而是為了企圖把矛盾保持在前八十回未充分發展的狀態之下，以便較容易地調和它，掩蓋它。除此而外，還有另一方面的原因。俞平伯先生既是把文學僅僅看作個人的事業而不是社會存在，當然也就不瞭解，一百年來作為一個完整的社會存在、發生巨大的社會效果的《紅樓夢》，正是一百二十回本。這一事實證明群眾對於後四十回已經批准，證明後四十回中最基本的東西是可以與前八十回相通的東西。」（《紅樓夢問題討論集》二集，第8頁）在他另外一篇文章〈分歧在哪裡？〉一文中，又對「新紅學派」把《紅樓夢》說成一個孤立的存在，更進一步力圖割斷前八十回原作部分和後四十回續作部分在將近兩百年的流傳過程中已經形成的社會聯繫，進行批評。

從舒蕪的文章中，可以發現他也已經是一位能運用馬克思主義的觀點和方法對《紅樓夢》的思想性和藝術性作出較全面的分析和評價的專家了。

1954年10月27日中共中央批發了中宣部負責人陸定一的《關於展開〈紅樓夢〉研究問題的批判的報告》，報告上肯定了李希凡、藍

翎二人關於〈《紅樓夢》研究和《紅樓夢》簡論〉的批評具有重要意義，認為消除胡適派資產階級唯心主義觀點在古典文學研究界的影響，是一場嚴重鬥爭，但經過這個鬥爭，肯定將使古典文學研究工作開始進入一個新的階段。這次討論的目的，是要在關於《紅樓夢》和古典文學研究方面與資產階段唯心論劃清界限，並進而運用馬克思主義的觀點和方法對《紅樓夢》的思想性和藝術性作出較全面的分析和評價，以引導青年正確地認識《紅樓夢》。報告提出，在討論和批評中必須防止簡單化的粗暴作風，允許發表不同的意見，只有經過充分的爭論，正確的意見才能真正為多數人所接受。對那些缺乏正確觀點的古典文學研究者，仍應採取團結的、教育的態度，使他們在這次討論中得到益處，改進他們的研究方法。這次討論不應該僅停止在《紅樓夢》一本書和俞平伯一個人上，也不應僅限於古典文學研究的範圍內，而應該發展到其他部門去，從哲學、歷史學、教育學、語言學等方面徹底地批判胡適的資產階級唯心論的影響。毛澤東在報告上批道：「劉、周、陳、朱、鄧閱，退陸定一照辦。」[28]

對照《報告》就能發現，舒蕪從社會角度去批評文學現象的發言和文章，真正達到了中宣部開展這次《紅樓夢》研究問題座談會的目的——「這次討論的目的，是要在關於《紅樓夢》和古典文學研究方面與資產階段唯心論劃清界限，並進而運用馬克思主義的觀點和方法對《紅樓夢》的思想性和藝術性作出較全面的分析和評價，以引導青年正確地認識《紅樓夢》。」這次參加批判《紅樓夢》的其他研究者也認為舒蕪在這次批評《紅樓夢》中最大的創造，就是提出了用「文學社會現象」論觀點去批判俞平伯和《紅樓夢》。

解放後，馬克思主義和毛澤東思想已經武裝了舒蕪的頭腦，他已經與〈論主觀〉的作者徹底分道揚鑣了。

注釋

1.魯迅：〈答徐懋庸並關於抗日統一戰線問題〉，載《魯迅作品精選》，長江文藝出版社2008年版，第625頁。

2.陳雲在中國共產黨全國代表會議上的發言記錄，1955年3月28日。轉引自金沖及主編：《陳雲傳》，中央文獻出版社1994年第二版，第293頁。

3.林蘊暉：〈高崗被定為「反黨」的原因〉，引自林蘊暉：《國史箚記》（事件篇），東方出版中心2008年版，第129-130頁。

4.康濯：〈《文藝報》與胡風冤案〉，載《枝蔓叢叢的回憶》，北京十月文藝出版社2001年版。

5.林蘊暉：〈高崗被定為「反黨」的原因〉，引自林蘊暉：《國史箚記》（事件篇），東方出版中心2008年版，第124-125頁。

6.牛漢口述，何啟治、李晉西編撰：《我仍在苦苦跋涉——牛漢自述》，生活‧讀書‧新知三聯書店2008年版，第103-104頁。

7.雪葦：〈我與胡風關係的始末〉，轉引自黃喬生：《魯迅與胡風》，河北人民出版社2003年版，第187頁。

8.轉引自李輝：《胡風集團冤案始末》，人民日報出版社1989年版，第138-139頁。

9.參見胡風：《胡風三十萬言書》，湖北人民出版社2003年版。

10.參見胡風：《胡風三十萬言書》，湖北人民出版社2003年版，第43頁。

11.吳永平：《細讀胡風之〈關於舒蕪問題〉》，載《江漢論壇》2005年11期。

12.胡風：《胡風三十萬言書》，湖北人民出版社2003年版，第271頁。

13.李輝：《胡風集團冤案始末》，人民日報出版社1989年版，第152頁。

14.〈關於《紅樓夢》研究問題的信〉，《建國以來毛澤東文稿》（第四冊），中央文獻出版社1990年版，第574-575頁。

15.〈對馮雪峰〈檢討我在《文藝報》所犯的錯誤〉一文的批註〉，《建國以來毛澤東文稿》（第四冊），中央文獻出版社1980年版，第602頁。

16.胡風：《胡風回憶錄》，人民文學出版社1997年版，第424頁。

17.李輝：《胡風集團冤案始末》，人民日報出版社1989年版，第177頁。

18.郝懷明：《如煙如火話周揚》，中國文聯出版社2008年版，第145頁。

19.周揚：〈我們必須戰鬥〉、（一九五四年十二月八日在中國文學藝術界聯合會主席團、中國作家協會主席團擴大聯席會議上的發言），見《人民日報》，1954年12月10日。

20.郝懷明：《如煙如火話周揚》，中國文聯出版社2008年版，第152頁。

21.轉引自李輝：《胡風集團冤案始末》，人民日報出版社1989年版，第285-286頁。

22.唐弢說：這個刊物（引者注：《文學界》）由梅林編輯，發表的文章以同胡風同志接近的人寫的為多，引起了一些人的議論，紛紛來信提出責難。（馮）雪峰同志怕引起宗派糾紛，特來找我，因為我在報館工作。他說，文協機關刊作者面太窄，容易引起誤會，要我順便在報館看一下發牌的稿子，注意一下文章的態度，免得授人話柄。有一次，記不起一篇什麼文章，我覺得不大妥當，就跟雪峰通電話，雪峰主張撤下，補上一篇備用稿。我一面照辦，一面寫信通知梅林。不料梅林不以為然，去告訴胡風同志，胡風寫了一封很長的信，責備雪峰，也牽涉到我。雪峰氣得臉色

發青，拿信的手索索顫抖。引自唐弢：〈在首屆雪峰研究學術討論會上的發言摘要〉，載《回憶雪峰》，中國文史出版社1986年版，第120頁。

23.牛漢口述，何啟治、李晉西編撰：《我仍在苦苦跋涉——牛漢自述》，生活·讀書·新知三聯書店2008年版，第97頁。

24.徐覺民：《閱讀馮雪峰》，《新文學史料》編輯部：《歷史風濤中的文人們》，人民文學出版社2009年版，第51-52頁。

25.龔育之：〈《如煙如火話周揚》序〉，中國文聯出版社2008年版，第3頁。

26.曉風、曉山、曉谷：《我的父親胡風》，春風文藝出版社2001年版，第89頁。

27.舒蕪：〈《回歸五四》後序〉，載《舒蕪集》（第8卷），河北人民出版社，第389-400頁。

28.參見陳晉：《毛澤東與文藝傳統》，中央文獻出版社1992年版，第144-145頁。

下篇
1955年，舒蕪「反戈一擊」

第六章　拉開了全面批判胡風的大幕

　　實事求是地說，胡風在批評《文藝報》和馮雪峰時，並不理智，以為自己領會了領導意圖，也以為這樣的批評可以改變自己的命運，他想借力去打力，藉助這次壓制小人物批評《文藝報》去打擊周揚等在任的文藝界領導，可是，由於錯估會議的發生背景、沒有找到真正的敵人，隨著周揚的〈我們必須戰鬥〉一文的發表，他終於明白悔之晚矣。周揚的這篇文章是經過了毛澤東親自批閱的，他的發言代表最高領導的意思，要知道，周揚在此之前從沒有在這麼多人的會上公開反對胡風的文藝思想，周揚的這次發言，無疑是吹響了向他發起進攻的號角。

　　塗元群在《五十年文壇親歷記》中說：「當1954年11中旬，中國文聯和中國作協的主席團聯席擴大會上周揚作〈我們必須戰鬥〉顯示『戰線南移』的主調發言時，我看見滿座皆驚，連坐在主席臺上的中國文聯主席郭沫若和中國作協主席茅盾也顯得舉措不安。他們畢竟是局外人，對發動這場運動的背景情況恐怕也是一無所知或知之甚少，因而難免要察言觀色，改變自己的尷尬狀態。」[1]雖然這次郭沫若和周揚的發言稿是經過了毛澤東的審閱，但這裡顯示，胡風的這次被批事實上是最高領導人的意思，當時的文聯主席和作協主席對事態的發展都感到詫異。

　　胡風的這次出擊，不僅沒有打倒自己的宿敵周揚，引火焚身，還讓早年和自己一起追隨魯迅的馮雪峰從此開始處處受批，剛開始馮

雪峰被批得不斷作檢討時，胡風還是很開心的，到了後來才知道他們倆一個都跑不了。在荒唐的年代，連如手足兄弟都可以成為戰鬥的對象，何況一直不很和睦的戰友。

開始部署批判胡風的運動

　　1955年於胡風來說，是一個命運多舛的一年。胡風在中國文學藝術界聯合會主席團和中國作家協會主席團擴大聯席會議上的發言在《文藝報》上發表後，報刊和雜誌上到處是要嚴正批評胡風在聯席會上的發言的籲請。1955年元旦，一年之始的時候，《人民日報》就發表了周姬昌〈胡風先生的立場是什麼──讀胡風先生在中國文學藝術界聯合會主席團和中國作家協會主席團擴大聯席會議上的發言〉，這篇文章首先說先後兩次在擴大聯席會上發言的胡風，他所持的立場是不正確的，作者抓住胡風發言中的「先說一點我的心情，『文藝報』的問題發生以後，我個人的心情是沉重的。因為，無論如何，這是我們戰線上的失敗。失敗是我們大家共同的，所以心情很沉重。有的同志說我上次發言很激動，是的，我是很激動的，這是從失敗感來的，我沒有能夠控制自己。」駁斥胡風把《文藝報》的錯誤誇大為「戰線上的失敗」的錯誤，其次斥責胡風向已經公開檢討的同志潑冷水的不良居心，然後在文中指出了胡風這兩次發言的別有用心，是在轉移戰線，最後作者說：「最後，我籲請中國文學藝術界聯合會主席團和中國作家協會主席團，迅速採取必要的措施，根據胡風先生錯誤的言論進行嚴正的批判，並對這次運動作出正確的評價，以廓清因胡風先生的是非不分、顛倒黑白、只看到『文藝報』錯誤的發生、不看到錯誤得到糾正而散佈悲觀氣氛的本末倒置的主觀唯心論的庸俗的看法而引起的有害的影響，並批判胡風先生企圖模糊群眾的視線、轉移鬥爭

的方向、實質上是給我們解除馬克思主義武裝的惡劣的挑釁式的作風。」

根據周揚〈我們必須戰鬥〉的論調，根據各地報刊的籲請，中宣部開始部署開展批判胡風思想的活動。

1955年1月20日，中宣部將〈中共中央宣傳部關於開展批判胡風思想的報告〉呈送中共中央，在〈報告〉中具體指出了胡風文藝思想和胡風思想存在的問題，最後將胡風文藝思想定論為「資產階級唯心論」、「反黨反人民」的文藝思想：

> 胡風的文藝思想是徹頭徹尾資產階級唯心論的，是反黨反人民的文藝思想。他的活動是宗派主義小集團的活動，其目的就是要為他的資產階級文藝思想爭取領導地位，反對和抵制黨的文藝思想和黨所領導的文藝運動，企圖按照他自己的面貌來改造社會和我們的國家，反對社會主義建設和社會主義改造。他的這種思想是代表反動的資產階級的思想，他對黨領導的文藝運動所進行的攻擊，是反映目前社會上激烈的階級鬥爭。

與此同時，中宣部對如何開展批判活動做了部署和要求：1、將胡風給中央的報告中關於思想和組織領導兩部分印成專冊，由作家協會主席團加上按語，隨《文藝報》一九五五年第一、二期合刊附發，同時也附發林默涵、何其芳過去批評胡風的文章，以便展開討論和批判。2、繼續在《人民日報》，《文藝報》及其他報刊上發表批評胡風的文章，廣泛地吸收黨外作家和青年作家參加這個思想鬥爭。3、作家協會及各地分會和其他文藝團體應適當地組織各種討論會座談會來討論和批判胡風的文藝思想。4、各省市委應召集黨員作家、有關機關和學校中黨的負責幹部開會，說明胡風的錯誤思想以及對這種錯

誤的資產階級思想進行鬥爭的重要意義。對同情胡風思想或接近胡風小集團的黨員作家，應向他們明白指出胡風的文藝思想是反黨反人民的，是與黨的總路線、黨的文藝思想不相容的，凡是黨員，都應該同這種錯誤思想劃清界限，並積極參加對胡風錯誤思想的鬥爭。5、各地黨委宣傳部應積極領導當地文藝界對胡風思想進行批判。6、對胡風小集團中較好的分子應耐心說服爭取，對其中可能隱藏的壞分子，應加以注意和考察。等等。

　　1955年1月26日，中共中央向全國批發了中央宣傳部〈關於開展批判胡風思想的報告〉，中宣部部署的批判胡風思想的活動開始了。

　　根據中共中央的部署，各地黨委開始了行動，中國作家協會主席團和《文藝報》在中共中央文件下發之前就已經在《文藝報》（在一九五五年第一、二期合刊）上附發了胡風給中央的報告中關於思想和組織領導兩部分印成專冊，即將〈關於幾個理論性問題的說明材料〉和〈作為參考的建議〉印成專冊，定名為〈胡風對文藝問題的意見〉，作家協會主席團並依照中宣部的要求，在冊子前面加上按語：

　　胡風在1954年7月向中共中央提出一個關於文藝問題的意見的報告，經中共中央交本會主席團處理。本會主席團認為該報告中關於文藝思想部分和組織領導部分，涉及當前文藝運動的重要問題，主要也是針對著1953年《文藝報》刊載的林默涵、何其芳批判胡風資產階級文藝思想的兩篇文章而作的反批判，因此應在文藝界和《文藝報》讀者群眾中公開討論然後根據討論結果作出結論。現在決定將胡風報告的上述兩部分印成專冊隨《文藝報》附發，供讀者研究以便展開討論。為便於讀者研究，將林默涵、何其芳的兩篇文章重印附發。

　　如上文所說，隨《文藝報》一九五五年第一、二期合刊附發，同時也附發林默涵、何其芳過去批評胡風的文章。如果真能如按語所說，讓大家公開討論然後作出結論就好了，但在當時，誰都知道林默

涵和何其芳代表的是正方觀點，多次運動的經歷，已經讓革命群眾嗅覺很靈敏了，在關鍵時刻，都知道要站在哪一邊。所以，儘管上面的出發點是好的，是希望充分討論後作出結論，而實際效果可能並不是如此，新中國初期的文化建設和政黨意識形態是密不可分的，文化建設同時還是整個國家的建設中的一部分，所以文學批評在當時就是被視為革命鬥爭的工具，文學是鬥爭的工具，而鬥爭是你死我活，這個和文化批評和後來所提倡的「百家爭鳴、百花齊放」是有距離的，所以胡風的「報告」一登載出來，其命運已經昭然若揭了。與此同時，《人民日報》、《文藝報》及其他報刊上繼續大量發表批判胡風的文章，並且動員黨外作家和青年作家來參加這個思想鬥爭。這兩個刊物的編輯後來回憶說，當時上面布置這個任務以後，編輯到處去組稿，因為胡風的「報告」剛剛發下來，所以很多作家都來不及寫，比如《文藝報》第三期只發表了4篇批評胡風的文章，有些還是批評胡風聯席會上的發言，而到了第四期，就開始稿子很多了，一期就有9篇文章了，並且開始批判胡風文藝思想了。

　　中國作家協會及各地分會和其他文藝團體開始組織各種討論會、座談會來討論和批判胡風的文藝思想。如1955年2月5日至7日，中國文聯主席團和中國作家協會主席團召開第十三次擴大會議，會上通報了胡風問題，並號召對胡風資產階級唯心主義文藝思想進行批判。這次會議持續了兩天，通過這次會議掀起了在中國文聯和中國作協批判胡風的高潮，很多的作家都在會上發言了。1955年2月11日和12日，新華社和《人民日報》先後都刊發這次會議報導，報導說這次會議做了一個決議：會議決定對胡風的錯誤理論展開徹底的全面的批判，以提高馬克思主義文藝思想水平，加強團結，更好地為國家的總路線服務。經過新華社對會議的報導，特別是2月12日《人民日報》頭版發佈這個消息，使得胡風思想問題一下子成為了當時最為重大的問題之

一，就是從這個時候起，全國性的胡風思想批判開始了。[2]

　　關於這次會議，若干年後還有一段插曲，親歷者張僖說在召開13次擴大會議期間，有人提前洩露了青年宮批胡風的消息，大會正式開始時，「會下，舒蕪找到馮雪峰說，胡風在開會之前就已經知道了今天會議的內容，並且做了準備。因為舒蕪是人民文學出版社的編審，而馮雪峰是社長兼總編，所以舒蕪向他彙報了這件事。肯定是有人把前一天晚上會議的情況告訴了胡風。」實際上舒蕪並沒有參加這次會議，當然更沒有找馮雪峰說這些事情，關於這個舒蕪已經撰文作了解釋，這裡就不再以訛傳訛了。不過那次青年宮擴大會胡風是參加了，並且是坐在主席臺上，台下有200多人，但會前故意不告訴胡風會議內容，因為那天會就是由郭沫若主持的對胡風的批判會。[3]

　　在掀起批判胡風高潮的同時，中國文聯組織了報告團在全國巡講胡風思想的反動。聶紺弩在得知胡風事件升級後，1955年5月30日寫給周揚的信中：「從上海開始，一路『報告』而來，都是關於胡風的，杭州做過兩次，江西做過三次。但現在卻不能報告了：即已宣布為政治問題，屬於理論性質的辯論，就引不起聽眾的興趣了。想寫一點記胡風過去的文字，不知寫不寫得成，也不知還有什麼用處沒有。」[4]

　　群眾發動起來了，領導層也沒有放鬆。據《周恩來年譜》，1955年2月26日，毛澤東召集了劉少奇、周恩來、陳雲、鄧小平、彭真、陸定一、胡喬木、胡繩等人到他的住處開會，開會的內容主要是討論對胡風如何展開批判等問題。[5]如火如荼的批判活動開始了，毛澤東等領導人在密切關注著這個批判運動，並決定要進一步展開。這場大批判，已經調動起了全國人民的批判熱情，已經驚動了最高領導層，最後會無聲地結束嗎？不會的，在這個時候其實就已經醞釀起了更大的風暴，所有的這些批判只不過都是黑雲積聚，這場大風暴不爆發都

不行了，因為爆發了黑雲才會散去，只有爆發了才會雲開氣朗。箭已上弦，而此刻胡風不過是頭頂的呱呱叫著的天鵝。

全國性的批判胡風文藝思想的活動就這樣大規模地展開了。很多人以為全國性的大批判活動是在1955年5月13日舒蕪的第一批材料公佈後才開始的，其實1955年開年之初就開始了全國性的批判活動，但和第一批材料公佈以後的情況相比，還是有一定區別，之前是胡風思想的批判，之後就變成了對反黨反革命分子胡風的批判。

〈我的自我批判〉三稿的出籠

胡風的〈在中國文學藝術界聯合會主席團和中國作家協會主席團擴大聯席會議上的發言〉在《文藝報》發表後，《文藝報》緊接著連著六期刊發了一系列批評他發言的文章。路翎的發言則於1955年一至四期發表。胡風的這次發言，攻勢凌厲，引起了毛澤東的注意，畢竟批評《文藝報》壓制新生力量的會議是在毛澤東的部署下召開的，所以會議的情況盡在最高領導人掌握之中。

據周揚等人的回憶，毛澤東是在看到了胡風凌厲的發言後，才開始去翻閱早在前一段時間已經送來的胡風《三十萬言書》。不看不要緊，一看嚇一跳，胡風在他的洋洋30萬言裡，充滿了對解放後文藝的不滿，在表面頌揚毛澤東文藝思想的同時，常常在其中夾帶自己的私貨，這些毛澤東一眼就能看出，特別是其中有一部分的意思，似乎還有「清君側」的思想。再聯繫到胡風的發言，毛澤東對胡風的文藝思想和主觀意圖比較瞭解了。解放初期的毛澤東，應該說那時候還是非常清醒的，他並沒有馬上給胡風的文藝思想下判語，而是要求《文藝報》去討論和批判胡風的文藝思想。這個是黨的好傳統：通過發動群眾去批判，讓群眾在批判中提高認識。

聽說中宣部要求中國作協和《文藝報》發表他的《三十萬言書》後，胡風著實希望這不是真的。1954年10月27日胡風在給張中曉得信中，說到《三十萬言書》可能會被出版時，還是躊躇滿志的，「今天甚至聽說20多萬字的東西（引者注：指《三十萬言書》）要出版了，如果真是這樣，大概是上面已經決定了要徹底考慮考慮。」[6]當時絲毫沒有吃驚和擔憂。而現在，情形不同了，全國上下都在批判胡風思想，再發表這些東西，那就更麻煩了，他開始感到了事態的嚴重，倔強、自負、從不寫檢討的胡風，這次開始考慮要認真檢討了。儘管有朋友要他等一等，看看最後風聲如何，但這個時候的胡風已經非常清醒了，50多年的生活經歷、解放後這麼多年的文藝鬥爭的經歷都告訴他，這一次他只有徹底的檢討自己才可能過關，期待奇跡出現已經不可能了。

1955年1月11日，胡風在和他的朋友商量後，主動寫出了〈我的自我批判〉。這份自我批判長達一萬多字，是不少的朋友參與一起幫助胡風寫就的。在這份檢討中，胡風低下了一直昂著的頭，是真心且徹底地按照當時對他的批評來檢討自己的，他承認了自己文藝思想的錯誤，並主動地上綱上線，說「在這幾個根本問題上違背了馬克思主義，違背了毛主席的文藝方針」；他對自己的態度也作了檢討，說「在作風和態度上表現為長期地拒絕思想改造，自以為是的個人英雄主義，狹隘的宗派情緒，嚴重地缺乏自我批評精神，以及脫離群眾，輕視集體」。——1953年座談會時的胡風，在座談會結束後，覺得自己的文藝思想幾乎沒有什麼問題，最多就是和毛澤東的提法有些不一樣，而現在，他已經承認自己在幾個根本問題上違背了馬克思主義和毛澤東文藝方針；1952年胡喬木為舒蕪的〈從頭學習在延安文藝座談會上的講話〉一文加的編者按中說「以胡風為首的文藝小集團」的時候，胡風非常不滿，甚至上告，而現在，他主動承認了自己有狹隘的

宗派情緒以外，還承認自己有個人英雄主義等其他問題。

　　1952年5月舒蕪通過學習，檢討並承認了自己過去的思想是錯誤的；1955年1月，胡風經過批判，檢討並承認了自己過去的思想是錯誤的。為什麼舒蕪會檢討，舒蕪說他是主觀追求進步，掌握了馬列主義和毛澤東思想，主動地發現今是昨非，而聶紺弩說舒蕪是在天平面前，一邊是中共和毛公，一邊是胡風，感覺出了誰輕誰重，所以檢討。[7]為什麼胡風會檢討，其實也正如聶紺弩說的，此時胡風面前也擺著一架天平，一邊是胡風思想，一邊是毛澤東思想，胡風此時檢討和承認錯誤也是認識到了哪一邊重哪一邊輕，所以他作了深刻檢討並承認錯誤，從本質上來說，都是屈從。

　　檢討寫好後胡風就把它交給了相關領導，他希望《文藝報》能刊登自己的主動檢討，然後也就因為檢討深刻而過關，但此時的胡風問題已經沒有那麼簡單了，因為他不是主動檢討並承認錯誤，他是被迫檢討並認錯的，所以儘管寫得很深刻，但上面依然覺得他的檢討不過關。後來胡風在1955年1月交的檢查被上面稱為檢討一稿。當時這個一稿交上去以後。康濯，當時他是《文藝報》負責人，對《文藝報》和胡風之間的情況比較熟悉，據他回憶說：

> 對這一稿，我們編委會和編輯部以及周揚、林默涵、作家協會黨組的同志和文藝界一些領導同志茅盾、夏衍、馮雪峰等都認為不行，認識的錯誤不多，解釋、辯護不少，於是把稿子退給了胡風，誠懇地向他提了意見。

　　這麼深刻的檢討都還通不過，胡風更加認識了問題的嚴重性。在一稿不能通過的情況下，胡風又趕緊準備寫第二稿，並且在2月份就上交了二稿：

2月胡風改寫出了〈我的自我批判〉的二稿，這一次我們看了以後覺得進步不小，就由編輯部列印分發給了茅盾、夏衍等同志以及《人民日報》文藝部等有關單位，說明我們認為他這份檢討基本上可以接受了，但是也還想請胡風改得更好一些，並要求接到這份列印稿的同志提出修改意見。然後我們又綜合了大家的意見，轉告了胡風同志，希望他能再修改一下，並儘快交我們發表。

胡風在接到大家的批評意見後，按照大家的意見又修改成了第三稿，並在3月份又交了上去：

於是胡風又在3月交來了他的最後定稿，也就是第三稿。這一稿我記得是以二稿為主，前面若干段幾乎沒有任何修改，後面修改了一些文字，更主要地是也修改了若干實質性的內容，同時並在文後加了一個附記。現在我已記不清楚，三稿到底具體修改了二稿的哪些地方；但有一點是印象深刻而明確的，就是三稿後半部確有不止一個地方改得比二稿肯定是有重要的進步。我們決定全文發表他這一〈我的自我批判〉三稿。[8]

一而再、再而三地檢討，遞交上去又被退回來，由一稿到二稿再到三稿，倔強的胡風此刻的內心應該是很痛苦的。胡風的檢討之所以有三稿，實在也是形勢發展得太快的原因，因為就在他寫出一稿以後，他本來以為這樣檢討就可以了，誰知道在1955年1月30日出版的《文藝報》（1、2期合刊）上，在溫和的通欄標題下「對胡風在文聯和作協主席團擴大聯席會議上的發言的意見」下，匯聚了多篇大作來批判，還登載了他朋友路翎那篇著名的〈為什麼會有這樣的批評？〉，僅僅這些都還算了，最為關鍵的是，原來只是聽說的，就是胡風呈送給黨中央和毛主席的〈關於解放以來的文藝建議〉已經由毛澤東交了下來，似乎毛澤東要讓《文藝報》發表他的報告，並要組織

座談來批判他的報告，現在，已經由這一期《文藝報》隨刊贈送了。雖然這次贈送的這份〈胡風對文藝問題的意見〉即1954年胡風向黨中央三十萬言上書中最主要的兩部分，但胡風在第二部分對其他文藝理論工作者的尖刻的批評以及第四部分領導文藝的野心也就公佈於世了，自己的文藝思想問題和攻擊其他文藝領導人的態度也就要在新的一份檢討稿中體現，所以又要加上新的內容。《文藝報》從第三期開始，每期都組織了好幾篇文章重點批判胡風〈意見〉中的文藝思想，到四月底為止，已經批判了六期，所以胡風要按照不斷升級的批評來對照自己、深刻檢討自己，這個也是檢討稿有三稿的客觀原因。

胡風這三次檢討文章一次比一次深刻，並且徹底承認了自己的錯誤。他深刻檢討了自己的文藝思想的錯誤，也檢討了自己的態度上的錯誤。

胡風的〈我的自我檢討〉得到《文藝報》以及其他文藝界領導認可後，他們決定全文發表這篇文章。後來，出現了舒蕪的關於胡風宗派主義的稿子，後來這個稿子利用胡風的書信變成了〈關於胡風小集團的一些材料〉，經過商量，周揚、林默涵等決定將舒蕪的材料和胡風的〈我的自我批判〉同時在《文藝報》5月份的第九期發表。中宣部並決定《文藝報》發表這兩篇文章後，由《人民日報》立即轉載。

〈我的自我檢討〉5月初在《文藝報》發排了，但這次發排後並沒有發表，周揚本著謹慎的態度把排出來的樣稿給了毛澤東看，這一看不要緊，所有的出版計畫都推翻了，所有的原先定好的調子都改了，這一看把風暴看成了海嘯。

希望《三十萬言書》不要發表

在寫了檢討之後，胡風在路翎的幫助下，又寫了一篇〈對「關於

幾個理論性問題」的說明材料〉附在〈我的自我檢討〉後面，檢討了
自己的理論觀點方面的錯誤。這個時候的胡風還以為在理論性問題上
做個檢討就可以了，事實上，《三十萬言書》不僅發表第二部分，還
要發表第四部分，檢討理論性問題的錯誤已經沒有用了。

「三十萬言上書」裡處處都能找到胡風對文藝界政策不滿的話
語，甚至還有對文藝界領導的攻擊性話語，如果發表了，無疑將會得
罪更多的文藝界領導；這個報告裡提倡的很多東西，與當時文藝界所
提倡的東西是背道而馳的，如果發表了，那麼他會引起更多的人對他
的建議和文藝思想的進行批判；還有，他關於文藝界改革的具體而又
大膽的建議，如果公諸於眾，將會暴露出他的勃勃雄心。

為了阻止《三十萬言書》的發表，胡風在1955年1月14日的晚
上，無奈地去找了周揚，先是一陣寒暄之後，隨後胡風就向周揚提
出，希望不要發他的《三十萬言書》，周揚委婉地告訴胡風，說我
們會考慮你的意見的。

警惕性很高的周揚在給中宣部轉呈毛主席的報告中，詳細地敘述
了這次胡風來求見的經過。

　　定一同志轉呈主席：

　　　　昨晚胡風來談話，表示承認錯誤，說他是以小資產階級觀
　　點來代替無產階級觀點，思想方法片面，並有個人英雄主義，
　　以致發展到與黨所領導的文藝思想對抗。他說他現在從根本上
　　認識了問題，故感覺很「輕鬆」，他說他從來都是「樂觀主
　　義」的。他再三詢問我對他現在這個認識及對他個人的看法。
　　我說他對自己的錯誤思想採取了批判的態度是好的，但認識和
　　批判自己的錯誤，並不是很容易的，是要經過痛苦過程的，他
　　應當準備聽取別人對他的更多的批評。至於為人，各個人都有

自己不同的個性，但做人總以光明磊落為好，不要存陰暗心理。他又稱讚我政治上很強，我說並不如此，對《武訓傳》、《紅樓夢研究》等的錯誤思想我都沒有及時地進行鬥爭，就是證據。我的話說得比較婉轉，以避免給他任何壓力的印象。

這些話不過是開場白。他最後向我提出希望不要發表他給中央的報告，如一定要發表，他希望作些修改，他說有些話不是事實。我說發表出來公開討論有好處，你如對自己的觀點和所舉的事實有修正，可以再寫文章，我們也可以發表。他說他的檢討已寫好，並在下星期三可以交來，希望能連同報告同時發表，我說恐怕來不及，可以下期發。他說如果這樣，希望在卷首附一聲明，隨即將他的書面聲明交我，我說我們可以考慮他的意見。

很顯然，他要發表這個聲明的目的，是想藉此來在讀者群眾中造成一個他已承認錯誤的印象，可緩和與麻痺群眾的情緒，模糊他們的認識，抵制他們的批評。我們覺得發表這個聲明，是於我們不利的，擬以書已印好，無法補上這樣的理由回絕他。並只可以告他，他的聲明既沒有具體說明錯誤究竟在哪裡，他所舉的事實究竟有哪些不確實，這樣籠統的聲明，對於讀者沒有好處。以上是否妥當，請即指示。附上胡風的聲明抄件，請閱。

此致敬禮

周揚，一月十五[9]

陸定一當天在信上作了批示，批語是：

建議將胡風聲明送作協主席團傳閱，同主席團決定給口頭答覆，即：內容太不具體，決定不登載。只要文章寫得有內容，不論反駁別人，或自己承認錯誤，在討論的時期裡都可以登載的。

15/1[10]

毛澤東當天也在信上作了批示：

（一）這樣的聲明不能登載；（二）應對胡風的資產階級唯心論、反黨反人民的文藝思想進行徹底批判，不要讓他逃到小資產階級觀點裡躲藏起來。

毛澤東，一月十五日[11]

　　儘管當時的意識形態領域的負責人知道胡風的文藝思想與馬克思主義文藝思想、與毛澤東的〈講話〉有衝突，但以前一直本著周恩來所說的幫助為主的原則，是希望胡風能夠自己認識到自己的堅持是不符合黨的文藝政策的，所以除了一些「讀者來信」，公開批評胡風的，除了胡喬木說有「以胡風為首的文藝集團」和座談會後林默涵、何其芳發表文章說胡風的文藝思想是反馬克思主義的以外，沒有其他文章，當然更沒有號召大家去掀起批判胡風思想的高潮，這次胡風假批《文藝報》猛烈地向黨的文藝政策執行者發起的進攻，得到了嚴厲的回擊。他隨身帶到周揚家的那份〈我的聲明〉，周揚、陸定一、毛澤東都認為不能登，那份聲明到底說了什麼呢？

我的聲明

　　這次批判資產階級思想運動開展後，我受了很大教育，現在正在檢查這個「材料」裡面的錯誤，在這個材料公開發行時，我首先聲明

兩點：

一、這個「材料」裡面所表現的對黨對文學事業的態度，我已初
步認識到是錯誤的，有害的。

二、這個材料裡面對今天的文藝運動所得出來的判斷是帶有很大
主觀成分的。其中有些具體提到的情況和例證，當時沒有很
好地調查研究，後來發現不切實際之處，但現在「材料」已
印好，來不及修改。

以上一切，我當負我應負的責任，希望同志們加以批判。[12]

　　胡風這次到周揚家，先是希望不要發表《三十萬言書》，當發
現這個希望不能實現時，就要求把「材料」修改一下再發，當發現修
改的機會也沒有的時候，他馬上拿出了事先寫好的聲明，要求在「材
料」正文前登一個〈我的聲明〉，胡風在找機會躲避批判，逃避不了
就要求登一個有避重就輕嫌疑的聲明，為以後的辯駁留有餘地。從延
安來的經歷了那麼多次文藝運動的文藝界老戰士，對於胡風的這個小
小計謀，早就識穿了，他們已經不會再給胡風機會了。

　　胡風自己也認識到，以前批評他的文藝思想，一般都是在週邊，
比如批評路翎、阿壠和舒蕪等人的文藝思想，沒有人正面來挑戰他，
而現在是明火執仗地批評他，這個也讓胡風感覺到了形勢於己不利。
倔強的胡風低下了頭，主動地一次一次地寫了檢討，就是希望能通
過，但這一次他的深刻檢討已經沒有用了，他已經是風暴中的孤舟
了，自己無法掌握自己的命運。他去拜訪周揚，希望周揚能夠幫助他
不要公佈《三十萬言書》，其實他不知道，公佈《三十萬言書》並同
時發動群眾討論《三十萬言書》的內容，這是最高領導人的指示，周
揚也只是在執行指示。

　　最後《三十萬言書》還是有選擇地公佈了，但最為關鍵的是，這

次公佈沒有把有人事糾葛的第二部分公佈出來，這個也是不幸中的萬幸，畢竟對胡風的討論還是停留在文藝理論方面，而沒有捲入複雜的人事糾紛。

批胡風的狂風暴雨來臨了

一波未平，一波又起。第一輪結合胡風〈在全國文聯、中國作協主席團聯席擴大會上的發言〉來批判胡風的思想的高潮還沒有結束，1955年2月以後，也就是《文藝報》一、二期上隨送了〈胡風對文藝問題的意見〉以後，結合〈胡風對文藝問題的意見〉的批評高潮又來臨了。根據中共中央的部署，全國各級黨委都開展了批判胡風的活動，各個地方和組織在黨委的要求下，通過開批判會和寫文章揭露的方式，開始了深入地批判胡風的活動。

1955年2月30日出版的1、2期合刊《文藝報》，登載了一篇署名為〈《文藝報》通訊員〉的文章〈分清是非，劃清界限〉，這篇文章觀點新穎，氣勢很大，除了按周揚文章的觀點說胡風是反動的外，還對《文藝報》提出了批評，說《文藝報》「沒有對胡風先生的理論進行持續的徹底的鬥爭」，「忽視新生力量，不相信群眾中會提出具有重大意義的問題」，使《文藝報》「日益脫離廣大群眾」。大有要把這次爭論進行到底的氣勢。那時候，《文藝報》上關於胡風的「材料」剛剛隨刊出來，全國文藝界批胡風正處於井噴的前夕，這篇文章明顯表現出對批判胡風力度不夠的責備，讓人不寒而慄。這之後，《文藝報》以及全國其他地方報紙都開始大量登載批判胡風的文章，力度確實大了。

在這次批判胡風運動中，上海走在全國前列，1955年初，上海文藝界召開了一次批判胡風的大會。會前，上海市委宣傳部組織了一些

人準備在會上發言，已經將胡風問題上綱上線了。1955年3月開始，上海的《解放日報》、《文匯報》，這兩份在全國也有巨大影響的報紙開始大量登載批判胡風思想的文章，數量之多，全國為冠。上海是胡風的「老巢」，胡風朋友的表態成為了這次運動重點關注的地方，胡風率先低下了頭，他的那些朋友也都低下了頭。

1954年3月6日胡風的朋友王元化在《解放日報》上發表了〈胡風的反馬克思主義的立場觀點〉，這篇文章觀點非常新穎，提法也很新，文章是說胡風的「立場觀點」是反馬克思主義的，而不是沿襲以前所說胡風的文藝思想是反馬克思主義的，所以，當年的3月29日，《人民日報》將文章的標題改為「潮流派」小集團的鬼影」後全文轉載。[13]1952年3月9日，上海市委宣傳部長彭柏山在《解放日報》上發表〈論胡風創作思想的反馬克思主義觀點〉，表態支持中共中央部署的對胡風的批判，在文章中也強調了胡風的文藝思想是反馬克思主義觀點的。胡風在上海的朋友，無一例外，都寫了文章批判胡風的反馬克思主義的文藝思想，認識更高的人不僅批判了胡風的文藝思想，還批判了胡風的一貫思想。

胡風在上海以外的其他朋友，也紛紛檢討起了自己，這次檢討他們比任何一次都真誠、都深刻。綠原作為參與《三十萬言書》寫作的人，他在胡風檢討之後也檢討了，在3月15日的《文藝報》上發表了〈我對胡風的錯誤思想的幾點認識〉；武漢的曾卓在3月25日的《長江日報》上發表檢討文章〈從巴爾扎克、托爾斯太談起〉；長沙的彭燕郊在3月27日的《長江日報》發表了檢討文章〈必須激起最嚴肅的責任心〉；天津的魯藜在4月15日的《文藝報》上發表了檢討文章〈唯心論魔術師〉，等等。

當時文藝界的領導和著名文化名人，如郭沫若、茅盾、夏衍、梅蘭芳等人都在這一階段寫了批判胡風的文章。茅盾批判胡風的文章題

目為「必須徹底地全面地展開對胡風文藝思想的批判」，發表在1955年3月8日的《人民日報》上，這篇文章沒有怒罵和恐嚇，全文分析得比較深刻和透徹，是當時批判文章中少有的有一定水平的批判文章。全文8000字左右，最後茅盾就胡風的文藝思想下結論為：

胡風的資產階級唯心主義的文藝思想，他的反對毛主席文藝方向的文藝路線，以及他的長期、一貫的宗派主義的小集團活動，給文藝事業帶來了嚴重的危害性；他的披著馬克思主義外衣，販賣唯心主義文藝思想的伎倆，曾經而且現在對於青年文藝工作者發生相當大的欺騙作用。他的所謂「主觀戰鬥精神」、「自我擴張」等等說法對於還沒有建立起唯物主義世界觀的小資產階級知識分子群眾，不可避免地會產生思想上的混亂乃至共鳴。他的「進步的世界觀會破壞了創作情緒」、「小資產階級作家本來就已和人民結合」的謬論，將會助長小資產階級知識分子的個人主義，煽揚他們的抗拒思想改造的情緒。

但在這些批判文章中，影響最大的是郭沫若的〈反社會主義的胡風綱領〉，這篇文章後來出了一本小冊子，廣為流傳，影響深遠。後來的研究者都認為，這一階段批判胡風最有威力的一篇文章應該算是郭沫若的這篇〈反社會主義的胡風綱領〉，這篇洋洋灑灑的大文章發表在1955年4月1日的《人民日報》上。郭沫若在文章中說：

胡風〈對文藝問題的意見〉洋洋十幾萬言，全面地攻擊了革命文藝事業和它的領導工作，表現了對馬克思主義的極深刻的仇恨，可以說是胡風小集團的一個綱領性的總結。在我國文藝界以至整個文化界，我看再也找不出第二個像胡風那樣頑強地堅持錯誤的文壇野心家了。他巧妙地披著馬克思主義外衣來反對馬克思主義，披著現實主義外衣來反對現實主義。

郭沫若繼續說：「胡風歷來否定民族遺產，主張把西方資產階級文藝形式不加區別不加改變地『移入』中國來，其結果難道不是必然

地要把自己民族的獨立的文藝變成西方資產階級文藝的附庸嗎？」他在文章中列舉了胡風的一系列罪證：「他認為『五四』以前，全部中國文學，包括民間文學在內，都是『封建文學』；他說：『五四以前的一部中國文學史沒有寫人，沒有寫人的心理和性格』。他認為，我們重視民間文藝是『拜物情緒』，探求群眾喜聞樂見的民族形式是使文藝『降低』。」郭沫若由此認定：「胡風所以要反對文藝的民族形式，盲目鼓吹外國形式，正是企圖削弱和毀滅民族自尊心和自信心，以便拉著人們和他一道滾進世界主義的泥坑裡去！」通過分析胡風的文藝理論，郭沫若得出胡風是：「反對學習馬克思主義，反對和人民群眾結合，實際上就是反對全中國知識分子走社會主義革命的道路。這是違反全國人民意志的事。」

　　針對胡風的批判，經歷了一個三級跳，層層升級，最早是批評胡風的某些文藝觀點，後來是批判胡風的文藝思想，到現在已經是批判胡風思想了。最早是文藝領域，只是說胡風的文藝思想和〈講話〉精神不符；後來是思想領域，周揚說胡風思想是反馬克思主義的；現在是政治領域了，郭沫若說胡風思想是反社會主義。

　　這篇〈胡風的反社會主義〉後來收入郭沫若的《雄雞集》，收入集子時將文章改名為「斥胡風的反社會主義綱領」。在當時的批判權力掌握在官員手上的現實下，官員的級別越高，其文章中所下定的結論的權威性也就越高。在當時眾多批判文章中，以郭沫若的身分地位來論，這篇文章也應該是最具權威、最有分量的一篇。

　　在這次批判胡風的運動中，有一個人藉此機會開始令人矚目了，這個人就是姚文元。歷史總是這樣，當有人倒下的時候，那些要爬上去的人馬上就踏在倒下去的人的身上。初步統計了一下，從1955年初到1955年5月13日之前，姚文元在全國各地發表的批判胡風的文章近10篇，5月13日以後是達到了一個月發表6篇批判胡風思想的文章的新

記錄。在5月13日之前,姚文元主要批判胡風的文章有:〈胡風歪曲馬克思主義的三套手段〉(1955年3月號《文藝月報》)、〈馬克思主義還是反馬克思主義——評胡風給黨中央報告中關於文藝問題的幾個主要論點〉(1955年3月15日《解放日報》)、《胡風文藝思想的反動本質》(1955年3月28日《文匯報》)、〈胡風否認歷史發展的客觀規律性——批判胡風唯心主義歷史觀之一〉(1955年5月7日《解放日報》)、〈胡風污蔑勞動人民的反動觀點——批判胡風唯心主義歷史觀之二〉(1955年5月9日《解放日報》)、〈胡風反對有組織有領導的階級鬥爭——批判胡風唯心主義歷史觀之三〉(1955年5月11日《解放日報》)。

4月11日,《人民日報》又發表社論〈展開對資產階級唯心主義思想的批判〉,一場全國性的批判運動迅速地達到了高潮。據不完全統計,自1955年1月起,至5月12日止,全國和省級報紙所發表的批判胡風的文章計269篇,雜誌發表177篇,總計446篇。

舒蕪的一篇批胡文章

值得一提的是,已經和胡風沒有多少關係的舒蕪,在當年的4月13日,也在《大公報》上寫了〈胡風文藝思想反黨反人民的實質〉。關於這篇文章,有人說這是批判胡風文章最有分量的文章之一,說舒蕪是在這裡再次「反戈一擊」。似乎就是因為有了這篇文章才導致了胡風被套上了「反黨反人民」的罪名似的,事實是這樣的嗎?

在全國上下如火如荼地開展批判胡風思想的時候,舒蕪在積極參加批判另外一胡,即胡適。當時舒蕪在人民文學出版社古典文學部,在古典文學界全面開展批判胡適資產階級唯心主義的思想的時候,舒蕪也積極投身於其中。在1954年底到1955年初,他都在批判《紅樓

夢》和胡適的唯心論思想，1955年中共中央下發了〈中共中央宣傳部
關於開展批判胡風思想的報告〉以後，按照部署，各級黨委都要組織
人員進行胡風思想的批判，特別是要組織非黨和青年作家對胡風思想
進行批判，當時的舒蕪應該是屬於「特別是要組織」的對象，舒蕪也
表態了。

　　舒蕪這篇文章發表在1955年4月13日天津版《大公報》第3版《文
化生活》專刊第171期上，題目為〈胡風文藝思想反黨反人民的實
質〉，全文一萬多字，很多人說什麼這篇文章一開始，就將胡風問題
從學術文藝領域升級和擴展到思想路線領域，甚至說舒蕪在這篇文章
裡給胡風定了罪。

　　如果孤立地、用今天的眼光去看這篇文章，這篇文章確實有些
左，但如果把這篇文章放在全國性批判胡風的大潮中去看，不論是和
胡風朋友的批判文章比，還是和其他的批判文章比，這篇文章都很
平平，可以說沒有一點新意，它只是一般的例行表態。從《人民日
報》、《文藝報》都沒有轉載這點來看，我們也知道這篇文章在觀點
上沒有什麼新穎之處，在行文上也沒有什麼出彩的地方。只是後來有
些人盯住了舒蕪的這篇文章，說是舒蕪的這篇文章將胡風問題從學術
文藝領域升級和擴展到思想路線領域，其實這篇發表在1955年4月13
日的文章已經趕不上當時的形勢發展，前面說了，就在這篇文章發表
前10多天，郭沫若在1955年4月1日發表的批判胡風的文章就已經將胡
風的問題從思想路線領域上升到了政治範疇。除了內容上沒有新意，
發表這篇文章的刊物規格也很一般，它不是發表在北京的《人民日
報》和《文藝報》，連《人民文學》、《光明日報》都沒有上，只是
發表了天津的《大公報》上，應該說舒蕪的這篇文章在當時的影響力
是非常有限的。《大公報》當時雖然是一張全國性報刊，但它在北
京編輯天津出版，《大公報》的辦刊宗旨是十六個字：「報導國家

經濟建設，宣揚保衛世界和平。」也就是主要偏重於經濟和財政報導，它在規格上、地位上和《人民日報》、《解放日報》等是無法相比的。

報刊上批判胡風思想的文章越來越多，可是，當一輪一輪「轟炸」以後，出現了新的情況，一是「庫存炸彈」開始不夠了，據說當時很多的批判文章都不能用，因為裡面充斥著辱罵和恐嚇，沒有很有分量的批判文章，很多文章都實在不適合登載，編輯們都在迫切地到處去組稿；其次是一般「炸彈」的威力已經引不起人們的注意了，為了要有新意，新的批判者只有發出驚人之語才能吸引人，於是對新的批判文章的要求也就更高了；最後是這次批判已經持續了4個多月，群眾漸漸地失去了耐心，他們已經不滿足於就這樣結束這場充滿硝煙的戰爭。劍拔弩張之時，處於優勢地位的對手在尋找著機會，時刻準備著使出封喉一劍。

注釋

1.涂元群：〈中國「作協」反胡風運動一瞥〉，見《五十年文壇親歷記》，遼寧教育出版社2005年版，第59頁。

2.參見李輝：《胡風集團冤案始末》，第189頁。

3.舒蕪：《犧牲的享與供》，上海書店出版社2009年版，第155-157頁。

4.涂元群：〈歷史扭曲了人格——聶紺弩揭發胡風〉，見《名家書繫與文壇風雲》，第123頁。

5.中共中央文獻研究室編：《周恩來年譜》1949-1976上卷，中央文獻出版社1997年版，第454頁。

6.轉引自李輝：《胡風集團冤案始末》，人民日報出版社1989年版，第157頁。

7.聶紺弩1982年9月3日致舒蕪信：「我看過忘記了名字的人寫的文章說舒蕪這猶大以出賣耶穌為進身之階。我非常氣憤。為什麼舒蕪是猶大，為什麼是胡風的門徒呢？這比喻是不對的。一個卅來歲的青年，面前擺著一架天平，一邊是中共和毛公，一邊是胡風，會看出誰輕誰重？我那時已五十多了，我是以為胡風這邊輕的。至於後果，胡風上了十字架，幾千幾萬，幾十萬，各以不同的程度上了十字架，你是否預想到，不得而知，我是一點未想到的。」引自《聶紺弩詩全編》，學林出版社1992年版，第418-419頁。

8.康濯：〈《文藝報》與胡風冤案〉，載《枝蔓叢叢的回憶》，北京十月文藝出版社2001年版。

9.林默涵口述、黃華英整理：《胡風事件的前前後後》，見《新文學史料》編輯部：《歷史風濤中的文人們》，人民文學出版社2009年版。

10.同上。

11.〈在周揚關於胡風談話情況的報告上的批語〉，《建國以來毛澤東文稿》（第五冊），中央文獻出版社1991年版，第9頁。

12.轉引自林默涵口述、黃華英整理：《胡風事件的前前後後》，見《新文學史料》編輯部：《歷史風濤中的文人們》，人民文學出版社2009年版，第212頁。

13.轉引自李輝：《胡風集團冤案始末》，人民日報出版社1989年版，第190頁。

第七章　記得那年五一三

　　歷史沒有假設，但歷史卻能讓人凝思，1955年的胡風，在解放後的多次批判之後，都能平安度過，但這一次，他沒有那麼幸運。4月1日，全國人大副委員長兼文聯主席郭沫若寫了篇措辭嚴厲的〈反社會主義的胡風綱領〉，已經判定將胡風事件由文藝事件直接跨越思想事件上升為了政治事件；而且根據中央文獻，1955年2月26日中央高層領導就已經在研究怎麼處理胡風思想的問題。種種跡象表明，胡風事件正在朝著不可控的方向發展。回顧一下建國初前面幾次文藝批評運動，我們可以發現，中央高層每次發動的文藝運動，並不是為了解決某個具體的人和事，而是藉助某一具體的人和事進行由點到面的思想教育，批《武訓傳》是為了批判其中的對待歷史的非馬克思主義觀點，批《紅樓夢》是為了批判知識分子中的胡適資產階級唯心論，批胡風又要達到什麼目的呢？既然很多文章都已經指出了胡風問題已經不是簡單的文藝問題、思想問題，而是政治問題了。胡風事件上做出的大文章已經呼之欲出了。

　　而舒蕪，卻在這個不恰當的時候出現了，他在錯誤的時間錯誤地引用那些書信材料寫成了一篇錯誤的文章，最後被準備利用胡風事件做大文章的人利用了，導致在批判胡風過程中發生了意想不到的結果。事隔多年，人們早已忘記了當年的政治氛圍，卻依然記得〈關於胡風反黨集團的一些材料〉這篇文章和這篇文章下面的署名——舒蕪。

導致胡風事件升級的突破口

按道理，1955年的舒蕪和胡風已經是形同路人了，舒蕪留給胡風的只有醜陋和投機的形象，而胡風留給舒蕪的是抵賴和頑固的形象，他們已分屬於不同的領域，如果沒有這樣的全國性運動，他們或許永遠都不會再有交集，但1955年的全國性的批判胡風活動，把所有的知識分子都捲進去了，舒蕪也捲入了，並在1955年4月寫了一篇〈胡風文藝思想反黨反人民的實質〉的批判文章。如果僅僅是發表這篇文章也就罷了，後來舒蕪因為寫〈關於胡風的宗派主義〉拿出了胡風寫給他的信件，信件一出來，後被中宣部約去做了一篇大文章，就在這篇文章準備在《文藝報》上發表之前，謹慎又敏感的周揚把舒蕪的文章送到了毛澤東那裡，毛澤東對於幾個月來全國上下批判胡風的情況瞭若指掌，為了將批判推向一個新的高潮，他用政治家的氣魄大筆一揮，經毛澤東一處理，效果果真很快就顯現了，沒完沒了的批判終於可以結束了，胡風和他的朋友不久就成為了全國人民聲討和唾棄的對象。

舒蕪為什麼要拿出胡風的信呢？是不是舒蕪主動交出來的呢？難道他當時已經知道了胡風曾經兩度使用過他的信件，他要報復？這些事情，即使當事人活著，他都未必願意說出真正的原委，我們只有從一些材料中來分析他當時的情況和心境。關於舒蕪這次跳出來的緣由和交信的經過，目前有四個版本。

林默涵的版本，是其在〈胡風事件的前前後後〉中所說：

大約1955年4月某一天，舒蕪來到中南海辦公室找我。他給我一本裝訂好了的胡風給他的信件，說其中有許多情況，可以看看。當時我認為私人信件沒有什麼好看的，就一直放在書架上，沒有重視。

隔了一段時間，我偶然拿起來翻了翻，發現其中有許多暗語，例如「兩位馬褂」（指何其芳、劉白羽）、豪紳們（指當時重慶進步作家們）、「官們」、「權貴」、「老爺們」（指一些共產黨員和黨的負責幹部）、抬頭的市儈（指茅盾）、跳加官（指當時進步文藝界的活動）等等；還有一些充滿譏諷、憎惡的語言，例如：「因兩位馬褂在此，豪紳們如此欽差，我也只好奉陪鞠躬」，「要做商人，只得和對手一道嫖賭，要在這圈子裡站著不倒下，也就不得不奉陪一道跳加官」，「即如這幾年的跳加官罷，實際上應該失陪，或者跳它一個魔鬼之舞的，但卻一直混在蛆蟲（按：進步文藝界人士）裡面」，「對於大師們（按：指批評了舒蕪〈論主觀〉的人們）的回敬，太鬥雞式了。氣派不大，有一種用橡皮包著鋼絲打囚徒的鞭子，打傷了而表面上看不出痕跡，我以為是好方法」，「我積了太多的憤恨，而又覺得物件們組成了旁染的存在，所以想用集束手榴彈的戰法」，等等。我明白胡風信中這些話是指的什麼和誰。老實說，當時看到胡風在給舒蕪的信中對那麼多黨和非黨作家抱著這樣仇視的態度，帶著這樣憎惡的感情，我不能不感到十分驚訝、意外，也極為氣憤。我們雖然不同意他的文藝觀點，但黨組織一直把他看作進步的文藝工作者，看作是一家人的，怎麼也想不到他在背後會採取這樣的態度。有人說，舒蕪這批信，是我要他交出來的，這就怪了，我又沒有特異功能，怎麼知道舒蕪會藏有這些「寶貝信」呢？

由於我與胡風有所接觸，信中的有些暗語能夠看懂，但還有很多看不懂，於是我把舒蕪找來，請他把信中人民不易看懂的地方作些注釋，把信按內容分分類，整理得較為醒目一些。舒蕪同意並且很快整理出來了，一兩天後就交給了我，他整理得很清楚。[1]

在上面的材料中，我們可以清楚地看出，林默涵說了這幾點意思，一是舒蕪是自己去中南海找林默涵要交信的，不是林默涵叫舒蕪

去交的。其次，這批信是已經被舒蕪裝訂好了的。第三是信在那放了一段時間後才發現價值的。第四是這些信怎樣注釋、如何分類、如何整理得醒目一點，舒蕪是按照林默涵要求去做的。

　　現在我們來推敲一下林默涵的話，一是林默涵說舒蕪主動來找他要給他胡風的信件，這個似乎有點不現實。一是林默涵在中南海辦公，是森嚴的中宣部機關，不是一般的人隨便可以去串門的。其次是，當時舒蕪在人民文學出版社工作，他已經投入到了新的工作中去，他根本沒有這個必要、也沒有這個思想動機。說舒蕪主動跑到林默涵那裡去上繳胡風寫給他的信，這個似乎說不通的。

　　一些親近胡風的人的版本，他們認為1954年舒蕪去胡風家受到侮辱，所以這次就拿出信來去報復胡風，曉風、曉山、曉谷著的《我的父親胡風》中說：

> 一次，他倆（聶紺弩和舒蕪——引者注）與到北京來開會的何劍勳一起喝酒，酒醉之餘，不知為何來到了我家。母親深知父親疾惡如仇的脾氣，正想擋駕之際，父親聽到了說話聲，就在屋裡大聲喝斥開了：「老聶，我這家裡可不是隨便什麼人可以來的！」弄得他們酒醒了一半。聶感到很下不了臺，舒蕪的臉上更是一陣紅一陣白的。出得門來，舒蕪恨恨地說：「他別厲害，我手裡還有他的信呢！」聶一聽，嚇得趕快對他說：「那可不能啊！」聶十分後悔不該帶舒蕪前來。過了幾天，聶伯伯的夫人，也是我家的老朋友周穎阿姨來到我家告訴了這情況，意思是要我父母有所警惕。父親和母親一起回憶了當年信中的內容，但實在想不出其中有什麼問題，更想不到舒蕪會採取什麼斷章取義、歪曲事實的手法。兩人也就把此事放了一邊。

到了這年的春天，事情有了戲劇性的變化。出於對胡風批判的需要，《人民日報》的女記者葉遙（她與舒蕪的妻子曾是同學）來到舒蕪家中約他寫一篇關於胡風的宗派主義的文章，舒蕪答應了，並提到可以根據胡風當年給他的信來寫這篇文章。[2]

關於這次受辱的經過，前面已經說了。舒蕪和〈我的父親胡風〉一文中所說情節大致差不多，只是就為什麼說「手裡有他信」這一事情，舒蕪作了辯護：「那天下午，聶又邀何與我同到北海公園喝茶，大家談到中午的事。我說，不懂胡風先生為什麼發這麼大火，聶說：『他最生氣的是，你自己檢討就檢討，不該拉上他。他當年發表〈論主觀〉，是為了批判的。』我第一次聞此說，大出意外，才說：『他怎麼這樣說呢？我手裡有他的信，拿出來可以證明事實完全相反。』聶還是笑勸道：『何必呢？何必呢？』我說過也就完了。」[3]《我的父親胡風》這個版本裡透出兩層意思，一是說舒蕪交信之心似乎是在1954年受辱的時候就已經有了，其次，是舒蕪主動對記者說他可以根據胡風當年給他的信來寫一篇文章。關於前面一層意思，分析一下是，受辱時間在1954年的夏天，交信是在1955年4月，按常理，衝動的時候都沒有去交信，過了一年多還去交信，這個在時間邏輯上無法解釋清楚，在事實面前也無法串聯起來。關於後面一層意思，我們可以看看那個記者本人是怎麼說的。

當時去採訪的記者葉遙有一個版本，她在〈我所記得的有關胡風冤案「第一批材料」及其他〉一文中是這樣說的：

大約在1955年3月下旬或4月上旬，文藝界正在對胡風同志的文藝思想進行批判。《人民日報》文藝組的負責人林淡秋同志和袁水拍同志，要瞭解批判胡風文藝思想的組稿情況。文藝組分工，這項工作由我負責。當時林淡秋和袁水拍兩人合用一間辦公室，他們找我到辦公室彙報。我告訴他們，大部分稿子已經落實，一部分稿子作者正在

寫，估計問題不大；還組織什麼稿子，需要議一議題目和找誰寫。他們又談了幾個題目，商定後我記了下來。這時，袁水拍同志忽然想起，胡喬木同志在過去一次談話（我已經記不得什麼時間、什麼場合）中曾說，「胡風的宗派主義嚴重，若能瞭解一下他們的宗派活動，也可寫點文章」（大意）。林淡秋同志認為，組織這種稿子，「難度太大」。我也認為，瞭解這方面的情況「很不容易」。袁水拍同志也認為「難」。難在哪裡，這是不言而喻的。和胡風同志無來往、不熟識的人，自然無從談起；和胡風同志有來往、熟悉的人，也未必肯說。當時雖然猶豫不決，最後還是商定，不妨找綠原、路翎、舒蕪等同志試試看。任務交給了我，我毫無把握，只好試試看。

⋯⋯

舒蕪同志1953年從廣西南寧調到北京，在人民文學出版社做古典文學編輯工作，陳沅芷同志也在人民文學出版社工作。為了能見到陳沅芷，我選擇了一個星期天去他們家。他們當時家住東城草廠胡同人民文學出版社宿舍一個大院的三間東廂房裡，那是一座古建築。我去那天，不但舒蕪同志在家，陳沅芷同志也在，舒蕪的媽媽，還有他們的孩子都在。他們一家人很熱情。陳沅芷和我親熱地敘同窗友誼，各自談分手後的生活經歷，互問我們共同認識的北師院老同學的去向，兩人談得很愉快。舒蕪同志是清代著名理學家安徽桐城派學人的後代，他媽媽也是書香門第中人，讀過古典小說，會寫詩、擅長書法等，性情豁達，落落大方，熱誠待人。我和陳沅芷敘舊，她坐在一旁聽，有時也插說幾句，有時和我們格格一起笑。

過了一會兒，我說，這次來你們家，一是看看老同學，一是向舒蕪同志約寫批判胡風的稿子。舒蕪媽媽說：「你們談正事，談正事。」並誠懇留我吃午飯，我卻之不恭，便答應了。她叫陳沅芷去做飯，我和舒蕪同志談約稿事。老媽媽有時也進裡屋坐在雙人床沿上聽

我和舒蕪談。我開門見山地對舒蕪同志說，我們組織批判胡風文藝思想的稿子已有一些了，你能否考慮寫點別的文章，如胡風的宗派主義。你在〈致路翎的公開信〉裡已提到這個問題，能否回憶得更具體點，寫得詳細些，但要言之有據。

舒蕪同志答應寫。似乎還說，他原來也有要寫這個題目的考慮。他回憶了抗日戰爭時期，在重慶和胡風、路翎等人的交往，1945年他寫的〈論主觀〉一文發表後，胡喬木同志曾找他談話，批評過他，他不服氣，和胡風等曾通信來往等。我問他，「那些信是否還在？」他說在。我現在已記不清楚，他當時說，那些信是存放在安徽老家沒有運來，還是已經運來，沒有整理。只清楚地記得舒蕪媽媽動作很麻利，彎腰從雙人床下拉出一個小皮箱，把箱子打開說：「信都在裡面哩。」舒蕪同志說，他想根據這些信寫胡風的宗派主義。我說，那你就給我們寫一篇這方面的文章吧。舒蕪同意。

飯後，我和舒蕪商量，胡風等人給他的信，能否先借給我們看看。他說，「可以」。我仔細數了數信件，大約100多封，都是裝在信封內的原信，沒有裝訂成冊。我拿出大包裡一個用綠色條條毛巾縫的小兜，把信裝了進去，小兜塞得鼓鼓囊囊的。我對舒蕪同志說：「放心，信，我一封不會丟，看完如數奉還。」他表示相信。

下午，我回到家中，幹了些必要的家務後便開始讀信，一直到深夜才把密密麻麻的信全部讀完。第二天上班，交袁水拍同志看，他很快看完，交林淡秋同志看。記得這批信，當時文藝組只有我們三人看過。我怕丟失，失信於人，很快到舒蕪同志家，一封不差地交還舒蕪。這時，我告訴他，報社領導同意，他根據這批信寫關於胡風宗派主義文章，已列入選題計畫，望能儘快寫出。當然，編輯部內部情況，我沒有說，舒蕪同志也不會知道。因為當時編輯部對工作人員有一條不成文的規定，不該問的不問，不該說的不說。我是黨員，當然

遵守這條規定。

記得這批信，林淡秋、袁水拍和我看後是吃驚的，儘管有些內容不知指何人何事，但譏諷、謾罵的話大體上是能看懂的。當時認為胡風同志和他的朋友們確確實實存在著嚴重的宗派主義。僅此而已，沒有別的議論和看法。

舒蕪同志很快寫出〈關於胡風的宗派主義〉一文，我看後認為可以，袁水拍和林淡秋同志看後也認為可以。袁水拍同志對我說，能否向舒蕪同志再借一下胡風的原信，以便核對原文。我說可以。我到舒蕪家再借胡風的原信，告訴他我們需要核對原文。這時，舒蕪已將這批信裝訂成冊了。我拿回後交袁水拍同志。以後袁水拍將舒蕪的文章和胡風給舒蕪的信送中宣部林默涵同志審閱，現在已記不得為什麼沒有送胡喬木同志審閱。[4]

葉遙說是她前往舒蕪家裡約稿後，談到胡風的宗派主義時無意中說起有這些信的，是葉遙問他信在不在的；其次當時是根據這些信寫一篇反映胡風宗派主義的文章，不是作為胡風小集團材料上交，更不是作為胡風反革命材料呈上的；第三，就是當時不論是袁水拍還是林淡秋，看了這些信後都覺得胡風確實存在嚴重的宗派主義，沒有產生其他的想法；最後一點是，這些信是那位女記者借去閱讀後交給直接領導袁水拍的，後來是由袁水拍轉交到林默涵手上的。

當事人舒蕪也有一個版本，是他在1989年11月20日接受了記者奚純採訪時候作的回答，發表在〈第一批胡風材料發表前後〉一文中：

只要把我署名的那篇發表於1955年5月13日《人民日報》上的〈關於胡風反黨集團的一些材料〉發表前後的經過說一遍，我想，事實的經過就清楚了。大約在1955年4月底或5月初，正是康濯同志在文章中所談的《人民日報》和《文藝報》的記者編輯們到各處向有關人士組織批判胡風的稿件的熱潮中，《人民日報》編輯葉遙同志，就是

康濯同志文章中提到的與我愛人是同學的女編輯（聽說她後來不在
《人民日報》，現在何處，我不知道）。她來向我組稿。我說，關於
理論方面的批判文章，已經有許多同志寫了，我就寫一篇關於胡風的
宗派主義吧。過了一兩天葉遙同志又來了，帶來了一份已經列印好的
批判胡風的選題計畫給我看，說我的文章已經被列入了計畫，我看選
題計畫上前面都是別人的文章，最後的一篇是我的文章，記得很清
楚，上面最末一行印著：「關於胡風的宗派主義（舒蕪）」，她臨走
時希望我儘快把文章寫出來。不久我寫成了〈關於胡風的宗派主義〉
一文，文章中引用了不少胡風給我信中的話。文章送到《人民日報》
編輯部。過了兩三天，葉遙同志又來找我，說可否把胡風的原信「借
給我們看一看」。我當時想，可能是編輯部要核實一下我那篇文章中
引用的胡風的信，就把已經裝訂在一起的胡風歷年來給我的全部信件
交給了葉遙同志。但我的文章還沒有發表，又過了三四天，葉遙同志
又來通知我，說林默涵同志想找我談一談我那篇文章的事，並約定了
時間叫我到中宣部去找他，這日期大約是離5月13日《人民日報》發
表第一批材料前一個星期左右，我去中宣部林默涵同志辦公室找林默
涵同志，我坐下以後，林默涵同志拿出他已經看完了的我寫的〈關於
胡風的宗派主義〉的文章，和我交給葉遙的訂成一本的一百多封信
（這些信由誰交給林默涵同志我不清楚，當時也未問，從當時情況分
析，很可能由袁水拍一級的幹部送的，似乎葉遙同志不是與林默涵同
志直接聯繫。），對我說：「你的文章和胡風的信，都看了。你的文
章可以不必發了。現在大家不是要看舒蕪怎麼說，而是要看胡風怎麼
說了。」[5]

　　在這裡舒蕪說，一是這些信是為了核實正文借給《人民日報》記
者的，其次是這些信件是由《人民日報》層層上交上去的，第三，是
林默涵約他去中宣部談怎樣使用這些信件的。

　　上面的材料，特別是1989年舒蕪提供的材料，當時事件的經歷者如林默涵等大都健在，並且也是公開發表在《新文學史料》上的，再加上後來當事人葉遙的旁證材料，可以說舒蕪回憶交信的經過是比較真實可信的。林默涵的回憶材料雖然也是在1989年寫的，但事情的發展只有兩個人，一個是他自己，一個是舒蕪，沒有他人能夠做旁證，這樣的材料很難去進一步考證，說服力不夠。

　　一件事情有一千個人回憶，說不定會有一千個事情的版本，但舒蕪這次捲入胡風事件的基本輪廓是明確了，那就是因為《人民日報》記者葉遙約稿的緣故，舒蕪拿出了胡風給他的信件給她看，當時只是證明胡風確實具有宗派主義；因為《人民日報》文藝部把借來的信件上交到了中宣部，所以林默涵看到了這些信，是林默涵或者比他更高層次的領導決定要利用這些信做文章，於是就有了〈關於胡風小集團的一些材料〉一文的出籠。雖不是主動地拿出書信，也不是主動要寫〈關於胡風小集團的一些材料〉，但舒蕪卻確實拿出了書信，並且使用這些書信寫成了〈關於胡風小集團的一些材料〉一文，用這些材料寫出的文章固然很有新意，但把個人之間的情緒表露拿到公開場合去，沒有了語境和知交作為基礎，最是容易誤解，舒蕪應該是知道的，即使這個材料沒有被毛澤東看上，沒有成為別人手上的工具，但此舉依然不妥。

　　有人會用今天的眼光去看，談論著這個事情是不是違法。1954年第一部憲法才剛剛通過，我們這個有著漫長的封建社會過程的國家，跨入新中國才幾年，當時人們的法律意識普遍都很淡薄，依法執政也是改革開放後才提出的概念，當時要求他們尊重別人信裡的隱私這個是不現實的。

舒蕪的材料是怎樣一變再變的

　　根據《人民日報》葉遙的回憶，我們知道當時《人民日報》在發動編輯到處組稿，所以組稿組到舒蕪這裡，也屬於比較正常的，況且記者和舒蕪的愛人還是同學關係，所以去向舒蕪約稿也就更理所當然了。

　　根據記者葉遙和舒蕪自己的回憶，第一次約舒蕪寫的稿子題目為「關於胡風的宗派主義」，關於胡風的宗派主義觀點，其實在當時實在是老調，彈來實在不新鮮，但作為批判的需要，即從多角度去批判，多一篇這樣的文章也沒有什麼稀奇。但看到胡風給舒蕪的信件後，他們感覺到這篇〈關於胡風的宗派主義〉實在是沒有什麼分量，林默涵找到舒蕪，告訴他說他那一篇〈關於胡風的宗派主義〉不必發了，因為現在胡風的問題已經不是什麼宗派主義了，要他根據胡風的那些信件去趕寫一個材料，至於怎麼寫，林默涵說：

　　　　可否把這些重要的摘抄出來，按內容分成四類，一，胡風十多年來怎樣一貫反對和抵制我們黨對文藝運動的領導；二，胡風十多年來怎樣一貫反對和抵制我們黨所領導的由黨和非黨進步作家所組成的革命文藝隊伍；三，胡風十多年來為了反對我們黨對文藝運動的領導，為了反對我們黨所領導的革命文學隊伍，怎樣進行了一系列的宗派活動；四，胡風十多年來在文藝界所進行的這一切反黨的宗派活動，究竟是以怎樣一種思想、怎樣一種世界觀作基礎的。

　　林默涵同志又說：「現在胡風的問題，已不僅僅是一般的宗派

主義的問題了，當然不是說胡風是反革命，但是，是對黨、對黨所領導的革命文藝運動，對黨的文藝政策，對黨的文藝界的領導人的態度問題了。」最後林默涵同志要我對胡風原信中一些不容易懂的詞句如「兩個馬褂」、「豪紳們」、「跳加官」、「抬頭的市儈」等作些注解。當時我簡略地記下了林默涵的指示要點，就取回我的稿子和胡風的信件。回來大約花了兩天兩夜的時間，按照林默涵同志給擬定的四個小標題，進行摘錄、分類、注釋。在這兩天中，我接到林默涵同志兩三次電話，催我趕快把〈材料〉寫出來。第三天我就把〈材料〉寫完，題目叫〈關於胡風小集團的一些材料〉，送《人民日報》交給葉遙同志。雖然他們催得這樣急，但稿子送去五六天一直未見發表，現在從林默涵同志的答問和康濯的文章才知道這期間林默涵同志和周揚同志等研究了〈材料〉又送給毛主席，毛主席又重改大標題，重寫編者按，所以才耽擱了那麼幾天。我正在納悶，在5月11日下午，就接到《人民日報》葉遙的電話，說〈材料〉馬上要發表了，但裡面有幾個字看不清楚，要我去看一下清樣。我到《人民日報》一看清樣，〈材料〉的大標題，已由原來的〈關於胡風小集團的一些材料〉，改為〈關於胡風反黨集團的一些材料〉，前面還加了一篇大一號字的編者按，我匆匆看了一遍，捏了一把冷汗，我問葉遙是誰寫的編者按，葉遙只對我說，反正是上面寫的，我也不便深究了。這就是署名舒蕪的第一批〈材料〉發表前後的經過。[6]

從舒蕪這個回憶材料來看，他應該不知道〈關於胡風小集團的一些材料〉交出後，這篇文章是經歷了怎樣的一個命運和變故。經歷此事的康濯也有回憶，這個材料到了報社後再轉到林默涵手上後，隨後所發生的一系列意想不到的情況，這個是舒蕪這個視角所看不到的。

康濯回憶說，舒蕪這批材料編寫好以後，就由林默涵又交給了他們《文藝報》，《文藝報》認為材料很好，於是決定將舒蕪的「材

料」和胡風的〈我的自我批判〉同時在《文藝報》5月份的第九期發
表。中宣部決定《文藝報》發表這兩篇文章後,由《人民日報》立即
轉載。就這樣原來由《人民日報》約稿的稿子,經中宣部後轉到了
《文藝報》。這期《文藝報》擬將胡風的自我檢討和舒蕪的揭露材料
放在一組,為了把這兩篇文章銜接起來,康濯就加一個按語。就在按
語和兩篇文章的清樣都出來之後,周揚忽然覺得這個材料實在太重要
了,於是決定發表前還是給毛澤東看看,看看毛澤東有什麼意見。於
是1955年5月9日,周揚把這一期《文藝報》上批判胡風的稿子清樣都
呈送給了毛澤東,為此,周揚還寫了一封信給毛澤東:

> 主席:
>
> 　　胡風的自我檢討和舒蕪的揭露材料擬在下期《文藝報》
> (即本月十五日出版的)一同登載,胡風文前加了一個編者按
> 語,茲送上清樣,請您審閱。同期《文藝報》還有一篇許廣平
> 駁斥胡風的文章,附告。[7]

　　1955年5月11日,毛澤東在百忙之中給周揚寫了回信,提出了他
的意見:一是康濯寫的按語不好,他改寫了一個新的按語,可用否請
周揚和陸定一看看;其次是這組批判文章先登載在黨報《人民日報》
上,《文藝報》然後做轉載,還要求按語要用較大型的字;第三,如
果大家不同意他的按語或者意見,希望大家在當天晚上或者第二天下
午去他那「一商」。[8]
　　康濯的按語是怎樣的呢?為什麼毛澤東說康濯的按語寫得不好
呢?根據康濯回憶,他當時的按語大致是這樣的:
　　《文藝報》發表舒蕪的材料,用的題目是〈關於胡風小集團的一
些材料〉,並在胡風〈我的自我批判〉的前面加了一個編者按。這個

編者按是我寫的，事先徵求了周揚、默涵等同志的意見。現在已找不到這個編者按的稿樣了，這些材料已在「文革」中和《文藝報》其他重要檔案一起丟失，再三查找也沒找到。根據記憶，我在編者按中寫了這樣幾點是可以肯定的：一，胡風的問題按語中仍然認為是文藝思想和思想作風問題，就是說還是人民內部問題。二，按語中肯定了胡風自我批判中的進步。三，認為胡風的檢討仍然不夠，有一些資產階級文藝思想的實質問題還沒有接觸到。四，宗派小集團的問題嚴重，這只要對比舒蕪的材料就可以看得很清楚；可惜這一重要問題胡風認識很不夠，而這當然極大地限制了他認識文藝思想的錯誤。五，希望胡風繼續聽取批評意見，並檢查改正。我這一編者按大約四五百字。[9]

康濯的編者按，遍尋不著，就連當事人都以為找不到了，塗元群在《名家書札與文壇風雲》一書中把康濯這篇具有史料價值的編者按公佈出來了，這裡抄錄下來：

編者按：目前全國各地廣泛展開的對胡風的資產階級唯心主義文藝思想的批判，已經進行了五個月之久。現在胡風寫了〈我的自我批判〉，本刊特予發表。在這篇〈自我批判〉中，胡風先生雖然在若干問題上承認了自己的錯誤，但他認為他的錯誤的甘願，只是在於「把小資產階級的革命性和立場當作了工人階級的革命性和立場」，他特別強調他的錯誤主要是表現在「局限於狹隘的實踐觀點而不能從政治原則看問題」。在這裡，他把資產階級的反動思想立場說成是小資產階級的革命立場，把資產階級的政治原則說成狹隘的實踐觀點。他回避了他的思想基礎是資產階級唯心主義世界觀這個最根本的問題；正是這種反動的世界觀構成了胡風的一些列反黨、反人民、反社會主義的理論及其小集團活動的理論基礎。因此，胡風的這篇自我批判是不能令人滿意的。我們希望胡風先生能有進一步的真正誠懇的自我批評。我們並希望文藝界和讀者繼續展開對胡風及其小集團的文藝思想

的更深入的批判。[10]

　　雖然康濯的編者按裡也強調了胡風的理論是反黨、反人民、反社會主義的理論，但全國各地的批判胡風運動都開展了五個多月，這篇編者按還在號召大家繼續批判胡風及其小集團的文藝思想，仍然要求胡風做進一步的自我批評，在某些領導看來實在是不好。後來毛澤東親自操刀寫了一篇按語，並且將舒蕪的〈關於胡風小集團的一些材料〉一文標題做了大的改動，並建議5月13日《人民日報》登載這些原定在《文藝報》上發表的東西。

　　由最早的一篇〈關於胡風的宗派主義〉到後來的〈關於胡風小集團的一些材料〉，再到後面的〈關於胡風反黨集團的一些材料〉，層層升級，這就是舒蕪文章的一變再變。舒蕪把信拿出來了，舒蕪摘錄了胡風給他的信件，舒蕪給其中文字加注了，這些都是不爭的事實，不過可以肯定的是，不要說舒蕪，換其他任何人，在拿出信的時候也想不到會有這個後果。說舒蕪想利用這些信來達到打倒胡風的目的，這個也是說不過去的，正如後來胡風的好友、和舒蕪在人民文學同事多年的綠原所說：「要說他（舒蕪——引者注）存心害人，倒也未必是他的本意。」[11]有人利用了舒蕪拿出的這些信件做了自己的文章進去，於舒蕪來說，只能說是運交華蓋。其實批判運動到了那個時候，量變到了那個時候，隨時都有可能引起質變，有當事人回憶說，我們準備發表胡風的〈我的自我檢討〉後就結束這次對胡風的批判的，這個說法是沒有根據的，也不符合中央領導發起這次批判運動的最終目的和要求，說這個話只能讓後人更多地增加仇視，於事實卻不相符。聽一聽1954年前後幹部中流行的口號，就知道當時社會一般人對待運動的心態：「思想教育不是萬能的」、「群眾的覺悟不能等待」、「運動要暴風驟雨」、「逢山開路，逢水搭橋」、「哪個運動還能不死人，看死的是什麼人」、「脫褲子割尾巴」，這麼「左」的思想，

還有那麼多群眾都發動起來了，還有郭沫若在4月份的時候就把胡風事件提到了政治高度，胡風事件能輕易說了就了嗎？

不要說舒蕪的材料，就是後來的那些〈關於胡風反黨集團的一些材料〉也在第三批材料出來後再次發生變化，清一色地變成了《關於胡風反革命集團的一些材料》。

最高領導人的一言九鼎

《人民日報》記者葉遙最早約舒蕪寫的〈關於胡風的宗派主義〉，這個選題看來確實沒有什麼新意。關於胡風的宗派主義，早在1947年初姚雪垠就有〈論胡風的宗派主義〉；後來香港的《大眾文藝叢刊》也有文章批胡風的小集團；解放後，周揚和胡喬木或口頭或書面都點名批判過胡風的小集團。後來舒蕪的這篇文章沒有發表也實屬正常。

重新寫的〈關於胡風小集團的一些材料〉一文，舒蕪說是他根據中宣部林默涵的建議寫的。他從四個角度來整理胡風給他的信件，這四個角度是，一、胡風十多年來是怎樣一貫反對和抵制黨對文藝運動的領導的；二、胡風十多年來怎樣一貫反對和抵制黨所領導的由黨和非黨進步作家所組成的革命文藝隊伍的；三、胡風十多年來為了反對黨對文藝運動的領導，為了反對黨所領導的革命文學隊伍，怎樣進行了一系列的宗派活動的；四、胡風十多年來在文藝界所進行的這一切反黨的宗派活動，究竟是以怎樣一種思想、怎樣一種世界觀作基礎的。舒蕪就根據這些大框框，然後在信件中找出這些內容來加以整理，對其中的暗語等，還加了注，一切妥當後，最後命名為「關於胡風小集團的一些材料」。據舒蕪回憶，在他整理這些材料的時候，林默涵曾經有幾次打電話來催促他，叫他快一點把材料交上來，難道是上面對批判胡風「炮彈」的威力感到不夠，舒蕪的材料很重要？難道

上面對胡風已經不耐煩了，要趕緊出一個大材料？這些事情當事人在回憶文字中都儘量避開了，使得我們根本不知道他們是出於何種心態急切地想得到和利用這些材料的。

　　林默涵的建議和舒蕪的做法是典型的先入為主、主題先行的做法，擬好了罪名然後在信件中尋章摘句去找證據，這種斷章取義的做法，一心積極向上的舒蕪，竟然會按照林默涵這種不合情理的建議去做，實在是讓後人無法理解。舒蕪是做文字工作的，是古典文學專家，應該知道歷代文字獄，都是靠在文字裡尋章摘句、斷章取義來找罪證然後定罪的。當時「左」的思想讓一個個知識分子都唯恐自己的行為不夠革命，這樣的做法在當時是無可厚非的，卻經不起時間的檢閱。現在早已遠離了當年的環境，早已沒有了那種生死抉擇的壓力，後來人就更不可能理解當時人的行為了，這也就是為什麼後來的人紛紛指責當時那些人的原因。一段時間以來，人們總是在說上個世紀五六十年代裡這個人是告密者、那個人是告密者，當時的環境下，知識分子的積極革命也就只能是寫材料彙報或者口頭去彙報，而這些彙報總是會牽涉到別人，有的還有損於別人（不可否認，當時有很多的清醒者在這些彙報中總是深挖自己，從不牽涉和傷害別人，這樣的清醒者不在少數），這些言行用今天的眼光來看，就是在告密。其實這裡還是要分有心損人還是無意傷害，屬於前者是在告密害人，屬於後者應另當別論，否則隨著當年他們彙報材料越來越多的披露，後人就會徒增很多的憤懣和失望。

　　胡風和他的朋友被打成「胡風反革命集團」，與舒蕪1955年5月13日《人民日報》上發表的〈關於胡風反黨集團的一些材料〉一文密不可分，雖不至於說有因果關係，但這篇文章是天乾物燥時的一顆火種，是他點燃了大火，起火後很快就失控了。不過，於舒蕪，當時也有無法辯駁的痛苦，因為這篇文章的下面署名就是舒蕪，相當長的一

段時間，研究者都不知道舒蕪這篇文章的經歷，直到中共中央領導人的重要文獻公開出版，直到當事人的回憶錄逐漸出版，人們才知道原來舒蕪的文章是經過了毛澤東審改後才變成現在這個樣子的。中宣部原本是要把舒蕪這篇文章登載在《文藝報》上的，因為毛澤東的一句：「可登人民日報，然後在文藝報轉載，按語要用較大型的字。」中宣部緊急處理，和《人民日報》商量，決定登載在1955年5月13日的《人民日報》上。《文藝報》因為這個稿件拖延了出版時間，所以決定第9、第10期合刊出版，合刊出版的《文藝報》決定按照毛澤東的指示，全文轉載這次批判胡風的文章，即〈關於胡風反黨集團的一些材料〉、〈我的自我批判〉和毛澤東的按語，並且還緊急動員了編輯部的人員出去約稿，稿子的主要內容是揭發胡風反黨集團的文字和個人的表態文字。

1955年5月13日《人民日報》上發表舒蕪的〈關於胡風小集團的一些材料〉一文，但文章的標題已經改成了「關於胡風反黨集團的一些材料」，值得注意的是，毛澤東把舒蕪的文章改了標題以後，並沒有和作者本人商量，當然，即使和本人商量，在那個時候，相信舒蕪也不可能對毛澤東的神來之筆有什麼疑義。作為編輯修改作者的文章標題，可能是從更醒目更具概括力的角度去修改，而作為政治家的毛澤東去修改舒蕪文章的標題，卻是從政治的高度來修改標題，所以經過毛澤東修改標題的文章，性質嚴重了，問題也就更大了。

事過半個世紀以後，舒蕪說他也不喜歡這樣的改動，因為，這樣的改動會得出這樣的邏輯，胡風是反黨集團，舒蕪呢？原來就是反黨集團中的一員，而現在他不是了，他是一名從反黨集團中「起義」的一員。舒蕪本來以為自己和過去劃清界限，是積極改造自己世界觀的結果，按照這個材料進行推理，實際上他過去也是一名反黨分子，於舒蕪來說，這個是他無法接受的。[12]

在〈關於胡風反黨集團的一些材料〉的旁邊，毛澤東寫了一個按語：

胡風的一篇在今年一月寫好，二月作了修改、三月又寫了「附記」的「我的自我批判」，我們到現在才把它和舒蕪的那篇〈關於胡風反黨集團的一些材料〉一同發表，是有這樣一個理由的，就是不讓胡風利用我們的報紙繼續欺騙讀者。從舒蕪文章所揭露的材料，讀者可以看出，胡風和他所領導的反黨反人民的文藝集團是怎樣老早就敵對、仇視和痛恨中國共產黨的和非黨的進步作家。讀者從胡風寫給舒蕪的那些信上，難道可以嗅得出一絲一毫的革命氣味來嗎？從這些信上發散出來的氣味，難道不是同我們曾經從國民黨特務機關出版的「社會新聞」、「新聞天地」一類刊物上嗅到過的一模一樣嗎？甚麼「小資產階級的革命性和立場」，甚麼「在民主要求的觀點上，和封建傳統反抗的各種傾向的現實主義文藝」，甚麼「和人民共命運的人民解放的革命思想」，甚麼「革命的人道主義精神」，甚麼「反帝反封建的人民解放的革命思想」，甚麼「符合黨的政治綱領」，甚麼「如果不是革命和中國共產黨，我個人二十多年來是找不到安身立命之地的」，這種種話，能夠使人相信嗎？如果不是打著假招牌，是一個真正有「小資產階級的革命性和立場」的知識分子（這種人在中國成千上萬，他們是和中國共產黨合作並願意接受黨領導的），會對黨和進步作家採取那樣敵對、仇視和痛恨的態度嗎？假的就是假的，偽裝應當剝去。胡風反革命集團中像舒蕪那樣被欺騙而不願永遠跟著胡風跑的人，可能還有，他們應當向黨提供更多的揭露胡風的材料。隱瞞是不能持久的，總有一天會暴露出來。從進攻轉變為退卻（即檢討）的策略，也是騙不過人的。檢討要像舒蕪那樣的檢討，假檢討是不行的。路翎應當得到胡風更多的密信，我們希望他交出來。一切和胡風混在一起而得有密信的人也應當交出來，交出比保存或銷毀更好

些。胡風應當做剝去假面的工作，而不是騙人的檢討。剝去假面，揭露真相，幫助黨徹底弄清胡風及其反黨集團的全部情況，從此做個真正的人，是胡風及胡風派每一個人的唯一出路。[13]

1955年5月13日的《人民日報》上赫然登載了胡風的〈我的自我批判〉和舒蕪的〈關於胡風反黨集團的一些材料〉，並且有一篇充滿戰鬥力充滿反問句的按語，按語的最後，毛澤東要求所有和胡風有書信往來的人都要交出信件。

關於胡風的〈我的自我批判〉，因為寫了三稿，當時通過檢查的也是三稿，可是最後登載出來的竟然是胡風寫的二稿，而登載出來的稿子後的附記也是根據三稿所寫的附記。胡風看到當天的《人民日報》後，打電話給了周恩來，周恩來知道後當即電話了《人民日報》文藝部，並要求《人民日報》作出檢討，糾正錯誤。據當事人回憶說，《人民日報》從社長鄧拓到文藝部主任袁水拍，都為此惶惶不安，到處求教該如何處理這個大錯誤，後來大家集中到周揚那裡，希望得到周揚的指示，出了這麼個大紕漏，加上周恩來的干預，周揚也不敢輕易表態，最後實在沒有辦法，周揚去請示了毛澤東，周揚後來從毛澤東那裡帶來的處理意見是：「主席說，什麼二稿三稿，胡風都成了反革命了……這幾天還要派人去看看胡風，穩定他一下。」大家如釋重負。[14]

林默涵在〈胡風事件的前前後後〉中說：「實事求是地說，對胡風由文藝思想問題急轉直下地一變而為政治問題，是與舒蕪交出那批信件密切相關的。」作為當時的當事人，在回憶這件事情上應該有一定的權威性，但事實上我們知道，早在1948年胡風的文藝思想就被定為反馬克思主義的文藝思想，到了1953年林默涵和何其芳的兩篇文章，更是在黨報上說胡風的文藝思想是反馬克思主義，林默涵的文章標題就很嚇人：「胡風反馬克思主義的文藝思想」；而何其芳的文章

標題則是「現實主義的路，還是反現實主義的路？」。到了1954年，周揚〈我們必須戰鬥〉，再到1955年4月郭沫若發表的〈反社會主義的胡風綱領〉，胡風問題層層升級，胡風案件的定性和結論都差不多完成了，為什麼要把這個重大的「急轉直下」的責任扣到舒蕪頭上呢？如果沒有林默涵、何其芳、周揚還有郭沫若等人的理論支持，沒有周恩來的授意公開批評，沒有毛澤東最後的大筆一揮的定性，單是舒蕪，他絕對沒有給胡風案件定性的能力。林默涵在這裡有避重就輕之嫌。歷史事件的發展，有時是偶然性和必然性摻雜在一起的，沒有其中的必然性，偶然性在其中無法發揮作用，就好像如果沒有平時的身體虛弱，就不會一吹風就感冒一樣；同樣，沒有歷史事件中的偶然性，必然性的結果也許會推遲發生，就如沒有某個英雄人物的誕生革命依然會進行一樣，但或許會在黑暗裡摸索很久。當然這些都是孤立地來看待一件事情，事實上，事情發生的必然性和偶然性是無法分開的，也是無法假設的，只有發生了才知道最後導致的原因是什麼。

1955年5月13日《人民日報》上發表了署名為舒蕪的〈關於胡風反黨集團的一些材料〉後，胡風事件開始變成了政治事件。

反黨集團變成了反革命集團

第一批材料和按語在《人民日報》公佈後，引起的反響是空前的，據康濯說，5月13日下午：「這時編輯部幾個同志來彙報，他們談到三個情況。一個是出去組稿的同志回來反映，文化、文藝界的知名人士看了主席的按語和舒蕪的材料，幾乎都一致感到很氣憤，胡風在給舒蕪的信中，對黨外文藝家的態度，實在極不友好，極盡諷刺、挖苦、打擊、嘲笑，有時甚至是敵視。再經過主席按語的分析和揭露，自然更會引人憤慨。組稿的同志講，約了稿的幾乎都答應寫，並

將很快交來。」[15]

　　報刊雜誌為了配合對胡風批判的形勢，開始發表了一組組批判胡風的文章。如，1955年5月15日晚10時，《人民日報》總編輯鄧拓報送給毛澤東審閱一組擬在《人民日報》發表的文章清樣，毛澤東認為通欄標題「胡風反黨反人民集團必須徹底批判」不好，改為了「提高警惕，揭露胡風」，後來這些文章在5月18日《人民日報》發表。此後，《人民日報》又以這個標題開闢專欄，陸續發表了幾組揭露和批判胡風的文章。[16]

　　繼1955年5月13日第一批材料公佈之後，1955年5月24日《人民日報》公佈了〈關於胡風反黨集團的第二批材料〉，第二批材料的主要內容是什麼？又是怎樣來的呢？這批材料主要是胡風朋友上交的胡風寫給他們的信件。在毛澤東「路翎應當得到胡風更多的密信，我們希望他交出來。一切和胡風混在一起而得有密信的人也應當交出來，交出比保存或銷毀更好些」的指示下，胡風大多數朋友都交出了自己的信件，第二批材料收錄了胡風致友人的68封信。針對有同情胡風的人說第一批材料，也就是胡風寫給舒蕪的那些信件都是解放前的信件，不能拿解放前的那些材料來給胡風定罪的輿論，於是，這次的第二批材料是選擇了胡風解放後寫給朋友的信件，內容上分為三部分：一、胡風對中國共產黨和黨的領導、對毛澤東同志〈在延安文藝座談會上的講話〉、對文藝界的污蔑和攻擊。這一部分從搜查到的信件中摘錄了19條來作為具體的證據材料。二、胡風如何擴大以他為首的反動集團的組織、建立活動據點、派遣他的集團分子打進中共黨內進行偷竊文件、探聽情況等反革命活動。這一部分還有三個小標題：1、胡風採取種種手段，「聯絡人」，為他的集團的分子安插活動地盤，指揮他們的活動；2、胡風和他的反動集團使用陰謀手段，建立活動據點，竭力擴大他們的影響；3、胡風派遣他的集團分子打進黨內進行

偷竊文件探聽情況等反革命活動。這一部分使用了信件23條來作為具體的證據材料。三、胡風如何指揮他的反動集團分子向黨所領導的文藝戰線猖狂的進攻，並在進攻失敗以後，如何佈置退卻，掩護自己，以待時機。1、胡風指揮他那個反動集團的分子用卑鄙無恥的手段攻擊《文藝報》，企圖達到不批評胡風的目的；2、胡風指示路翎用狡詐手段欺騙領導同志，並掩蓋胡風集團的真面目；3、胡風動員他的反動集團的力量，準備向黨進行瘋狂的進攻；4、胡風在瘋狂進攻中的佈置；5、胡風在進攻後佈置他的反動集團如何退卻、如何掩護自己，等待時機，捲土重來。這一部分使用了信件26條來作為具體的證據材料。

在第二批材料的編者按中，其中的兩段話是毛澤東寫的：

一

有些同情胡風或者口頭上反對胡風但內心是同情胡風的人們在說，那些材料大都是解放以前的，不能據此定罪。那末，好吧，現在請看第二批材料。

二

反革命的胡風分子同其他公開公開的或暗藏的反革命分子一樣，他們是把希望寄託在反革命政權的復辟和人民革命政權的倒臺的。他們認為，這就是他們要「等待」的「時機」。[17]

1955年5月31日，《人民日報》用四個版的篇幅來發表批判胡風的文章，以配合第二批材料的公佈，這些批判文章上通欄標題已經改為了：堅決徹底粉碎胡風反革命集團。儘管第二批材料已經將胡風他們稱為反革命分子了，但在報刊上將胡風和他的朋友定性為反革命集團這還是第一次，比第三批材料的定性足足早了10天。

　　1955年6月10日，〈關於胡風反革命集團的第三批材料〉在《人民日報》公佈，這批材料一共使用了67封信，其中的64封是胡風朋友寫給胡風的信件，另外三封是胡風寫給阿壠的信。這批信是從胡風家抄來的。1955年5月13日第一批材料公佈後，1955年5月16日公安部拘捕了胡風，並搜查了胡風家裡的信件。根據梅志回憶，她說1955年5月16日那天，他們一家四口人（大兒子和女兒在外讀書）正在吃午飯，飯還沒有吃完的時候，劉白羽和康濯等人來了。見是作協領導，他們都很高興，便招呼來的人到裡屋去坐。胡風把來人領到裡屋，在裡面和他們單獨談話。後來又來了一個陌生女人和她談話，主要是說他們反黨的問題。隨後，抄家開始了。進來了一群人，把書櫃上的書翻了個遍。就是在他們家裡，她和胡風都一直被隔開著，不讓他們見面。梅志說這次抄家一直折騰到半夜11點，也可能是一兩點，後來，胡風從裡屋出來，他們要把他帶走。胡風只和她打了個招呼，什麼也沒讓帶，就出門了。胡風走後，搜查的人又把房間都搜了個遍。[18]

　　第三批材料分為六類：一、胡風和胡風集團分子同國民黨特務機關早就有密切聯繫，胡風、阿壠等是蔣介石國民黨的忠實走狗，他們衷心擁護或者積極參與了蔣匪發動的反人民的內戰，他們妄想「肅清」中國人民解放軍，對中國人民革命的勝利表現了強烈的仇恨和恐懼。二、胡風集團在全國解放後不斷地祕密商議，制定反革命的策略和計畫，向黨和人民猖狂進攻。三、胡風分子千方百計打入共產黨內，取得黨員稱號，以便竊取黨內文件，探聽黨內情況，報告給胡風，向胡風表示無限忠誠，對黨採取欺騙手段，裡應外合地從事各種反革命活動。四、胡風集團從他們的反革命立場和反動「理論」出發，詆毀黨的文藝方針、文化政策，仇視黨所發動的對於資產階級思想的批判和關於馬克思列寧主義的宣傳。五、胡風集團分子異口同聲地用種種惡毒的下流的詞句咒罵革命文藝界的黨的領導，咒罵革命文

藝工作者和他們的作品，咒罵黨和革命文藝界對他們的批評。六、胡風集團瘋狂地仇視人民民主專政和新社會的一切，夢想中國共產黨和人民革命政權的滅亡。

第三批材料的按語是根據具體的信來寫的，毛澤東為這批材料撰寫按語17篇，但有一封信後沒有，林默涵說：

第三批材料的編者按語全是毛主席寫的。但在張中曉給胡風的一封攻擊〈在延安文藝座談會上的講話〉的信後卻沒有按語，這是不合適的。我和周揚認為，這可能是主席不願意提到涉及他本人的事，便由我們共同起草了一段按語加上。[19]

這三批以摘錄書信為主材料，第一批材料的注釋是舒蕪寫的，第二批第三批的摘錄和注釋是專門的「五人小組」（五人小組成員是林默涵、劉白羽、張光年、郭小川和袁水拍）來搞的，而三批材料中的按語，都經毛澤東審閱過、修改過，有的就是由毛澤東親自寫的。有資料披露，在毛澤東準備定胡風為反革命之前，曾經徵求過胡喬木、陸定一和周揚三人的意見，「陸定一說過，胡風案件要定『反革命』性質時，毛澤東找了他和周揚、胡喬木商談。毛澤東指出胡風是『反革命』，要把他抓起來，周揚和他都贊成，只有胡喬木不同意。最後還是按照毛澤東的意見辦，定了胡風為『反革命』。」[20]

《人民日報》三批材料登載完畢後，為了批判的需要，中央責令人民出版社加緊出版《關於胡風反革命集團的材料》一書。人民出版社把出版《關於胡風反革命集團的材料》作為政治任務，在第三批材料發表後10天，一本包括了第三批材料的《關於胡風反革命集團的材料》就出版上市了，這本書裡除了收入了三批材料的全部內容以外，還有胡風的〈我的自我批判〉以及《人民日報》的社論〈必須從胡風事件吸取教訓〉。這本書毛澤東寫了序言。認真閱讀毛澤東〈《關於胡風反革命集團的材料》的序言〉，我們就會發現，毛澤東之所以親

自來抓「胡風反革命集團」的批判，是認為可以以點帶面，「我認為應當藉此機會做一點文章進去」。[23]

首先毛澤東把出版目的、全書的內容和本書與報紙上文章的不同作了一個介紹：

為應廣大讀者的需要，我們現在將《人民日報》在一九五五年五月十三日至六月十日期間所發表的關於胡風反革命集團的三批材料和《人民日報》一九五五年六月十日的社論編在一起，交人民出版社出版，書名就叫《關於胡風反革命集團的材料》。在這本書中，我們仍然印了胡風的〈我的自我批判〉一文，作為讀者研究這個反革命兩面派的一項資料，不過把它改為附件，印在舒蕪那篇「材料」的後面。我們對三篇「材料」的按語和注文，作了少數文字上的修改。我們在第二篇「材料」中修改了一些注文，增加了一些注文，又增加了兩個按語。第一、第二兩篇題目中的「反黨集團」字樣，統照第三篇那樣，改為「反革命集團」，以歸一律。此外，一切照舊。[22]

緊接著，毛澤東就介紹了出版這本書後在讀者中將會引起的反應，指出胡風之所以能夠「蒙蔽」住「我們」，是因為「我們」接受他們的時候「缺乏嚴格的審查」，在這裡希望能引起大家的注意，同時也暗示隨後審查並肅清反革命運動的馬上開始：

估計到本書的出版，如同《人民日報》發表這些材料一樣，將為兩方面的人們所注意。一方面，反革命分子將注意它。一方面，廣大人民將更加注意。

反革命分子和有某些反革命情緒的人們，將從胡風分子的那些通信中得到共鳴。胡風和胡風分子確是一切反革命階級、集團和個人的代言人，他們咒罵革命的話和他們的活動策略，將為一切能得到這本書的反革命分子所欣賞，並從這裡得到某些反革命的階級鬥爭的教育。但是不論怎麼樣，總是無救於他們的滅亡的。胡風分子的這些文

件，如同他們的靠山帝國主義和蔣介石國民黨一切反對中國人民的反革命文件一樣，並不是成功的紀錄，而只是失敗的紀錄，他們沒有挽救他們自己集團的滅亡。

　　廣大人民群眾很需要這樣一部材料。反革命分子怎樣耍兩面派手法呢？他們怎樣以假像欺騙我們，而在暗裡卻幹著我們意料不到的事情呢？這一切，成千成萬的善良人是不知道的。就是因為這個原故，許多反革命分子鑽進我們的隊伍中來了。我們的人眼睛不亮，不善於辨別好人和壞人。我們善於辨別在正常情況之下從事活動的好人和壞人，但是我們不善於辨別在特殊情況下從事活動的某些人們。胡風分子是以偽裝出現的反革命分子，他們給人以假象，而將真相蔭蔽著。但是他們既要反革命，就不可能將其真相蔭蔽得十分徹底。作為一個集團的代表人物，在解放以前和解放以後，他們和我們的爭論已有多次了。他們的言論、行動，不但跟共產黨人不相同，跟廣大的黨外革命者和民主人士也是不相同的。最近的大暴露，不過是抓住了他們的大批真憑實據而已。就胡風分子的許多個別的人來說，我們所以受他們欺騙，則是因為我們的黨組織，國家機關，人民團體，文化教育機關或企業機關，當初接收他們的時候，缺乏嚴格的審查。也因為我們過去是處在革命的大風暴時期，我們是勝利者，各種人都向我們靠攏，未免泥沙俱下，魚龍混雜，我們還沒有來得及作一次徹底的清理。還因為辨別和清理壞人這件事，是要依靠領導機關的正確指導和廣大群眾的高度覺悟相結合才能辦到，而我們過去在這方面的工作是有缺點的。凡此種種，都是教訓。[23]

　　毛澤東序言中最重要的是最後這一段，他點出了他之所以在日理萬機的時候還要拿出幾個月的時間，寫了那麼多按語，主要的目的是通過這個事件，提高群眾的覺悟，教育人民群眾，激發群眾的革命熱情，最後達到肅清一切暗藏著的反革命分子的目的。可以說，胡風事

件之所以變得性質很嚴重，和毛澤東準備利用這件事情進行肅反運動
分不開：

我們所以重視胡風事件，就是要用這個事件向廣大人民群眾，首
先是向具有閱讀能力的工作幹部和知識分子進行教育，向他們推薦這
個「材料」，藉以提高他們的覺悟程度。這個「材料」具有極大的尖
銳性和鮮明性，十分引人注意。反革命分子固然注意它，革命人民尤
其注意它。只要廣大的革命人民從這個事件和材料學得了一些東西，
激發了革命熱情，提高了辨別能力，各種暗藏的反革命分子就會被我
們一步一步地清查出來的。[24]

在《關於胡風反革命集團的材料》一書裡，正文裡按語大都是他
在前兩批材料中所寫的，也有幾處新做了改動。如第二批材料中43號
和58號兩封信在收入書中的時候，毛澤東新加了兩大段按語。毛澤東
的按語一共有27條，沒有必要一一抄錄下來，這些按語都是毛澤東根
據當時專門的材料處理小組上報來的材料寫的。按語說得很嚴厲，有
些是因為撰寫者想藉此做文章，有些是因為這些呈送給毛澤東的材料
裡已經有意無意地虛構了一個反革命陰謀團夥（儘管材料處理人都說
自己當時是客觀和公正地對待這些材料，但由於是先入為主、按圖索
驥的方式來組織材料，另外，也由於書信具有一定的隱私性，裡面的
東西局外人很容易會錯意。）。

不過對其中一些有典型意義的按語，具體分析一下還是很有價
值。通過分析毛澤東所寫的這些按語，可以發現他是在通過一件具體
的事情，來教育黨員幹部和人民群眾要提高自己警惕，在接下來的工
作中去鎮壓和肅清一切反革命分子。比如，毛澤東之所以會把當時這
樣走得很近、也有一定宗派意識的一群作家打成反革命集團，很大的
原因是和毛澤東自己對集團的認識有關，他認為有宗派的人往往都是
說別人有宗派，說別人是不正常的，而自己是正派的人，對這樣的人

認真查一查就能發現他們是一個「不大不小的集團」:

　　宗派,我們的祖宗叫作「朋黨」,現在的人也叫「圈子」,又叫「攤子」,我們聽得很熟的。幹這種事情的人們,為了達到他們的政治目的,往往說別人有宗派,有宗派的人是不正派的,而自己則是正派的,正派的人是沒有宗派的。胡風所領導的一批人,據說都是「青年作家」和「革命作家」,被一個具有「資產階級理論」「造成獨立王國」的共產黨宗派所「仇視」和「迫害」,因此,他們要報仇。《文藝報》問題,「不過是抓到的一個缺口」,這個「問題不是孤立的」,很需要由此「拖到全面」,「透出這是一個宗派主義統治的問題」,而且是「宗派和軍閥統治」。問題這樣嚴重,為了掃蕩起見,他們就「拋出」了不少的東西。這樣一來,胡風這批人就引人注意了。許多人認真一查,查出了他們是一個不大不小的集團。過去說是「小集團」,不對了,他們的人很不少。過去說是一批單純的文化人,不對了,他們的人鑽進了政治、軍事、經濟、文化、教育各個部門裡。過去說他們好像是一批明火執仗的革命黨,不對了,他們的人大都是有嚴重問題的。他們的基本隊伍,或是帝國主義國民黨的特務,或是托洛茨基分子,或是反動軍官,或是共產黨的叛徒,由這些人做骨幹組成了一個暗藏在革命陣營的反革命派別,一個地下的獨立王國。這個反革命派別和地下王國,是以推翻中華人民共和國和恢復帝國主義國民黨的統治為任務的。他們隨時隨地尋找我們的缺點,作為他們進行破壞活動的藉口。那個地方有他們的人,那個地方就會生出一些古怪問題來。這個反革命集團,在解放以後是發展了,如果不加制止,還會發展下去。現在查出了胡風們的底子,許多現象就得到了合理的解釋,他們的活動就可以制止了。[25]

　　毛澤東據此指出,在以後的工作中,不要僅僅是只要業務忘記了政治,這樣就會讓反革命分子鑽進來了,「由於我們革命黨人驕傲自

滿，麻痺大意，或者顧了業務，忘記政治，以致許多反革命分子『深入到』我們的『肝臟裡面』來了。這決不只是胡風分子，還有更多的其他特務分子或壞分子鑽進來了。」[26]後來「又紅又專」這個口號的提出，且紅放在首要位置，應該於此不無關係吧。

最有名的是關於張中曉的那篇按語，現在「還是這個張中曉」差不多都成了名言，但在這個按語中，毛澤東依然強調批判胡風集團的意義，那就是要藉此機會，將壞事變好事，「如果說胡風集團能給我們一些什麼積極的東西，那就是藉著這一次驚心動魄的鬥爭，大大地提高我們的政治覺悟和政治敏感堅決地將一切反革命分子鎮壓下去，而使我們的革命專政大大地鞏固起來，以便將革命進行到底，達到建成偉大的社會主義國家的目」。[27]

發動全民來肅清胡風分子

三批材料的陸續公佈後，特別是《關於胡風反革命集團的材料》一書出版後，「鐵」證如山，至此，胡風作為反革命分子的證據材料全部面世，5月13日至7月初這一段時間，經過報紙和電臺連篇累牘的報導，全國人民對「反革命分子」胡風已經恨之入骨了。

各地群眾開始聚會。5月20日，上海各界群眾一千多人聚會，巴金主持，先後有張春橋、陳望道、金仲華等人講話，聲討胡風的反動思想；5月22日，浙江省杭州文藝界舉行聚會，聲討胡風反動思想；5月23日，重慶、瀋陽、成都等地文藝界都舉辦了規模不小的群眾聚會或者文藝界人士聚會，都在聲討和批判胡風的反動思想。廣大的群眾熱情地參與了這個運動中，很多工人、農民、解放軍甚至學生，都紛紛寫信給《人民日報》等媒體，強烈要求清算胡風的反革命思想，強烈表達自己對反革命集團分子的仇恨。

各機關和文化團體，特別是文藝團體開始了聲討胡風。1955年
5月25日，中國文聯主席團和作家協會主席團召開了聯席擴大會議。
參加會議的有文聯主席團和各協會的負責人，出席會議的文聯委員有
700多人，郭沫若、周揚、陽翰笙、歐陽予倩、夏衍、鄭振鐸、馮雪
峰、老舍、田漢等文聯主要領導都出席了這次會議。這次會議由郭沫
若親自主持，並由他致了題為「請依法處理胡風」的開幕詞。5月16
日逮捕胡風，胡風被逮捕在當時本來還是小道傳言，通過郭沫若的發
言，胡風已經遭到逮捕和胡風朋友遭到肅反的消息正式公佈出來了。
當天，聯席擴大會議最後會議作出了一個重要決議，表達了「我們不
能容許偽裝擁護革命而實際反對革命的暗藏分子胡風繼續混在文藝隊
伍裡」的決心，為此還一致決議：一、根據「中國作家協會章程」第
四條，開除胡風的中國作家協會會籍，並撤銷其所擔任的中國作家協
會的理事，和《人民文學》的編委職務。二、撤銷胡風所擔任的中國
文聯的全國委員會委員的職務。三、向全國人民代表大會常務委員會
建議：依據憲法第38條的規定撤銷胡風全國人民代表大會代表的資
格。四、向最高人民檢察院建議：對胡風的反革命罪行進行必要的處
理。五、我們警告中國作家協會及中國文聯其他協會會員中的胡風集
團分子，他們必須站出來揭露胡風，批判自己，重新做人。今後是否
保留他們的會籍，將根據他們的實際行動來加以考慮。這份決議毛澤
東在2月26日凌晨一點在「關於發表全國文聯主席團和作協主席團聯席
擴大會議決議的批語」：「此件即送新華社即發表，今天（廿六日）
在北京及各地見報。」[28] 1955年6月上旬中國科學院學部成立大會上，
全體科學家表態通過了聲討胡風、並建議政府嚴懲胡風的決議書。

　　文化界名人開始表態，通過發言或者寫文章討伐胡風來表示支
援中共中央的決策。當時僅在《人民日報》、《文藝報》上發表文章
討伐胡風的文化人就有：郭沫若、茅盾、夏衍、老舍、曹禺、葉聖

陶、錢鍾書、鄭振鐸、馮雪峰、劉白羽、艾青、歐陽予倩、劉紹棠、楊朔、吳祖光、張天翼、田間、金仲華、丁玲、巴金、周立波、馮亦代、馮至、曹靖華、草明、許廣平、巴人、王朝聞、臧克家、李季、樓適夷、陳白塵、靳以、瑪拉沁夫、方紀、阮章競、柳青、陳伯吹、劉知俠、鄧初民、袁文殊、趙樹理、蕭三、沙汀、王亞南、翦伯贊、侯外廬、吳晗、焦菊隱、黎錦熙、柯仲平、錢端升、李准、峻青、趙朴初、俞平伯、朱光潛、馮友蘭、豐子愷、華君武、吳作人、葉淺予、古元、瞿希賢、鄭律成、梁思成、茅以升、錢偉長、馬思聰、侯德榜、蘇步青、華羅庚、林巧稚、梅蘭芳、周信芳、蔡楚生、于伶、于藍、孫維世、黃鋼、沙鷗……這些人都是各個文化領域的代表人物，幾乎代表了當時中國的所有文化領域的聲音。

5月30日，中共北京市委關於查處胡風分子的問題提交了一份報告給中央，報告中說北京市委已經發現了與胡風關係密切的有6人，並發現了若干可疑線索，對其中問題嚴重的已經停職反省，其餘的在調查。

6月3日，中央關於揭露胡風反革命集團的指示稿已經抄報到了毛澤東那裡，在這份稿子上講到「但同時，這些機關廠礦學校中，也都有暗藏的反革命分子，他們在全體人員中是絕對少數」時，針對這個，毛澤東在「絕對少數」後面加括弧寫了「占百分之幾，大約有百分之五左右」。[29]著名的百分之五就來自於這裡。

6月10日，《人民日報》社論是「必須從胡風事件吸取教訓」，「號召注意清查一切暗藏的反革命分子，必須堅決地有分別地對於清查出來的這些分子以適當的處理。這是整個革命隊伍一切成員的任務，這是一切愛國者必須注意的大事情。」

6月13日《人民日報》發表了〈堅決肅清胡風集團和一切暗藏的反革命分子〉，中國作協「肅反」領導小組成立了，一共五名成員，

分別是劉白羽、嚴文井、張僖、阮章競以及康濯，組長劉白羽。

　　在接連發生高饒、潘揚、胡風三大案件之後，1955年7月1日，中共中央又作出〈關於展開鬥爭肅清暗藏的反革命分子的指示〉，由此開始了「肅反」運動。1954年在審查高崗和饒漱石反黨聯盟中發現，饒漱石在華東局擔任書記期間，曾批准上海市公安局利用叛徒、特務提供情報，於是，作為市公安局長的揚帆被牽連進去。而作為分管政法公安和情報的副市長潘漢年也因此受到牽連，後來潘漢年在審查的過程中交代了其曾有一次去看望汪精衛，潘漢年的這個行為以前沒有向黨中央彙報過，於是他們三人就成了重用、包庇和掩護反革命的一個集團，4月1日逮捕揚帆後，3天後，饒漱石、潘漢年、揚帆三人被列為反革命集團，其中饒漱石是反革命集團的首犯。在饒（漱石）、潘（漢年）、揚（帆）反革命集團定性一個月多幾天後，胡風事件發生。〈關於展開鬥爭肅清暗藏的反革命分子的指示〉認為：「隨著我國社會主義事業的進展，階級鬥爭必然日益尖銳化和複雜化，高崗、饒漱石事件，潘漢年、揚帆事件、胡風事件，就是這種階級鬥爭狀況的反映。」認為高崗、饒漱石是反革命分子是黨的高層領導中暗藏的反革命分子，潘漢年、揚帆是在我公安和專政隊伍中隱藏的反革命分子，而胡風則是躲藏在文化領域的反革命分子，並由此推論出「暗藏的反革命分子必然而且已經在財政經濟、政治法律、文化教育、學術思想、統一戰線、群眾運動、建黨工作以及其他許多機關裡和戰線上鑽了進來，正確的估計應當是：在很多部門，在很多地方，大量的、暗藏的反革命分子是還沒有被揭露和肅清的」。〈關於展開鬥爭肅清暗藏的反革命分子的指示〉發出後，中央成立了由陸定一、羅瑞卿等組成的中央肅反十人領導小組，領導這一鬥爭。地方上也紛紛按照中央指示精神成立了五人領導小組，在肅清胡風反革命集團的基礎上，開始展開了肅清一切暗藏反革命分子的鬥爭。

7月3日，《人民日報》發表題為「肅清一切暗藏的反革命分子」的社論，要求「各個機關、團體、部隊、學校和合作社，都必須把接受人員的審查制度嚴格起來和健全起來，同時採取領導和群眾相結合的辦法，肅清一切暗藏的反革命分子」。

至此，「肅反」運動在全國範圍內全面展開。在第一批材料公佈後不久，專政部門也開始開動了機器。一場由文藝界開始的關於文藝理論的爭論，終於演變成一場全國規模的肅清反革命分子的運動。

此刻，胡風和他的朋友一個一個成了反革命集團分子，他們為此付出了沉重的代價，有的甚至是付出了生命。

胡風和他的朋友早在第一批材料公佈後不久就開始遭到了隔離、逮捕，5月13日公佈第一批材料後，5月14日牛漢在人民文學出版社被宣布拘捕，開始了隔離審查；胡風於1955年5月16日從家裡被帶走，開始了「三十萬言三十年」的牢獄生活；隨後，胡風的朋友也陸續被捕。在那個法制不很健全的年代，胡風沒有罪名沒有宣判就一直在監獄裡蹲著，一直到1965年才正式被宣判，判決有期徒刑14年，剝奪政治權利6年，監外執行。

此刻的舒蕪，除了正常上班，還經常趕場似的去學校機關作報告，有人嘲笑他當時「紅角似的」、「到處趕場」。不過話說回來，如果舒蕪在事情發生後就痛心疾首，那就不是積極改造的舒蕪了，這種痛心疾首的小資產階級的感情也不是那個年代允許有的感情，當時的感情要麼是熱烈的鼓掌、熱情地放歌，如胡風的《時間開始了》一樣，要麼就是強烈的憎惡、深切地痛恨，如那些人討伐胡風一樣，而小資產階級的思想和情調當時正在受到猛烈批評，即使是在作品中流露出這種情調也要遭到批判，如蕭也牧、路翎等人，就是因為作品中的小資產階級情調被列入了批鬥的對象。

1955年夏季，暴風雨實在是來得太猛烈了。

注釋

1.林默涵口述、黃華英整理：《胡風事件的前前後後》，見《新文學史料》編輯部：《歷史風濤中的文人們》，人民文學出版社2009年版，第216-217頁。

2.曉風、曉山、曉谷：《我的父親胡風》，春風文藝出版社2001年版，第89頁。

3.舒蕪：〈《回歸五四》後序〉，載《舒蕪集》（第8卷），河北人民出版社2001年版。

4.轉引自舒蕪：〈《回歸五四》後序〉，載《舒蕪集》（第8卷），河北人民出版社2001年版，第412-419頁。

5.舒蕪：《舒蕪集》（第8卷），河北人民出版社2001年版，第382-383頁。

6.舒蕪：〈《回歸五四》後序〉，載《舒蕪集》（第8卷），河北人民出版社2001年版，第383-385頁。

7.林默涵口述、黃華英整理：《胡風事件的前前後後》，見《新文學史料》編輯部：《歷史風濤中的文人們》，人民文學出版社2009年版。

8.《建國以來毛澤東文稿》（第五冊），中央文獻出版社1991年版，第108頁。

9.康濯：〈《文藝報》與胡風冤案〉，載《枝蔓叢叢的回憶》，北京十月文藝出版社2001年版。

10.涂元群：《被毛澤東否定的編者按——康濯為胡風〈我的自我批判〉所寫的按語》，見《名家書札與文壇風雲》第117-118頁。

11.綠原：《胡風與我》，見《我與胡風——胡風事件三十七人回憶》，第562頁。

12.舒蕪：〈《回歸五四》後序〉，載《舒蕪集》（第8卷），河北人民出版社2001年版。

13.林默涵口述、黃華英整理：《胡風事件的前前後後》，見《新文學史料》編輯部：《歷史風濤中的文人們》，人民文學出版社2009年版，第218-219。

14.轉引自康濯：〈《文藝報》與胡風冤案〉，載《枝蔓叢叢的回憶》，北京十月文藝出版社2001年版。

15.康濯：〈《文藝報》與胡風案件〉，載《枝枝蔓蔓的回憶》，北京十月文藝出版社2001年版。

16.《建國以來毛澤東文稿》（第五冊），中央文獻出版社1991年版，第125頁。

17.《建國以來毛澤東文稿》（第五冊），中央文獻出版社1991年版，第130頁。

18.李輝：《胡風冤案集團始末》，人民日報出版社1989年版，第206-207頁。

19.林默涵口述、黃華英整理：《胡風事件的前前後後》，見《新文學史料》編輯部：《歷史風濤中的文人們》，人民文學出版社2009年版，第220頁。

20.陳清泉、宋廣渭：《陸定一傳》，中央黨史出版社1999年版，第399頁。

21.《建國以來毛澤東文稿》（第五冊），中央文獻出版社1991年版，第108頁。

22.《建國以來毛澤東文稿》（第五冊），中央文獻出版社1991年版，第168頁。

23.《建國以來毛澤東文稿》（第五冊），中央文獻出版社1991年版，第168-170頁。

24.《建國以來毛澤東文稿》（第五冊），中央文獻出版社1991年版，第170頁。

25.《建國以來毛澤東文稿》（第五冊），中央文獻出版社1991年版，第174-175頁。

26.《建國以來毛澤東文稿》（第五冊），中央文獻出版社1991年版，第154頁。

27.《建國以來毛澤東文稿》（第五冊），中央文獻出版社1991年版，第162頁。

28.《建國以來毛澤東文稿》（第五冊），中央文獻出版社1991年版，第131頁。

29.《建國以來毛澤東文稿》（第五冊），中央文獻出版社1991年版，第147頁。

尾聲　歷史沒有假設

　　胡風事件對胡風和胡風朋友的傷害是很大的，這個在很多的文章中都曾經有敘述。1955年逮捕胡風「反革命集團」的時候，在全國清查中，共觸及兩千多人，被逮捕的有92人，正式定為胡風集團分子的78人，其中給予撤銷職務、勞動教養、下放勞動等處理的61人。後來這些人大都在很短的時間出來了，也有不少人沒有判刑卻在監獄不放的，如路翎、綠原、謝韜、蘆甸、耿庸、徐放、歐陽莊、冀方、方然、張中曉等人，判刑的有三人：胡風、阿壠和賈植芳。

　　胡風在1955年5月被逮捕後，一直是關著，沒有判刑，這個在當時引起了很大的反響，很多人都提出過疑問，說胡風既然是反革命分子，既然已經入獄，為什麼還不判刑。據林默涵回憶說，毛澤東也多次催促過當時的公安部部長羅瑞卿，要他儘快結案，不能老是這樣關著。可是這個案件一直到1965年才作出判決，判決結果是判處胡風有期徒刑14年，剝奪政治權利6年，監外執行。所以到了1965年，胡風在被判決為監外執行以後，還有4年徒刑要在監外執行，他回到了北京的家裡，這一段時間，他由公安部安排（因為他還是服刑的犯人，所以行動一般還要執行監外執行條例），參觀了人民大會堂、歷史博物館等新中國剛剛建成的宏大建築。同時，他的會客和看書等還是比較自由的，有記載他在這期間，還有和聶紺弩夫婦等人的吟詩唱和，並且開始陸續回憶自己在監獄中的詩歌作品，準備整理出來，失去過自由才知道自由的珍貴，動盪過後才知道平靜生活的可貴。

1966年春季，胡風的命運又發生了變化，簡直是不由分說，上面就是要安排胡風一家到四川，梅志落戶在四川並在那工作，胡風在四川繼續服刑。胡風不願意去，並且寫了信給周恩來等人，希望能到北京郊區勞改農場去服刑直到刑滿，然而，上書泥牛入海，根本沒有回音，1966年的中國，正是「文革」風起雲湧的時期，胡風的這點小事情可能根本就引起不了領導的注意，況且是戴罪之人的請求。無奈，1966年2月，胡風夫婦去了四川，留下了兩個孩子在北京。原本以為最多三年，也就是到1969年就刑滿回來，後來事情又發生了新的變故，1969年5月，胡風在成都監獄向四川省公安廳提出刑滿應該釋放的問題，後來遲遲未有答覆，於是就不斷催問。因為胡風是公安部直接負責的刑事犯人，所以四川公安廳就報上面審查。然而，就在這個時候，有人檢舉胡風「在報紙的毛主席像上寫反動詩詞」、多年來一直在寫「反動詩詞」。原來胡風因為住在單間，屬於監外執行，享受閱覽報紙的權利，他在閱覽報紙的時候，有時候情不自禁地就在報紙上寫上一句「反動」詩詞，有時甚至就寫在了報紙的主席像上，這在當時是極其嚴重的問題，於是1970年1月，四川省革委會人保組來宣讀了重新加刑的判決書，胡風被判為無期徒刑，並且是不准上訴。胡風被押送到大監裡，和那些重刑犯關押在一起，至此，胡風非常地失望，對前途一點信心都沒有，在監獄裡有幾次自戕的行為，雖然自殺不成，但精神開始恍惚。

「三十萬言三十年」，一直到1979年，胡風才出獄，後來經多次平反，才真正成為一個社會公民，在家人的悉心照料下，胡風逐漸地回歸到正常生活。

1955年初文聯主席團和作家協會主席團13次擴大會議上要求各地都要肅清胡風錯誤思想的影響，聶紺弩等人都分配到了外地去宣講報告。1955年5月後，特別是胡風事件定性後，舒蕪也應邀到一些單位

去作報告，報告自己對檢討的認識，對胡風嚴重問題的認識，對提高自己認識的認識，有人嘲笑他當時紅角似的到處趕場。從舒蕪對新生社會的熱誠以及對自己過去的毅然決然地分手來分析，舒蕪的這些行為也就不奇怪了。但就在同一年，他在單位的肅反運動中，沒有逃脫被人批的命運：

> 　　緊接著，人民文學出版社的肅反運動中，我雖未以「胡風分子」論，卻又被批判為「擁護反革命分子聶紺弩搞獨立王國」。
>
> 　　人民文學出版社古典文學編輯室的第一任主任，是由副總編輯聶紺弩兼任。他領導開闢了新中國國家文學出版社的古典文學編輯工作，完成了幾大古典小說的新注新校，能把編輯室內的力量團結發揮出來，可是不知為什麼，後來派來了王任叔，以常務副社長副總編輯的身分，分管古典文學，成了一個副總編輯管另一個副總編輯的不正常局面。聶紺弩本來是以副總編輯兼編輯室主任的身分，稿件一經他簽字，便是複審和終審一道完成，直接發稿。現在他簽了字的，只算複審，還要送王任叔終審，無形間好像把聶紺弩的副總編輯免去。加以王任叔下車伊始，就指責古典文學編輯室這也不對，那也不對。聶紺弩無法工作，把編輯室主任對稿件複審的工作交給我；我並無主任副主任之類的名義，莫名其妙地代聶紺弩複審，仍簽聶紺弩之名，再注「舒蕪代」，最後送王任叔終審。因為聶紺弩並非離職離任，我當然還是要尊重他，較大一點的問題還是要問他，要聽他的。在古典文學的業務上，聶紺弩比王任叔內行，這也是古典文學編輯室的人的共識。這樣，王任叔就認為古典文學編輯室不服他的領導。肅反運動一來，聶紺弩以與胡

風的多年老關係被「隔離審查」，據說這是文化部黨組直接決定直接掌握的，內情我不詳知。但在王任叔直接領導的機關內的運動中，他對於鬥轟紺弩格外起勁，大會上動輒聲色俱屬地說：「反革命分子轟紺弩」如何如何，這是大家都看到的。運動後期，所謂「思想建設階段」，他又領導批評古典文學編輯室是「獨立王國」，據說我是「左丞」，張友鸞是「右相」，還有幾個「臣民」，我們雖非「反革命」，但是都要檢討「擁護反革命分子轟紺弩搞獨立王國」的錯誤。最後，轟紺弩不定為「胡風分子」，隔離審查不了了之；可是「獨立王國」之說並未宣布平反，古典文學編輯室的幾個主要編輯人員，似乎仍然是作為「獨立王國的遺民餘孽」，在王任叔的直接管轄下，灰溜溜地過日子。

——舒蕪〈《回歸五四》後序〉[1]

1955年以後，除了遇到了本單位的「獨立王國」事件，不久就開始了整風運動，後來整風又轉為了反右，舒蕪在這些政治運動中也沒有逃脫運動的「整治」。

1957年，人民文學出版社的整風運動中，全社人員對王任叔的主觀主義官僚主義宗派主義的批評相當集中，其中古典文學編輯室提的意見最多最尖銳。我指出：王任叔在肅反運動中批古典文學編輯室的「獨立王國」，是把人民內部矛盾當敵我矛盾處理，又一直未宣布平反，使得古典文學編輯室「人心思散」。我說的是實情，當時編輯室幾個主要骨幹的確都在活動調動工作。整風很快轉為反右，古典文學編輯室的舒蕪、張友鸞、顧學頡、李易四個人立即作為「舒張顧李右派小集團」被

> 揪出來，我成了小集團的頭子。當時在王任叔的指揮之下，是
> 按這個口徑反覆批判的，我們也必需按這個口徑反復交代檢
> 討。但不知為什麼最後定案時，又隻字未提「右派小集團」的
> 事。也許正因此，所謂「小集團」的人，多數未發配北大荒，
> 只是降薪，監督留用，仍然是古典文學編輯室的業務骨幹。從
> 此直到1979年錯劃「右派」改正，22年間，我只能奉命工作，
> 寫業務上需要寫而不得署名或隨便署一個別的名字的文字，談
> 不到任何研究與思考；其中的「文革」十年間，當然連這個都
> 談不上。……
>
> ——舒蕪〈《回歸五四》後序〉[2]

一直到1979年右派改正，舒蕪成為了一個正常的社會公民了。

舒蕪對胡風是敬重的，看舒蕪1952年前給胡風所寫的信件，總能看到舒蕪在信中向胡風作撒嬌狀，他們之間，是朋友更是師生。但今天來看，舒蕪用自己未必願意使用的方式傷害了自己所敬重的人，在患難的時候，沒有那麼多的爭奪，他們能友好地相處，當機會來了，欲望開始填滿了心間，他們都變了。——在那個時代人性中的魑魅魍魎全跑出來了，唯一沒有出來的是人性。作為別人手上的「工具」和「棋子」，作為主動且熱心改造自己的人，舒蕪自覺地扮演了比胡風和胡風朋友更「先知先覺」的角色，政治掛帥的年代一過去，他終於變成了很多人無情嘲笑的對象。

舒蕪在1955年反右中被人民文學出版社揪了出來，成為了人民文學出版社古典文學組小集團的首領，後來被下放勞動。雖然沒有坐牢，但一直在運動的風口浪尖，歷盡坎坷，最後一直到摘帽平反，因為背負著朋友中第一個出來檢討者不好的名聲、背負著交信給胡風定罪的名聲，一直沒有得到朋友的原諒，也沒有得到社會的原諒，實際

上心裡非常寂寞。儘管有很多人，包括聶紺弩、綠原等人都說他未必有心害人，但他卻是在眾口鑠金中成為了一個「背叛者」。其實，如果把當時的追求進步看成是「背叛」，那昔日同盟者最早背叛的人應該是喬冠華，他在重慶的時候那麼支持胡風的思想，而在1948年《大眾文藝叢刊》中撰文不僅否定了自己的過去，而且還積極批判了胡風；解放後喬冠華成為了領導，離開了文藝這條線，但他在胡風離京前給他寫信的時候，他說胡風「不可救藥」，[3]然而卻沒有人說喬冠華是背叛者；同時胡風早期的朋友，還有王元化，在1951年和1952年期間也檢討了自己早期的文藝思想，在1953年還發生了多人圍攻他幫助他的事件；還有在1955年5月13日前都積極檢舉和批判胡風的人，難道都是如魯藜那樣和胡風打過招呼嗎？沒有，有人是應付式的檢討，但更多的人是在真誠地檢討。——這樣說來，這些人難道不也是背叛嗎？至於說起使用信件問題，我們現在已經知道，那個年代他們竟然先後都想到了使用對方寫給自己的信，雖有先後之分，但在今天都是一樣的不可理喻、不可諒宥。

　　胡風沒有原諒舒蕪，至死也沒有。晚年的聶紺弩是非常維護舒蕪的，甚至為了維護舒蕪不惜和胡風的朋友吵架，上個世紀80年代初，他在一封給舒蕪的信中說：「我看過忘記了名字的人寫的文章說舒蕪這猶大以出賣耶穌為進身之階。我非常憤恨。為什麼舒蕪是猶大，為什麼是胡風的門徒呢？這比喻是不對的。一個卅來歲的青年，面前擺著一架天平，一邊是中共和毛公，一邊是胡風，會看出誰輕誰重？我那時已五十多歲了，我是以為胡風這邊輕的。至於後果，胡風上了十字架，幾千幾萬，幾十萬，各以不同的程度上了十字架，你是否預想到，不得而知，我是一點未想到的。正如當了幾十年黨員，根本未想到十年浩劫一樣。……然而人們恨猶大，不恨送人上十字架的總督之類，真是怪事。我以為猶大故事是某種人捏造的，使人轉移目標，恨

猶大而輕恕某種人。」（1982年9月3日聶紺弩致舒蕪信）這種反思方
式和代為伸張只有聶紺弩才說得出來，但這個還只是書信中表示，當
時也不敢寫成文章，也擔心受到不理解的人的攻擊。其實那段時間，
他已經和那個說舒蕪是猶大的人吵架以致不歡而散，但就是在他這信
裡，他依然語焉不詳。

　　胡風和胡風的朋友平反後在文壇上非常活躍，幾十年的鉗口讓他
們有了非常強烈的表達欲望，所以在平反後的將近二十年時間裡，胡
風的朋友們在各種報紙和雜誌上撰寫了大量的文章，有對當時事情的
理性的審視，也有很多帶有感情的指責，而這些回憶那段時間的文章
中，舒蕪是繞不過去的。

　　不過，舒蕪到底是一個怎樣的人？他擔心什麼而主動作檢討呢？
不同的人會有不同的看法，有人說是心裡內疚（如有自首情節，牛漢
持這個觀點），也有膽小怕事，也有說他無恥求榮（如胡風就是這樣
認為），等等，關於這段時間的舒蕪心理狀態，隨著舒蕪本人的去
世，今天來說，只能是猜測了。不過，舒蕪到底是一個什麼樣的人
呢？我覺得看看他交往的人就知道了。舒蕪到人民文學出版社工作
後，和聶紺弩關係就非常的好。聶的晚年和舒蕪來往較多，常有唱
和，他一直認為舒蕪事件是扭曲了的時代造成的不幸，不要單純地將
這個時代的悲劇僅僅歸結到舒蕪個人的頭上，他曾經為舒蕪寫詩說：
「媚骨生成豈我儕，與時無忤有可哉？錯從耶弟方猶大，何不紂廷咒
惡來？」舒蕪的晚年和程千帆、黃苗子等人的交遊，都說明了舒蕪的
為人。

　　對於胡風，當然也有一些學者從新的歷史資料入手，再次遠看
事件的前因後果和是非得失，但胡風的朋友質疑胡風行為的文章並不
多，只有少數幾個人，比如徐放、曾卓等人，都從胡風和胡風朋友自
身反思很多，比如徐放就曾經說過，「我們每個人，包括受摧殘的，

都應該認認真真地反思，我們身上有沒有左的東西？在中國，我們這些人，和很多人一起，構成了愚昧的基礎。」曾卓也曾說胡風本質上是一位詩人，只有詩人的激情，不懂得政治，情緒上有時對某些人過於偏愛。倒是胡風自己，對自己的行為導致那麼多人受到牽連，那麼多人受苦受難，晚年表達了悔意。在《我的父親胡風》一書中，胡風在答香港女記者問他上書系獄一事後悔不後悔時說的一段話，很值得深思：他說他雖然因上書受到了不公平的待遇，但不後悔上書，不過對於牽連那麼多人，使一些朋友耽誤了寶貴的創作生命，甚至含冤而死，他很難過。（《我的父親胡風》，第88頁）——因為這個事件牽連到那麼多人，胡風沒有原諒自己。

　　還有，胡風和舒蕪都曾經受到過叛變懷疑。比如林默涵在他的回憶文章中說了胡風上個世紀的20年代末，也就是大革命失敗後，先後到國民黨湖北省黨部和江西剿共軍三十一軍政治部宣傳科幹過事，並且寫過反共文章《剿共宣傳大綱》，後來在江西某地圖書館找到了這個宣傳品；比如胡風和牛漢都曾經說舒蕪解放前在四川或者在他的家鄉曾經入黨，後來自首了，是整個支部都自首了，而自首甚至比叛徒都更可恥。——也許那個年代這一手是最能置人於死地的，所以攻擊對方的時候最喜歡用這一手，丁玲被這樣整過，其他人也被這樣整過，關於胡風和舒蕪的叛變懷疑，後來都遭到了當事人的後人或者當事人本人的否定，不值得再提。

　　歷史沒有假設，我們今天已經無法還原當年，所以也無法去給前人作評判，其實，也許他們誰都沒有錯，因為在一個政治性代替了人性的時代，人性的光輝就黯淡了，所以有很多的地方讓今天的人匪夷所思，在研究這個事件的時候可以苛刻一點，但我們無須過分苛責他們那時候的做法。胡風事件中不少人受到牽連，從而受苦受難，平反後，有人寬容，有人狹隘。晚年的聶紺弩、牛漢等人，能坐下來和舒

蕪一起談談人生，談談文學，不容易；晚年的綠原，從性格特點上去分析舒蕪，說他也是未必存心要去害人，他能這樣說不簡單；晚年的賈植芳，也沒有一味地偏執，他說過「我們朋友中有的文藝思想也是很左的，不能容人」，能這樣說也不容易；等等。其他的人，即使不原諒舒蕪，也屬人之常情，畢竟因此事情受到那麼多傷害，畢竟當時誰都不知道胡風事件是毛澤東親自過問才導致，那篇有著讓人驚悚的標題的文章，原來不是署名者自己取的標題，但知道這個都是很多年以後的事情，仇恨已經進入了骨髓，無法剔除，並不是每個人都願去理解，都能釋懷。

胡風命運是因為其性格悲劇導致，是他的不平衡心理害了自己，也害了追隨他的人。當時在解放之初，因為解放區來的和國統區來的進步作家都為新中國的勝利付出了差不多是一樣的辛勞，但是文代會上國統區的很多作家都很失意，這個讓他很不高興。對周揚不服氣，因為他們在30年代的時候還是平起平坐的，甚至胡風在魯迅面前更得志一點。對丁玲不服氣，覺得不過是一個王熙鳳；對郭沫若不滿意，覺得他歷史污點多，不配做魯迅第二；對茅盾不滿意，當時的茅盾都是文化部長了，可是胡風卻是很不以為然，甚至在適當的時候總要宣揚茅盾最不願意公開的那段婚外情。歷史不能假設，如果胡風能到解放區去一下，也許他就知道了什麼是組織原則，什麼是組織紀律，什麼是黨的文藝，雖然最後丁玲、馮雪峰、周揚、林默涵等，都無一倖免地被打倒，但至少1955年5月最先打倒的不可能是胡風，因為胡風不知道當時的遊戲規則。有人說胡風得勢比周揚還周揚，這個是個假設，歷史沒有假設，但從幾次胡風出現錯覺以致兇狠出擊時的表現，還是讓人覺得比較可怕的。

胡風在「兩個口號」之爭中受到圍攻時，魯迅說口號是我提出的，文章是叫胡風寫的，後人欽佩魯迅的護犢之情。有人指責胡風沒

有如魯迅那樣，在〈論主觀〉當時和後來受到批評的時候，不但不去保護舒蕪或者為舒蕪說點好話，而是推卸責任，撇清關係。其實，這個也是苛求胡風，一是胡風遠沒有當年魯迅在左聯那樣的威望，肩膀不寬當然也就無力承受更重，還有就是時代環境也不一樣，胡風那時也在追求進步，不想流露出和延安背道而馳的形象。這個無需去苛求，但沒有保護舒蕪和為舒蕪說好話，還要求他和他一樣共進退，這個對於弱者來說是很難的。

魯迅說過「無情未必真豪傑」，胡風的偉大和剛強不會因為說出了他具有人性的一面而受損，舒蕪以及其他早期有過所謂的「背叛」思想的人，也並不會因為我們說了他的這些「背叛」就渺小，不要用今天的眼光去看當年的事情，很多的爭執，都充滿了意氣，回頭來看那一段歷史，只能說是在特定的時代人們特定的行為，沒有必要去指責誰對誰錯，把真相告訴後人，讓後人自己去評價。

歷史的進步需要抗爭者的忤逆來推動，歷史的天空需要錚錚的鐵骨來支撐，歷史的悲劇是人類進步的借鑒，我們尊重鬥士，但也無須為鬥士抹粉，魯迅說過，有缺點的戰士終竟是戰士，完美的蒼蠅也終竟不過是蒼蠅。劫難後的倖存者也無須訴說自己當年的英勇，即使在特定的年代有一點瑕疵的言行今天覺得都可以理解。在比較寬鬆的環境下有人喜歡動不動就褒貶當年的知識分子的骨氣，其實離開了歷史背景特別是用常態下的目光去看待革命和准革命年代的事件，最容易拿捏不准，歷史從來都是鬥士很少、順從者卻很多，這個也是鬥士會得到後人很多喝采的主要原因。我們無須苛求人人都成為鬥士，從而去斥罵那些順從者，特定年代裡順從者的生存也並不輕鬆，如果我們多一分寬厚，多一分研究的心態，把那個環境下的人生百態作為特例來研究，我們就會多一分理解了。

注釋

1.舒蕪：〈《回歸五四》後序〉，載《舒蕪集》（第8卷），河北人民出版社2001年版。

2.舒蕪：〈《回歸五四》後序〉，載《舒蕪集》（第8卷），河北人民出版社2001年版。

3.1966年2月11日，胡風曾致喬冠華一信：「喬公足下：十多年以來，常常瞻望行迬所向；聲音在耳，笑容更在眼中。歷史在前進，雖面壁之人，亦能感到神旺。定論之後，曾向監獄當局提過，希望領導上代我向你轉詢，如還不至完全見棄，希望能給我一個見面的機會，在思想上從你得到幫助。因為，當時突出地記起了最後一次見面，提到某一問題時，你動情地說過：『如果那樣，活下去有什麼意思』大意在我，無論在怎樣困難和失敗的情況之下，也從未發生過『活下去有什麼意思』的問題。糊塗人對階級事業的理想、對黨，總有一種糊塗的自信或癡想也。但這時候深深地記起了你的話和你的表情。我不由自主地面對著了這個問題，這才想起了你的真情何在，因而想有所請教。但後來想到了：我這個階下之身，提這樣的要求，就成為對你的一種不敬。寫書面感想時只好取消了。現已受命即日遠戍雖要求略緩時日亦似不可能，想到後會無期，前塵種種，對你應感謝的，對你應請責的，不斷地襲上了心頭。語言有時是無能為力的，何況又在神情無緒之中，那麼，就請以言不盡意、語無倫次見諒罷。」喬冠華接信後，隨即寫信給章漢夫、姬鵬飛並轉周揚等：「漢夫、鵬飛同志並轉周揚同志：忽接胡風一信。最後一次，大概是1955年，根據定一同志指示，我曾去勸過他一次，講過些什麼具體內容，已經記的『得』不清楚了。來信這樣寫的用意很明顯是希望對他的處理有所緩和。此人已不可救藥，我的意見是，不遵『便』再理會他了。胡信附上。」上文的「不可救藥」即指此事件。徐慶全：〈胡風服刑前致函喬冠華始末〉，載《百年潮》2000年第3期。

後記

　　自從決定要寫這本書開始，到敲定全書最後一個字，我心裡充滿了忐忑，2009年下半年我在無法排遣內心很多東西的時候，最後還是想到寫這本書來寄託自己。

　　關於這本書，在寫的過程中自己並不是很舒服，中間有幾次想放棄，那個年代的這些事情實在太複雜，頭緒實在太多，要讓現在的人看了能理解，必須要想法去還原當時的景象；還有關於事件的對與錯，外面眾說紛紜，說的太多了，實在擔心自己說不好招來某些不理智的人的批評之聲；還有，即使你有很多證據，說得清楚那事，但總要顧及一般公眾的感情，所以怕自己沒有說得很好。以上就是一直忐忑的原因。不過在寫的時候也有很開心的地方，比如讀了很多經歷了這一階段的人寫的回憶著作，也更能理解人世中無奈和無助，尤其是更理解為什麼當年會有那麼多荒唐可笑的事情；比如在某些著作中會看到一些苦難年月裡的陰差陽錯釀成的笑話，一人因為胡風事件掃了近30年大街，最後大家都平反了，就他沒有動靜，焦慮中去查檔案，才發現他當年根本就沒有列為這個案件，因為早年沒有定案，所以現在也就不存在什麼平反，白白掃街30年。——此事一次吃飯時我像說故事一樣敘述給家人聽，他們還真以為我在講故事——荒誕年代裡什麼怪事都有。

　　聊借文字怡倦眼，此中甘苦吾心知。除了讀了一些作品解決了自己心中的一個個疑竇，並在釋疑中得到很多快樂以外，還有，就是得

到了一些朋友的支持和幫助。在這裡，要感謝陳子善和鄭納新等諸位師友，他們或在書稿還只是設想的時候就多次肯定這本書的價值，中途我想偷懶的時候又不斷催促我寫下去，或在報備手續繁雜時候鼓勵先出版繁體字版；也要感謝吳永平等先生的無私幫助，他們的研究成果在觀點上內容上支援和豐富了本書；還要感謝秀威出版公司的蔡登山總編和本書責任編輯李冠慶先生，本書命運多舛，最後還是在他們的幫助下繁體版率先面世。

人最難得的是內心的寧靜，寫完這些的時候，我起伏不平的心漸漸寧靜下來，在此也希望我愛的和愛我的人都很能寧靜地生活著；也希望沒有唐突前輩，對前輩的虔誠地敬重是我在寫這些文字時一直持續著的基本情感；當然，也希望能給閱讀者帶來一些資訊和思考，特定年代裡發生的那些事情依然能讓我們陷入深深地沉思。

最後，還要謝謝閱讀本書讀者！

夏成綺

2015年4月

Do人物37　PC0461

胡風與舒蕪
——中共五〇年代文藝界的批判運動

作　　者／夏成綺
責任編輯／李冠慶
圖文排版／周妤靜
封面設計／蔡瑋筠

出版策劃／獨立作家
發 行 人／宋政坤
法律顧問／毛國樑　律師
製作發行／秀威資訊科技股份有限公司
　　　　　地址：114 台北市內湖區瑞光路76巷65號1樓
　　　　　電話：+886-2-2796-3638　傳真：+886-2-2796-1377
　　　　　服務信箱：service@showwe.com.tw
展售門市／國家書店【松江門市】
　　　　　地址：104 台北市中山區松江路209號1樓
　　　　　電話：+886-2-2518-0207　傳真：+886-2-2518-0778
網路訂購／秀威網路書店：https://store.showwe.tw
　　　　　國家網路書店：https://www.govbooks.com.tw

出版日期／2015年8月　BOD一版　定價／360元

|獨立|作家|
Independent Author

寫自己的故事，唱自己的歌

胡風與舒蕪：中共五〇年代文藝界的批判運動 / 夏成綺
著. -- 一版. -- 臺北市：獨立作家, 2015.08
　　面；　　公分. -- (Do人物；37)
　　BOD版
　　ISBN 978-986-5729-93-6(平裝)

1. 政治鬥爭　2. 中國史

628.73　　　　　　　　　　　　　　　104012047

國家圖書館出版品預行編目

讀者回函卡

感謝您購買本書，為提升服務品質，請填妥以下資料，將讀者回函卡直接寄回或傳真本公司，收到您的寶貴意見後，我們會收藏記錄及檢討，謝謝！如您需要了解本公司最新出版書目、購書優惠或企劃活動，歡迎您上網查詢或下載相關資料：http:// www.showwe.com.tw

您購買的書名：＿＿＿＿＿＿＿＿＿＿＿＿＿＿＿＿＿＿＿＿＿＿

出生日期：＿＿＿＿＿年＿＿＿＿＿月＿＿＿＿＿日

學歷：□高中 (含) 以下　　□大專　　□研究所 (含) 以上

職業：□製造業　□金融業　□資訊業　□軍警　□傳播業　□自由業
　　　□服務業　□公務員　□教職　　□學生　□家管　　□其它＿＿＿

購書地點：□網路書店　□實體書店　□書展　□郵購　□贈閱　□其他

您從何得知本書的消息？

　□網路書店　□實體書店　□網路搜尋　□電子報　□書訊　□雜誌
　□傳播媒體　□親友推薦　□網站推薦　□部落格　□其他＿＿＿＿＿＿

您對本書的評價：(請填代號　1.非常滿意　2.滿意　3.尚可　4.再改進)

　封面設計＿＿　版面編排＿＿　內容＿＿　文／譯筆＿＿　價格＿＿

讀完書後您覺得：

　□很有收穫　□有收穫　□收穫不多　□沒收穫

對我們的建議：＿＿＿＿＿＿＿＿＿＿＿＿＿＿＿＿＿＿＿＿＿＿

＿＿＿＿＿＿＿＿＿＿＿＿＿＿＿＿＿＿＿＿＿＿＿＿＿＿＿＿＿＿＿＿

＿＿＿＿＿＿＿＿＿＿＿＿＿＿＿＿＿＿＿＿＿＿＿＿＿＿＿＿＿＿＿＿

＿＿＿＿＿＿＿＿＿＿＿＿＿＿＿＿＿＿＿＿＿＿＿＿＿＿＿＿＿＿＿＿

11466
台北市內湖區瑞光路 76 巷 65 號 1 樓
獨立作家讀者服務部 　　　收

⋯⋯⋯⋯⋯⋯⋯⋯⋯⋯⋯⋯⋯⋯⋯⋯⋯⋯⋯⋯⋯⋯⋯⋯⋯⋯⋯⋯⋯⋯⋯

（請沿線對折寄回，謝謝！）

姓　　名：＿＿＿＿＿＿＿＿　年齡：＿＿＿＿　性別：□女　□男

郵遞區號：□□□□□

地　　址：＿＿＿＿＿＿＿＿＿＿＿＿＿＿＿＿＿＿＿＿＿＿＿＿＿

聯絡電話：(日)＿＿＿＿＿＿＿＿＿＿(夜)＿＿＿＿＿＿＿＿＿＿＿

E-mail：＿＿＿＿＿＿＿＿＿＿＿＿＿＿＿＿＿＿＿＿＿＿＿＿＿＿